하나님의 열심

일러두기

- 이 책은 《하나님의 열심》(1985)의 전면 개정판입니다.
- 이 책에서는 개역개정판 성경을 인용하였습니다.
- 성경을 인용할 때, 절의 전체를 인용한 경우에는 큰따옴표(" ")로, 절의 일부를 인용한 경우에는 작은따옴표(' ')로 표기하였습니다.
- 본문에 《 》로 표기된 것은 도서를, 〈 〉로 표기된 것은 도서 외 작품을 가리킵니다.

하나님의 열심

2017년 12월 29일 초판 1쇄 발행
2025년 3월 25일 초판 16쇄 발행

지은이 박영선
기획 강선
편집 문선형, 정유진
디자인 잔
경영지원 함초아
펴낸이 최태준
펴낸곳 무근검
주소 서울특별시 송파구 올림픽로 4길 17 A동 301호
홈페이지 lampbooks.com **전화** 02-420-3155 **팩스** 02-419-8997
등록 2014. 2. 21. 제2014-000020호
ISBN 979-11-87506-07-2 (03230)

ⓒ 박영선 2017
이 책의 저작권은 저자와 무근검이 소유합니다.
신저작권법에 의하여 한국 내에서 보호받는 저작물이므로 무단 전재와 복제를 금합니다.

이 도서의 국립중앙도서관 출판시도서목록(CIP)은
서지정보유통지원시스템 홈페이지(http://seoji.nl.go.kr)와
국가자료공동목록시스템(http://www.nl.go.kr/kolisnet)에서 이용하실 수 있습니다.
(CIP제어번호: CIP2017032983)

무근검은 '하나님의 영광은 무겁고 오래된 칼과 같다'라는 뜻입니다.

하나님의 열심

믿음은 어디서 오는가

박영선 지음

무근검

지금 이후로 영원히 …
만군의 여호와의 열심이
이를 이루시리라

(사 9:7)

서문

《하나님의 열심》은, 신자이면서도 신자로서 만족함이 없는 제 자신의 불만과 분노를 어쩌지 못해 성경을 읽고 또 읽고 고민하고 질문하고 비명 지르던 제 젊은 시절의 설교를 엮어 놓은 책입니다. 하나님이 당신의 자녀에게 요구하시는 삶이 정답만 맞추면 되는 간단한 삶이 아니라는 것을 깨닫는 데에 평생이 걸렸습니다. 신앙을 명분이나 해결책 정도로 만족해 버리려는 우리에게 하나님은 생각하게 하시고 고민하게 하셔서 당신이 원하시는 수준까지 이르게 하십니다. 하나님의 성실하신 역사가 우리를 버겁고 혼란스럽게 하는 것은 그분의 목적이 우리 기대와 상상을 넘어서는 탓입니다.

여기 소개된 성경 속 인물들은 각자의 훌륭한 면모를 나타내 주는 영웅이 아니라 하나님은 누구시며 어떻게 일하시는가를 드러내 주는 역사 속 증인들입니다. 어느덧 삼십여 년이 지나 책을 가다듬으면서 긴 시간을 지나며 얻게 된 깨달음을 인물의 말미마다 짧게 덧붙였습니다. 바울은 새롭게 들어간 인물입니다. 그를 향한 하나님의 일하심은 위대한 반전(反轉)을 이루시는 열심으로 드러납니다.

  그 시절 제가 지른 비명에 동감하던 청중의 호흡이 이 책을 쓰게 된 전제였습니다. 당시 아우성쳤던 저의 외침은 지금도 모든 세대가 공감할 수 있는 전제는 아닐 것입니다. 성경 속 인물들을 더 이상 위인으로 여기지 않으며, 그들처럼 살아보겠다는 열정도 희미해진 시대이기 때문입니다. 우리가 가진 전제는 쉽게 변하고 바뀌고 사라집니다. 하지만 그 어떤 전제로 출발하여 따져 물어도 하나님의 열심은 오늘도 한결같이 모두에게 충만히 다가올 것입니다. 하나님이 여전히 일하고 계시기 때문입니다. 불변하고 여일한 이 열심 앞에 기꺼이 항복하는 복된 신자가 되기 바랍니다.

2017년 겨울

박영선

차례

서문 …… 6

아브라함

01 너는 너의 고향과 친척과 아버지의 집을 떠나 (창 12:1-3) …… 12
02 그가 거기서 여호와의 이름을 불렀더라 (창 13:1-4) …… 40
03 아브라함이 여호와를 믿으니 (창 15:5-7) …… 66
04 내가 너를 여러 민족의 아버지가 되게 함이니라 (창 17:1-8) …… 91
05 네 씨로 말미암아 만민이 복을 받으리니 (창 22:15-18) …… 116

야곱

06 형의 장자의 명분을 내게 팔라 (창 25:27-34) …… 144
07 너를 이끌어 이 땅으로 돌아오게 할지라 (창 28:10-15) …… 168
08 네가 하나님과 겨루어 이겼음이니라 (창 32:24-29) …… 190
09 야곱의 전능자의 손을 힘입음이라 (창 49:22-26) …… 212

요셉/모세/욥/다윗/엘리야

10 그의 말씀이 그를 단련하였도다 (시 105:16-22) …… 234
11 너희를 위하여 행하시는 구원을 보라 (출 3:1-5) …… 268
12 그가 나를 단련하신 후에는 (욥 23:10-14) …… 289
13 내 죄가 항상 내 앞에 있나이다 (시 51:1-5) …… 311
14 세미한 소리가 있는지라 (왕상 19:9-12) …… 335

베드로/바울

15 내가 주님을 사랑하는 줄 주님께서 아시나이다 (요 21:15-17) …… 360
16 그러나 내가 긍휼을 입은 까닭은 (딤전 1:12-16) …… 389

ABRAHAM/
JACOB/
JOSEPH/
MOSES/
JOB/
DAVID/
ELIJAH/
PETER/
PAUL

아브라함

너는 너의 고향과 친척과
아버지의 집을 떠나

01

1 여호와께서 아브람에게 이르시되 너는 너의 고향과 친척과 아버지의 집을 떠나 내가 네게 보여 줄 땅으로 가라 2 내가 너로 큰 민족을 이루고 네게 복을 주어 네 이름을 창대하게 하리니 너는 복이 될지라 3 너를 축복하는 자에게는 내가 복을 내리고 너를 저주하는 자에게는 내가 저주하리니 땅의 모든 족속이 너로 말미암아 복을 얻을 것이라 하신지라 (창 12:1-3)

◆◆◆ 성경에서 아브라함처럼 자주 등장하는 인물은 아마 없을 것입니다. 아브라함은 성경 여러 곳에서 상당히 중요한 인물로 소개됩니다. 특히 구원이나 믿음에 관해 이야기할 때면 그의 이름이 거의 언제나 등장합니다.

마태복음 첫머리에서도 "아브라함과 다윗의 자손 예수 그리스도의 계보라"(마 1:1)라고 하여 아브라함이 등장하고, 복음의 메시지를 잘 집약하여 밝힌 로마서에서도 '우리가 믿음으로 말미암아 구원을 얻었다'라는 말의 의미를 설명하기 위해 아브라함을 대표적 인물로 들어 소개합니다. 로마서 3장에서 '예수 그리스도를 믿음으로 말미암아 의롭게 되었다'라고 선언해 놓고 이 메시지가 오해되지 않게 하려고 이어지는 4장에서는 아브라함의 믿음을 해석하여 덧붙입니다. 믿음이 구원을 얻기 위한 조건으로 제시된 것은 아니라는 사실을 뒷받침하기 위해 그렇게 하는 것입니다.

이제 몇 차례에 걸쳐 아브라함의 생애를 추적해 보려고 합니다. 성경이 아브라함의 생애를 단지 한 개인의 신앙 행로로 그려 내지 않고 그의 생애를 통해 복음의 비밀, 구원의 신비인 '믿음'을 설명하기 때문입니다.

갈 바를 알지 못하고 나아갔으며

'아브라함'이라는 이름을 들으면 무슨 이야기가 맨 처음 떠오릅니까? '고향과 친척과 아버지의 집을 떠난 사건'이 먼저 생각납니까, 아니면 '독자 이삭을 바친 사건'이 떠오릅니까? 대개 신자들은 '아브라함' 하면 이삭을 바친 사건을 먼저 떠올립니다. 그리고 이 사건을 토대로 고향을 떠나온 사건도 이해합니다. 그래서 이 두 사건에서 아브라함의 믿음은 별 차이가 없을 것이라고 생각합니다. 하나님이 이삭을 바치라고 했을 때 기꺼이 바친 아브라함이기에 고향과 친척과 아버지의 집을 떠나라는 명령에도 믿음으로 흔쾌히 떠났으리라 생각하는 것입니다.

그래서 우리는 아브라함만 생각하면 기가 죽습니다. 우리와는 차원이 다른 믿음의 소유자로 여겨지기 때문입니다. 이런 우리의 좌절은 히브리서에 나온 아브라함에 대한 묘사를 만나면 더 깊어집니다. 히브리서 11장 8절입니다.

——— 믿음으로 아브라함은 부르심을 받았을 때에 순종하여 장래의 유업으로 받을 땅에 나아갈새 갈 바를 알지 못하고 나아갔으며 믿음으로 그가 이방의 땅에 있는 것 같이 약속의 땅에 거류하여 동일한 약속을 유업으로 함께 받은 이삭 및 야곱과 더불어 장막에 거하였으니 이는 그가 하나님이 계획하

시고 지으실 터가 있는 성을 바랐음이라 (히 11:8-10)

아브라함은 부르심을 받았을 때에 갈 바를 알지 못했으나 믿음으로 나아갔다고 히브리서는 전합니다. 그런데 창세기 12장에 나온 아브라함의 모습은 그다지 믿음의 사람처럼 보이지 않습니다. 그래서 아브라함을 추적해 볼 필요가 있습니다.

즉 아브라함이 고향 땅을 떠날 때에 믿음의 사람이었는가, 그렇지 않은가 하는 문제를 주의 깊게 살펴보아야 합니다. 아브라함은 처음부터 믿음의 사람이었다, 하고 간단히 정리하고 넘어간 사람들에게는 이 질문이 좀 어리둥절할 것입니다. 하지만 성경이 아브라함에 대하여 말하고자 하는 바를 제대로 이해하려면 이 질문을 곰곰이 생각해 보아야 합니다. 아브라함이 고향과 친척과 아버지의 집을 떠난 것이 믿음에서 나온 결단인지 아닌지 성경을 따라 판단해 봅시다. 창세기 11장 26절부터 봅시다. 아브라함(아브람)의 이름이 여기 처음 등장합니다.

─── 데라는 칠십 세에 아브람과 나홀과 하란을 낳았더라 데라의 족보는 이러하니라 데라는 아브람과 나홀과 하란을 낳고 하란은 롯을 낳았으며 하란은 그 아비 데라보다 먼저 고향 갈대아인의 우르에서 죽었더라 아브람과 나홀이 장가 들었으니 아브람의 아내의 이름은 사래며 나홀의 아내의 이름

은 밀가니 하란의 딸이요 하란은 밀가의 아버지이며 또 이스가의 아버지더라 사래는 임신하지 못하므로 자식이 없었더라 데라가 그 아들 아브람과 하란의 아들인 그의 손자 롯과 그의 며느리 아브람의 아내 사래를 데리고 갈대아인의 우르를 떠나 가나안 땅으로 가고자 하더니 하란에 이르러 거기 거류하였으며 데라는 나이가 이백오 세가 되어 하란에서 죽었더라 (창 11:26-32)

이 말씀 다음에 본문 말씀인 창세기 12장이 이어집니다. 여호와께서 아브라함에게 나타나십니다. 창세기 11장과 함께 보면, 여호와께서 아브라함에게 나타나신 장소는 어디입니까? 갈대아 우르입니까, 하란입니까, 가나안입니까? 하란입니다. 하란에서 나타나셨습니다. 아브라함은 갈대아 우르에서 출발하여 가나안을 향해 가는데, 그 중간에 있는 곳이 하란입니다. 거기서 하나님이 아브라함에게 나타나셨습니다.

그런데 하란까지의 여행은 누가 이끌었습니까? 아브라함 혼자 나왔습니까? 그렇지 않습니다. 창세기 11장 31절을 보면, 아브라함의 아버지 데라가 이 여정의 주도권을 쥐고 있고 아브라함은 아버지를 따라나선 것이었습니다. 그러면 하나님이 아브라함에게 나타나신 것은 하란에서가 처음일까요? 이에 대한 단서가 사도행전에 나옵니다. 사도행전 7장에 스데반의 설교가 나오는데, 우리 질문에 대한 실마리가 여기 들어 있습니다.

———— 스데반이 이르되 여러분 부형들이여 들으소서 우리 조상 아브라함이 하란에 있기 전 메소보다미아에 있을 때에 영광의 하나님이 그에게 보여 이르시되 네 고향과 친척을 떠나 내가 네게 보일 땅으로 가라 하시니 아브라함이 갈대아 사람의 땅을 떠나 하란에 거하다가 그의 아버지가 죽으매 하나님이 그를 거기서 너희 지금 사는 이 땅으로 옮기셨느니라 (행 7:2-4)

스데반의 설교에 따르면 하나님이 메소보다미아에서 아브라함에게 나타나신 적이 있다고 합니다. 창세기에는 하란에서 나타나신 것부터 기록되어 있습니다. 그런데 스데반의 설교를 통해 아브라함의 가족이 하란에 있기 전 메소보다미아에 있을 때에, 곧 갈대아 우르에서 하나님이 이미 아브라함에게 나타나셨다는 사실을 알게 됩니다. 이 사실을 염두에 둔 채 좀 더 나아가 봅시다. 여호수아 24장 1절 이하를 보겠습니다.

———— 여호수아가 이스라엘 모든 지파를 세겜에 모으고 이스라엘 장로들과 그들의 수령들과 재판장들과 관리들을 부르매 그들이 하나님 앞에 나와 선지라 여호수아가 모든 백성에

게 이르되 이스라엘의 하나님 여호와께서 이같이 말씀하시기를 옛적에 너희의 조상들 곧 아브라함의 아버지, 나홀의 아버지 데라가 강 저쪽에 거주하여 다른 신들을 섬겼으나 내가 너희의 조상 아브라함을 강 저쪽에서 이끌어 내어 가나안 온 땅에 두루 행하게 하고 그의 씨를 번성하게 하려고 그에게 이삭을 주었으며 (수 24:1-3)

이 말씀에는 특히 주의해서 보아야 할 내용이 있습니다. 여기를 보면 이스라엘 민족의 조상들은 가나안에 오기 전 갈대아 우르에 살 때에 다른 신들을 섬겼다고 합니다. 아브라함의 아버지 데라도 마찬가지였습니다. 여기서 질문을 하나 해 보겠습니다. 데라가 이방신을 섬기며 살 때에 아브라함은 이방신을 섬겼을까요, 하나님을 섬겼을까요? 이 질문은 상당히 중요하기 때문에 꼭 짚고 넘어가야 합니다.

만일 당시에 아브라함이 이방신을 섬기고 있었다면, '아브라함이 믿음으로 갈대아 우르를 떠났다'라는 말은 성립할 수가 없습니다. 반대로 당시에 아브라함이 여호와를 섬기고 있었다면, '아브라함은 믿음으로 갈대아 우르를 떠났다'라고 말할 수 있고 그렇다면 이야기가 잘 맞아떨어집니다. 어느 편이 맞을까요?

우리는 아브라함을 가장 훌륭한 신앙의 모범으로 여기고 있어서 그는 처음부터 믿음의 사람이었을 것이라고 생각합니다. 그래서 아브라함이 믿음으로 갈대아 우르를 떠나 바로 가나안에 들어갔다고 단정해 버립니다. '아브라함' 하면 아들 이삭까지 척 바친 믿음의 사람으로만 알고 있어서 아브라함의 전부를 다 좋게 보려 합니다. 결론이 좋으면 결론에 이르는 모든 과정도 다 좋았을 것이라고 생각하기 때문입니다. 아브라함에 대해서도 그런 고정관념을 가지고 있습니다. '믿음의 조상'으로 불리는 아브라함이니까 처음부터 당연히 순종했을 것이고 응당 믿음으로 갈대아 우르를 떠났을 것이라고 지레짐작해 버리는 것입니다.

그런데 우리 고정관념처럼 만일 아브라함이 처음부터 믿음이 좋은 사람이었다면 우리에게는 심각한 문제가 발생합니다. 그렇게 되면 아브라함은 '믿음의 조상'이 아니라 '심판의 조상'이 될 것이기 때문입니다. 아브라함 이야기만 나오면 '아브라함은 했는데 너는 왜 못하느냐?'라고 판단받게 될 것이니 말입니다. 그런데 성경은 아브라함을 그런 차원에서 다루고 있지 않습니다. 앞서 본 여호수아 24장 2절 이하도 아브라함을 처음부터 믿음의 사람이었다고 보고 있지 않습니다. 다시 살펴보겠습니다.

2절과 3절에서는 '여호수아가 모든 백성에게 이르되 이스라엘의 하나님 여호와께서 이같이 말씀하시기를 옛적에 너희의 조상들 곧 아브라함의 아버지, 나홀의 아버지 데라가 강 저쪽에 거주하여 다른 신들을 섬겼으나 내가 너희의 조상 아브라함을 강 저쪽에서 이끌어 내어'라고 합니다. 이 구절을 읽고 우리는 쉽게 '

아버지 데라를 포함하여 아브라함의 집안은 이방신을 섬겼는데 아브라함만 여호와를 섬겼구나. 그래서 하나님이 아브라함을 이방신이 우글거리는 곳에서 꺼냈구나' 하고 생각합니다. 이런 해석은 성경이 말하고자 하는 바를 제대로 읽어 낸 것일까요? 아브라함에 대한 고정관념 때문에 나온 생각은 아닐까요.

먼저 성경의 자구(字句)를 따라 검토해 봅시다. 2절과 3절을 함께 읽어 보면 '너희의 조상들 곧 아브라함의 아버지, 나홀의 아버지 데라가 강 저쪽에 거주하여 다른 신들을 섬겼으나 내가 너희의 조상 아브라함을 강 저쪽에서 이끌어 내어 가나안 온 땅에 두루 행하게 하고'라고 나와 있습니다. 얼핏 보면 마치 아브라함의 아버지 데라만 다른 신들을 섬긴 것처럼 읽힙니다. 하지만 데라만 이방신을 섬겼다고 말하고자 했다면 굳이 그 앞에 '너희의 조상들'이라고 복수로 표현하지는 않았을 것입니다. 데라 뿐만 아니라 다른 이스라엘 조상들도 이방신들을 섬겼기에 이렇게 표현한 것입니다. 그런데 이스라엘에게 조상이라 함은 누구를 말합니까? 아브라함입니다. 아브라함은 이스라엘 백성이 조상이라는 말을 들을 때에 가장 먼저 떠올리는 이름입니다. 따라서 이 구절은 '아브라함을 포함한 이스라엘의 조상들은 다른 신들을 섬겼으나'가 됩니다. 개역개정 성경에서는 '너희의 조상들' 다음에 바로 이어지는 '곧'이라는 단어 때문에 데라만 다른 신들을 섬긴 것처럼 생각하기 쉽게 되어 있지만, 다른 성경을 참조해 보면 그

의미가 분명해집니다.

> ──── 하나님 이스라엘의 하나님께서 이렇게 말씀하십니다. '먼 옛날에 너희 조상, 곧 데라와 그의 아들 아브라함과 나홀은 유프라테스 강 동쪽에 살면서 다른 신들을 예배했다. 그러나 내가 너희 조상 아브라함을 강 건너편에서 이끌어 내어, 그를 가나안 땅 전역을 누비게 했고, 그의 후손이 많아지게 했다. 내가 그에게 이삭을 주었고 (수 24:2-3 / 유진 피터슨, 메시지 완역본, 423면, 복 있는 사람)

이런 생각을 뒷받침해 주는 근거가 하나 더 있습니다. 여기서 '섬겼으나'라는 단어를 주목해 봅시다. '섬겼으나'에서 보는 '했으나'라는 표현은 앞 내용과 뒤 내용이 상반될 경우에 쓰이는 말입니다. 앞에 있는 상황과 어울리지 않는 일이 뒤를 좇아 나올 때에 이런 표현을 씁니다. 그런데 2절과 3절은 '이스라엘 조상들은 이 방신을 섬겼으나 아브라함은 내가 꺼냈다'라고 요약될 수 있고, 그렇게 되면 문언상 '아브라함이 다른 신을 섬겼는데 하나님이 그를 꺼내셨다'라는 해석만 가능하게 됩니다. 그런데 만약 아브라함에 대한 우리의 고정관념대로 '데라와 그 위의 선조들은 이 방신을 섬겼으나 아브라함은 나를 믿었기 때문에 내가 꺼냈다'라고 읽히려면, 이 구절은 어떻게 쓰여 있어야 합니까? 그런 내용을 담으려면 '데라는 다른 신을 섬겼고 아브라함은 나를 섬겼기 때문에 내가 꺼내 왔다'라고 쓰여 있어야 할 것입니다. 그러나 성경은 '이스라엘 조상들은 다른 신들을 섬겼으나 내가 너희의 조상 아브라함을 강 저쪽에서 이끌어 내어'라고 말씀하고 있습니다.

성경의 자구(字句)를 따라 읽으면 이렇게 보는 것이 맞는데도 우리는 자꾸 우리 고정관념대로 읽으려 합니다. 이스라엘의 조상들은 이방신을 섬겼고 집안의 내력을 따라 아브라함의 아버지 데라도 이방신을 섬겼다, 하지만 그 가운데서도 아브라함은 하나님을 믿었다, 그러자 하나님이 그런 아브라함을 우상들이 우글거리는 소굴에 내버려 둘 수 없다고 생각하셔서 그를 꺼내 오신 것이다, 라고 우기고 싶어 합니다.

일단 여기까지 짚어 두고 한 걸음 더 들어가 봅시다. 아브라함이 믿음으로 떠난 것이 맞는지 묻게 하는 구절이 또 있습니다. 창세기 11장 31절 이하를 봅시다.

───── 데라가 그 아들 아브람과 하란의 아들인 그의 손자 롯과 그의 며느리 아브람의 아내 사래를 데리고 갈대아인의 우르를 떠나 가나안 땅으로 가고자 하더니 하란에 이르러 거기 거류하였으며 데라는 나이가 이백오 세가 되어 하란에서 죽었더라 (창 11:31-32)

여호수아 24장에서 보듯 아브라함의 집안은 다른 신들을 섬겼습니다. 그런데 우리 고정관념대로 아브라함만 홀로 하나님을 섬기고 있었다면 아마 이 집안에는 신앙의 갈등이 있었을 것입니다. 아버지 데라는 다른 신들을 섬기는데 아브라함만 여호와를 믿고 있으니 말입니다. 이런 분위기에서 '가나안으로 가라'라는 하나님의 명령이 있게 되면 아브라함과 그의 아버지 데라는 함께 떠날 수 있었을까요? 이들 사이에 신앙의 충돌이 있었다면 함께 떠나기 어려웠을 것입니다.

그런데 가나안으로 가는 여행을 가만 보면 데라가 주도하고 있습니다. 데라가 주도권을 잡고 있고 아브라함은 데라를 따라갑니다. 이런 사실로 미루어 우리는 이 여행에서 데라와 아브라함이 같은 마음이었다고 짐작해 볼 수 있습니다. 아브라함은 데라와 다른 면모를 보여 주지 않고, 오히려 그를 따르고 있습니다. 그렇다면 이 여행은 우리가 생각하듯 믿음에서 출발된 것이 아닐 수 있다는 해석이 가능하게 됩니다.

지금껏 살펴본 여러 말씀을 통해 아브라함은 우리가 기대하는 수준의 믿음을 가진 사람이 아닐지도 모른다는 생각에 이르게 되었습니다. 좀 더 가 봅시다. 앞서 언급한 사도행전 7장에 나온 스데반의 설교에 이런 구절이 있었습니다. '우리 조상 아브라함이 하란에 있기 전 메소보다미아에 있을 때에 영광의 하나님이 그에게 보여 이르시되 네 고향과 친척을 떠나 내가 네게 보일 땅으로 가라'

(행 7:2-3). 영광의 하나님이 아브라함에게 나타나서 '네 고향과 친척을 떠나 내가 네게 보일 땅으로 가라'라고 하셨습니다. 만일 아브라함에게 고향과 친척과 아버지의 집을 떠나는 일이 여호와를 믿는 신앙에서 비롯한 결단으로서 이방신을 섬기는 자기의 가문을 떠나는 싸움이었다면, 그는 혈연관계를 깨서라도 기꺼이 믿음을 지키려고 했을 것입니다. 그렇다면 일단 아브라함은 이방신을 숭배하는 아버지 데라에게서 도망쳐 나와야 맞습니다.

그런데 아브라함은 아버지 데라와 갈라서지 않았습니다. 그는 아버지와 함께 움직이고 있습니다. 그것도 아버지의 주도적인 인도에 따라 움직이고 있습니다. 그러니 데라와 아브라함은 아직 한 통속이라고 보아야 합니다. 이방신을 섬기고 있었다는 점에서 아브라함은 아버지 데라와 한편인 것입니다.

데라와 마찬가지로 아브라함도 여호와가 누구인지 까맣게 몰랐습니다. 그는 우리와 조금도 다를 바 없는, 우리와 동일한 수준의 사람인 것입니다. 그런데 어느 날 꿈인지 환상인지 어떤 신을 만납니다. 찬란한 광채 속에 영광스러운 모습을 한 신이 비몽사몽간에 아브라함에게 나타납니다. 감히 그 형상을 표현할 수가 없고 뭐라고 말대꾸할 수 없는 어떤 영광의 신이 나타나 아브라함에게 말씀하십니다. "아브라함아! 나는 여호와 하나님이라는 창조주요, 너를 지목한 신이다. 내가 네게 복을 주려고 하니 너는 네 아비 집을 떠나 내가 지시할 땅으로 가라." 그런 후에 아브라함이 깨어납니다.

만일 아브라함이 여호와를 섬기고 있던 믿음의 사람이라면, 이런 환상을 보고 기꺼이 "네, 하나님. 그렇게 하겠습니다"라고 한 후 바로 길을 떠났을 것입니다. 창세기 22장에 나온 이삭을 바친 사건에서처럼 말입니다. 그러나 아브라함은 잘 알지 못하는 분을 만난 것입니다. 생전 처음 이런 일을 겪은 아브라함이 할 수 있는 일이란 무엇이었겠습니까? 어찌 된 영문인지 모르니 누군가의 조언이 필요했을 것입니다. 당시는 집안의 우두머리인 아버지가 믿고 의논할 상대였을 것입니다. 아마 아브라함은 아버지에게 이 일을 어찌하면 좋겠냐고 상의했을 것입니다. "아버지, 간밤에 참 이상한 꿈인지 환상인지를 보았습니다. 형언할 수 없는 광채와 빛난 영광 속에 있는 어떤 신이 저에게 말하기를 '내가 너에게 복을 주려고 하니 너는 내가 지시할 땅으로 가라'라고 했습니다. 아버지, 이 일을 어쩌면 좋습니까?" 데라가 자기에게 상의하러 온 아브라함을 보니 땀을 줄줄 흘리는가 하면, 온몸에 소름이 돋은 채 몹시 두려워하며 긴장된 표정이 역력합니다. 게다가 더할 나위 없이 진지합니다. '아! 내 아들에게 간밤에 무슨 일이 생겼구나. 이상한 환상이라도 보았나 보다.' 하나님이 어떤 분인지 알지는 못했지만 이방신이라도 섬길 줄 알던 종교심이 있는 데라였기에 이런 생각을 했을 것입니다. 그렇게까지 인간에게 찾아온 신의 명령을 거부했다가는 어떤 일을 당하게 될지 모른다고 말입니다. 그래서 아버지 데라는 일단 아브라함의 말대로 해야겠다고 작정한 후 그가 주동이 되어 자신의 명령권이 미치는 가족들을 모아서 길을 떠나게 된 것이 아닌가, 저는 그렇게 생각합니다. 성경이 아브라함에 대해 말하고 싶은 점은 오히려 이편인 것 같습니다.

그렇게 그들은 갈대아 우르를 떠나와 하란에 이릅니다. 우르는 수메르 문명권에 속한 메소보다미아의 도시이고 그들이 이른 하란은 갈대아 문명의 최변방입니다. 이해하기 쉽게 말하자면 서울에서 "만주로 가라"라고 해서 출발했는데, 신의주쯤 다다른 것입니다. 그런데 하란에 이르자 차마 거기서 더 나아가지 못합니다. 이는 아마 신변의 안전에 관한 문제 때문이었을 것입니다. 당시는 개인의 안전을 책임져 줄 제도가 미미한 시대라서 자기 목숨과 재산은 스스로 지켜야 했습니다. 이런 정황에서 데라는 아브라함과 사라와 롯과 기타 권속을 이끌고 이 긴 여행을 시작했습니다. 그런데 하란까지 가 보니 데라도 아브라함도 더 이상 나아갈 자신이 없었던 것입니다. 데라와 아브라함 일행은 아브라함이 본 환상 하나만 가지고서는 자기들에게 익숙한 문명사회를 벗어나 재산이 어떻게 될지, 미래가 어떻게 펼쳐질지, 심지어는 목숨마저 부지할 수 있을지 장담하기 힘든 곳에 발을 척 하고 내디딜 수 있는 사람들이 아니었습니다. 신앙이라는 이름을 붙일 단계는 아직 아니었던 것입니다. 그저 그렇게 떠밀려 하란까지 온 것입니다. 고향과 친척과 아버지의 집을 떠나지 않았다가는 무슨 일을 당할지도 모른다는 최소한의 종교심 때문에 겁을 집어먹고 하란까지 내몰린 것에 불과합니다.

한편 아브라함이 하란에 머무르는 바람에 이 여정이 지체된 정황을 성경은 이런 단서로 암시해 줍니다. 여기까지 아브라함 일행을 인도한 아버지 '데라'의 이름은 '지연시키다', '연기(延期)하다'라는 뜻을 지녔습니다. 지금 이 상황에 걸맞은 의미심장한 이름입니다. 이름이 암시하듯, 아브라함은 가나안에 들어가는 일에 데라의 도움을 받기보다는 오히려 방해를 받았던 것 같습니다. 데라가 죽은 후에야 아브라함이 하란을 떠나 가나안으로 가는 여행을 재개한 사실을 통해 짐작해 볼 수 있습니다. 그런데 여기서 명심할 것은 아브라함 역시 데라와 같은 수준이라는 사실입니다. 아직 아브라함은 믿음에서 데라와 다른 면모를 보여 주지 않고 있습니다.

마침내 가나안 땅에 들어갔더라

데라가 하란에서 죽자 하나님이 아브라함에게 다시 나타나십니다.

———— 여호와께서 아브람에게 이르시되 너는 너의 고향과

친척과 아버지의 집을 떠나 내가 네게 보여 줄 땅으로 가라 내가 너로 큰 민족을 이루고 네게 복을 주어 네 이름을 창대하게 하리니 너는 복이 될지라 너를 축복하는 자에게는 내가 복을 내리고 너를 저주하는 자에게는 내가 저주하리니 땅의 모든 족속이 너로 말미암아 복을 얻을 것이라 하신지라 이에 아브람이 여호와의 말씀을 따라갔고 롯도 그와 함께 갔으며 아브람이 하란을 떠날 때에 칠십오 세였더라 아브람이 그의 아내 사래와 조카 롯과 하란에서 모은 모든 소유와 얻은 사람들을 이끌고 가나안 땅으로 가려고 떠나서 마침내 가나안 땅에 들어갔더라 (창 12:1-5)

드디어 아브라함이 가나안에 들어갑니다. 그동안 우리가 아브라함에 대해 가졌던 고정관념을 성경 말씀에 비추어 생각해 봅시다. 우리는 어떤 사람이 복을 받거나 좋은 결과를 얻으면 그 사람에게 무엇인가 남다른 점이 있을 것이라고 생각하는 경향이 있습니다. 그래서 아브라함이 믿음의 조상이 된 원인도 하나님보다는 아브라함에게서 찾으려 합니다.

그런데 이런 생각 때문에 신앙생활을 하면서 갈등을 겪는 것인지 모릅니다. 내가 겨우 이렇게밖에 신앙생활을 못하면서 감히 하나님을 믿는다고 말할 수 있겠는가, 내가 이런 꼴이니 하나님이 복을 주실 리가 없지, 이 모양으로 살면서 예수 믿는다고 이야기해도 괜찮을까, 하는 생각 뒤에는 사실 불신앙이 자리잡고 있습니다. '복은 받을 만한 사람이 받는 법이다', '모든 결과는 그에 합당한 원인이 있어야 하는 법이다'라는 인과율에만 근거한 인간적 사고방식이 깔려 있기 때문입니다. 믿음에 대해서도 이런 식으로 생각한다면 이것이야말로 불신앙입니다. 구원의 원인을 우리에게서 찾으려 한다면 일단 구원 자체가 성립될 수 없다는 것을 기억해야 합니다.

구원 얻을 만한 자격이 우리에게 있다고 생각합니까? 그렇지 않습니다. 우리는 구원받을 만한 조건이 우리에게 있어서가 아니라 하나님이 구원해 주셨기 때문에 신자가 된 것입니다. 아브라함을 이해하는 데에도 동일한 원리를 적용해야 합니다. 아브라함, 그는 믿음의 조상입니다. 여기서 믿음은 하나님이 은혜를 베푸시는 일에 조건으로 사용되지 않았음을 기억해야 합니다. 그런데도 우리는 '아브라함은 아브라함이라서 복을 받았겠지' 하며 아브라함에게서 원인을 찾아내고 싶어 합니다. 하지만 구원의 조건을 인간에게서 찾으려는 노력이야말로 우리를 얼마나 좌절하게 하는지 모릅니다.

그러면 한없이 좌절하고만 있어야 할까요? 그렇지 않습니다. 구원의 원인을 우리 자신에게서 찾을 수 없다는 사실을 알았으면 빨리 항복해야 합니다. 오히려 이제는 좌절할 수 없습니다. 좌절로 끝나지 않는 인생을 허락받았기 때문입니다. 예수를 믿고 난 다음 가져야 할 신앙의 태도는 '좌절할 수 없다'는 것입니다. 좌절할 바에야 차라리 뻔뻔해지십시오. 뻔뻔해지는 것이 좌절하는 것보다 그나마 좀 나은 것입니다. 좌절하는 것은 신앙이 정말 없는 것입니다. 겸손과 좌절을 혼동하지 마십시오.

믿음에는 결코 절망이 있을 수 없습니다. 구원은 우리가 성취한 것이 아니기 때문입니다. 구원은 우리가 요구하거나 협의해서 얻은 결과가 아닙니다. '나는 예수를 믿는다'라는 말은 구원을 얻었기 때문에 비로소 나오는 고백입니다. 구원을 얻은 자만이 자기가 구원 얻었다는 사실을 "나는 예수를 믿습니다. 십자가 사건이 바로 나의 구원을 위해 있었음을 믿습니다"라고 표현할 수 있습니다. '나는 믿는다'라는 고백이 구원을 얻게 하는 것이 아닙니다. 구원을 얻으면 그렇게 말할 수밖에 없는 것입니다.

우리는 신앙을 표현할 때 이런 식으로는 잘 말하지 않습니다. "하나님이 저를 구원해 주셔서 저는 구원을 받았고, 제가 믿게 된 것은 구원받았기 때문입니다"라고 말입니다. 물론 이렇게 말해야 맞지만, 말이 길어지니 대개 간추려 이야기합니다. "저는 구원을 얻었습니다. 제가 예수를 믿거든요." 하지만 이렇게 표현했다고 하여 믿음을 구원의 조건으로 오해하지는 말아야 합니다. 아브라함의 생애를 잘 살펴보면 이 점을 분명하게 확인할 수 있습니다.

하나님이 아브라함에게 나타나셔서 "너는 너의 고향과 친척과 아버지의 집을 떠나 내가 네게 보여 줄 땅으로 가라"라고 하셨을 때에 아브라함은 "네, 알겠습니다"라고 믿음으로 순종한 것이 아닙니다. 그는 자신이 본 환상이 무엇인지 몰라 이 집 저 집 찾아다니면서 "혹시 이런 꿈을 꾸어 보신 분 있습니까? 이럴 때에는 어떻게 해야 합니까?" 하며 몹시 당황스러워했을 것입니다. 아브라함은 자기가 본 환상이 무엇인지 아직 깨닫지 못하고 있는데, 하나님은 아브라함을 하란까지 밀어내셨고 또 하란에서 가나안까지 밀어내신 것입니다. 아브라함이 이 일을 경험했습니다. 실제로 아브라함은 자기 고향과 친척과 아버지의 집을 떠나 하란에 이르렀고 결국 가나안에 들어갑니다. 아브라함의 믿음을 근거로 하나님이 그를 가나안 땅에 들여보내신 것이 아닙니다.

아브라함과 그의 집안은 유프라테스 강 저편에 거할 때에 이방신을 섬기고 있었습니다. 그때 영광의 하나님이 아브라함에게 나타나셔서 고향을 떠나 가나안으로 가라고 하셨습니다. 이 명령에 아브라함은 어리둥절해했고, 아버지와 함께 하란까지 갑니다. 환상에 등 떠밀려 간 것입니다. 하란에서 아버지 데라가 죽자 다시 등 떠밀려 가나안에 들어갑니다. 하나님이 아브라함을 계속 밀어내어 가나안까지 이르게 한 것입니다.

창세기 12장 5절을 다시 봅시다. 주의해서 보아야 할 단어가 있습니다. "아브람이 그의 아내 사래와 조카 롯과 하란에서 모은 모든 소유와 얻은 사람들을 이끌고 가나안 땅으로 가려고 떠나서 마침내 가나안 땅에 들어갔더라." '마침내' 아브라함은 가나안에 들어갔다고 합니다. 이 '마침내'라는 단어는 하나님 편에서 본 '마침내'일까요, 아브라함 편에서 본 '마침내'일까요?

우리 고정관념대로 아브라함이 믿음으로 결단하여 고향을 떠난 것이라면, 이 '마침내'는 그가 여러 어려움에도 신앙을 붙들고 순종하여 하나님이 가라고 한 곳에 드디어 다다랐다는 것을 강조하는 단어가 될 것입니다. 그러나 아브라함이 믿음으로 떠난 것이 아니라면, 이 '마침내'는 하나님 편에서 본 '마침내'가 됩니다. 아브라함에게 아무리 가르쳐도 못 알아들으니까 하나님이 그를 밀고 끌고 해서 마침내 가나안까지 이끌고 오시고야 말았다는 뜻인 것입니다.

이 '마침내'가 하나님 편에서 본 '마침내'라는 주장을 뒷받침해 주는 근거가 앞서 살펴본 사도행전 7장 2절에 나옵니다. '우리 조상 아브라함이 하란에 있기 전'이라는 표현이 바로 그것입니다. 이 표현으로 미루어 아브라함은 하란에서 상당한 시간을 보냈음을 알 수 있습니다. 하란에서 보낸 시간을 어떤 한 시기로 지칭하고 있기 때문입니다. 다른 시기와 구분할 수 있을 만큼 상당한 기간이었음을 암시해 주는 것입니다. 만일 아브라함이 믿음으로 출발한 것이라면 그는 하란에서 그렇게 지체할 필요가 없습니다. 믿음으로 출발한 여정이라면 도중에 괜히 머뭇거릴 이유가 없기 때문입니다.

아브라함은 신앙으로 잘 살아 보려고 했는데 불가피하게 하란에 머물게 된 것이 아닙니다. 하란에 머물렀던 일은 그의 신앙을 가로막는 방해물이 아니었던 것입니다. 어쩌면 아직 이때는 아브라함의 신앙을 논할 단계조차 아닐 수 있습니다. 오히려 아브라함은 하나님의 명령에 순종하지 않고 하란에 머물러 있었던 것으로 보입니다. 그래서 하나님이 하란에 머물러 있는 아브라함에게 다시 나타나신 것은 아닌가 하는 생각이 듭니다. 갈대아 우르에서 나타나셨던 하나님이 하란에서 다시 나타나셔서 아브라함에게 거듭 말씀하실 수밖에 없었던 것입니다. 그렇게 다시 나타나 아브라함을 설득하셨습니다. 지금까지의 이야기를 다 듣고 나서도 "그래서 어쨌다는 말인가. 그때 아브라함이 믿음이 있었으면 어떻고 없었으면 어떻다는 건가?"라고 반문한다면 이 주제의 중요성을 아직 깨닫지 못하고 있는 것입니다. 이 주제를 진지하게 생각해 보았으면 합니다.

이 주제를 통해 우리가 신앙의 기초를 무엇에 두고 있는가를 생각해 볼 수 있습니다. 신앙의 모범이라 여기는 아브라함에 대해 우리는 어떤 상(像)을 그리고 있는 것일까요. 신앙으로 무장한 채 가나안을 향해 떠난 아브라함입니까, 아니면 영문도 모른 채 그저 떠밀려 길을 떠난 아브라함입니까?

단언하건대, 우리가 모범으로 여기는 아브라함은 불신앙에서 출발한 아브라함이라야만 합니다. 그래야 우리가 믿는 이 구원이 은혜인 것입니다. 아브라함은 처음부터 믿음의 사람이 아니었습니다. 그는 우리와 같은 수준에서 출발했지만 마침내 가나안에 들어간 사람입니다. 하나님이 그를 거기까지 인도하시고 강권하셨습니다. 아브라함에게는 좀 미안한 표현이지만 하나님이 아브라함의 목덜미를 끌고 가나안까지 들어가신 셈입니다.

만일 하나님이 점잖게 우리 손을 붙잡아 끌고 가신다면 아마 소설의 한 장면 같은 일이 벌어졌을 것입니다. 제가 어렸을 적 읽었던 소설 중에 《얄개전》이라는 명랑 소설이 있습니다. 소설가 조흔파가 쓴 소설로 당시 청소년들을 열광하게 했던 작품입니다. 이 소설의 주인공인 얄개는 미션스쿨에 다니는데, 학교에서 늘 말썽을 일으킵니다. 그날도 심하게 장난치다가 교장 선생님 앞에 불려갑니다. 교장 선생님이 얄개의 머리에 손을 얹고 기도합니다. 얄개가 회개하기를 바라면서 말입니다. "하나님, 이 길 잃은 양을 불쌍히 여기소서." 그런데 그날따라 교장 선생님은 감기에 걸렸는지 연신 손수건을 꺼내 콧물을 닦습니다. 그리고 손수건을 주머니에 넣고서 다시 얄개의 머리에 손을 얹고 기도합니다. 이런 행동이 반복되자 무릎 꿇고 고개를 숙이고 있던 얄개는 교장 선생님의 손이 손수건을 꺼내려고 얄개의 머리에서 벗어나는 순간 곁에 있던 둥근 의자를 가져다가 자기 모자를 씌워 놓고 달아납니다.

만일 하나님이 이 교장 선생님처럼 저를 점잖게 대하여 제 손을 잡고 가셨다면 틀림없이 저는 밤중에 제 손목을 풀고 몰래 도망갔을 것입니다. 다리를 붙잡고 가셨으면 다리를 빼놓고 기어서라도 도망갔을 것입니다. 어떻게 붙잡혀 왔든지 간에 도망갔을 것입니다. 그래서 하나님은 제 목덜미를 끌고 가셨습니다. 목은 빼놓고 갈 수 없으니 그렇게 하신 것입니다. 목 말고 다른 데를 붙잡고 가셨더라면 아마 저는 도망쳐 버렸을 것입니다. 목덜미를 붙잡혀 올 때도 얼마나 안 가겠다고 버텼는지 모릅니다. 발버둥치며 버티느라 손톱 발톱이 다 빠지고 한 군데도 성한 곳이 없을 정도였습니다. 제 발로 따라 들어간 것이 아니라 질질 끌려왔기 때문입니다. 그러나 하나님이 그렇게라도 하셨기에 우리가 지금 이 자리에 있는 것입니다.

그런데도 우리는 자기 자신을 자랑하고 싶어 합니다. 내가 잘 믿었다, 내 믿음이 남다르다, 그래서 복을 받았다, 이렇게 자랑하고 싶어 합니다. '내게는 우리 주 예수 그리스도의 십자가 외에 결코 자랑할 것이 없으니'(갈 6:14)라는 사도 바울의 고백과는 딴판입니다. 우리가 구원의 자리에 와 있는 것은 자원하거나 하나님 앞에 스스로 항복한 결과가 아닙니다. 우리는 하나님에게 스스로 항복한 적도 구원에 합의한 적도 없습니다. 우리는 안 가겠다고 계속 버텼습니다. 손과 발로만 버틴 줄 아십니까? 머리카락 올올이 버텼습니다. 혹 우리가 신앙생활을 잘한다고 해도 뽐낼 수 없는 것은, 우리는 하나님과 합의하거나 하나님에게 동조한 적이 한 번도 없기 때문입니다. 구원의 자리에 오기까지 우리가 한 일은 거부요, 반항이요, 미련한 짓이요, 아우성과 헛소리와 실수뿐이었습니다. 우리가 예수 그리스도로 말미암아 이 자리에 왔다는 것이 무슨 의미인지 하나님이 아브라함을 불러 믿음의 여정을 출발하게 하시는 일을 통해 분명히 드러나 있습니다. 이렇게 우리에게 찾아오시는 하나님의 열심을 안다면, 그 앞에 항복할 수밖에 없을 것입니다.

믿음으로 아브라함은

지금껏 설명을 잘 따라왔다면 의문이 하나 남을 것입니다. 앞서 본 히브리서 11장 8절에서는 아브라함이 '믿음으로' 부르심을 받아 약속의 땅에 나아갔다고 합니다. 왜 히브리서는 하나님을 믿지 않고 살았던 아브라함이 가나안을 향해 길을 떠난 것을 '믿음으로' 출발한 여정이라고 보았을까요? 여기서 성경이 말하는 중요한 주제인 믿음에 대한 정의를 내려 볼 수 있습니다.

──── 믿음으로 아브라함은 부르심을 받았을 때에 순종하여 장래의 유업으로 받을 땅에 나아갈새 갈 바를 알지 못하고 나아갔으며 믿음으로 그가 이방의 땅에 있는 것 같이 약속의 땅에 거류하여 동일한 약속을 유업으로 함께 받은 이삭 및 야

곱과 더불어 장막에 거하였으니 (히 11:8-9)

믿음이 가장 중요하다는 이야기를 하기 위해 여기에 '믿음'이 등장하는 것입니다. 믿음이란 무엇입니까? 자기가 자신에게 주입하여 세뇌하는 것을 믿음이라고 하지 않습니다. 그런데도 우리는 믿음을 이런 의미로 자주 씁니다. "믿습니다. 믿습니다"라고 반복하며 톤을 높이고 박자를 맞춰 껑충껑충 뛰면 마음에 하나님을 의지하는 강한 신앙심이 생긴다고 착각합니다. 그렇지 않습니다. 이렇게 하면 오히려 자기가 반복하는 말의 뜻조차 생각할 수 없는 몽롱한 상태가 되어 버립니다. 이것은 믿음이 아니라 자기암시로 최면을 거는 것에 불과합니다.

또한 인간이 하나님에게 억지 부리는 것을 믿음이라고 하지 않습니다. 우리는 "하나님, 이렇게 해 주실 줄로 믿습니다"라고 기도한 후 자기 혼자 결재 도장까지 다 찍어 하나님에게 올려 보내고서는 좋은 믿음을 가졌다고 착각합니다. 그러나 이것은 믿음이 아닙니다.

그렇다면 믿음이란 무엇일까요? 믿음은 하나님이 우리를 설득하시는 작업, 곧 하나님의 일하심을 가리킵니다. 신자는 누구든 하나님 앞에 설득당한 사람입니다. 그 과정에서 맨 나중에 설득되는 것이 '이해'입니다. 하나님은 맨 먼저 우리의 운명부터 설득하시고 다음으로 우리의 인생을, 마지막으로 우리의 이해를 설득하십니다. 그러니 우리의 운명이 하나님에게 설득되어 구원을 얻었다는 사실을 잊지 마십시오. 우리가 이해하고 인정하고 공감하기 전에 우리 인생이 하나님의 손에 인도되고 있었다는 사실로 기뻐하십시오. 그것이 아브라함의 생애를 통하여 드러나는 하나님의 일하심입니다. 하나님이 아브라함을 끈질기게 설득하셔서 갈 바를 알지 못하는 아브라함이 가나안을 향해 길을 떠났습니다. 그래서 히브리서는 아브라함이 '믿음으로' 출발했다고 선언한 것입니다.

아브라함은 본래 훌륭한 믿음의 사람이었는가, 아니면 하나님이 그를 훌륭하게 만들어 가셨는가 하는 것이 아브라함의 생애에서 우리가 추적해야 할 중요한 주제입니다. 우리도 아브라함처럼 인도되어 이 자리까지 왔습니다. 여기가 어디쯤일까요? 아마 이제 막 가나안에 들어왔을까요. 가나안에 들어온 지 얼마 되지 않아 정신이 하나도 없을 것입니다. 그러나 결국 하나님은 우리를, 이삭을 바치는 자리까지 이끌어 가실 것입니다. 그것이 하나님의 인도요, 하나님의 설득입니다.

그러니 지금 우리가 서 있는 수준에 대해 당황하거나 절망하지 않기 바랍니다. 서울발 부산행 기차를 탔다면 부산에 도착할 때까지 무엇을 하며 시간을 보낼 것입니까? '어디까지 왔을까?' 하며 하염없이 창밖만 쳐다본다면 참으로 미련한 일입니다. 편안하게 앉아 가끔 시계만 보면 됩니다. '이제 어디쯤 왔겠구나' 하고 생각하면서 말입니다. 좀 더 여유가 있으면 가는 동안 눈도 붙이고 책도 읽을 것입니다. 창밖만 멍하니 쳐다보며 시간을 허비할 필요가 없습니다. 혹 역방향 자리에 앉았더라도 마찬가지입니다. '나는 서울 쪽을 보고 앉았으니 혹시 서울로 되돌아가지는 않을까. 모두가 부산을 향해 가는데 나만 서울을 향해 있구나' 하고 부질없이 걱정할 필요가 없습니다.

우리 인생이 하나님의 손안에 있기에 우리는 결코 좌절하지 않습니다. 우리가 누구의 손에 붙들려 어디로 가고 있는가 하는 물음 앞에 밝은 소망을 품기 바랍니다. 아브라함의 생애를 추적해 가면서 하나님을 믿고 사는 것이 무엇인지 기초부터 다시 정리하고 확인하는 기회가 되기를 바랍니다.

그가 거기서
여호와의 이름을 불렀더라

02

1 아브람이 애굽에서 그와 그의 아내와 모든 소유와 롯과 함께 네게브로 올라가니 2 아브람에게 가축과 은과 금이 풍부하였더라 3 그가 네게브에서부터 길을 떠나 벧엘에 이르며 벧엘과 아이 사이 곧 전에 장막 쳤던 곳에 이르니 4 그가 처음으로 제단을 쌓은 곳이라 그가 거기서 여호와의 이름을 불렀더라 (창 13:1-4)

♦♦♦ 아브라함은 구약의 인물인데도 신약을 여는 마태복음 첫 장부터 등장합니다. "아브라함과 다윗의 자손 예수 그리스도의 계보라"(마 1:1). 이처럼 신약을 시작하는 자리에 아브라함의 이름이 나오는 것만 보아도 아브라함은 기독교 신앙에서 중요한 위치를 차지하는 것을 알 수 있습니다. 기독교 복음이 말하는 구원 교리, 즉 '믿음으로 구원을 얻는다'라는 말을 제대로 이해하려면 아브라함을 공부해야 합니다. 앞 장에서는 창세기 11장과 12장에 걸쳐 가나안 땅을 향해 출발한 아브라함에 대해 살펴보았습니다. 또한 아브라함의 이 행동에 대해 히브리서가 해석한 대목도 함께 살펴보았습니다. "믿음으로 아브라함은 부르심을 받았을 때에 순종하여 장래의 유업으로 받을 땅에 나아갈새 갈 바를 알지 못하고 나아갔으며"(히 11:8)라는 말씀을 통하여 성경이 말하는 믿음이 무엇이며, 이것이 우리가 알고 있는 믿음과는 어떻게 다른지 생각해 보았습니다.

애굽에 거류하려고 그리로 내려갔으니

이번 장에서는 가나안 땅에 들어간 아브라함의 이후 행적에 대해 살펴보겠습니다. 창세기 12장에는 아브라함이 가나안에서 기근을 만나자 애굽으로 내려간 사건이 기록되어 있습니다. 애굽에 다녀온 이후 아브라함의 행적은 13장과 14장에 나옵니다. 13장에는 아브라함이 롯과 헤어지는 사건이, 이어 14장에는 가나안 지역에 일어난 전쟁으로 포로가 된 롯을 아브라함이 구해 낸 사건이 담겨 있습니다.

아브라함이 애굽에 내려가게 된 정황은 이렇습니다. 하나님의 명령을 듣고 갈대아 우르를 떠나온 아브라함은 아버지와 함께 하란에 머뭅니다. 이후 아버지 데라가 죽자 그는 가나안으로 들어갑니다. 먼저 세겜에 거하다가 벧엘과 아이 사이에 장막을 치고 제단을 쌓습니다. 거기서 점점 남방으로 옮겨 가다가 기근을 만나자 애굽에 내려가게 됩니다. 애굽에 내려간 아브라함은 아내 사라의 미모 때문에 곤경에 처하게 될 것이 두려워 아내를 누이라고 속입니다. 그렇게 속이는 바람에 자기 목숨은 겨우 건진 반면, 아내를 바로에게 빼앗기고 맙니다. 그러나 이 일로 하나님이 바로에게 재앙을 내려 개입하시자 사라를 되찾게 됩니다. 애굽에서 나온 아브라함은 처음 제단을 쌓았던 곳으로 돌아와 여호와의 이름을 부릅니다. 그즈음에 아브라함은 갈대아 우르를 떠나 가나안으로 오는 여정 내내 함께한 조카 롯과 헤어집니다. 이어 14장을 보면 당시 가나안 여러 족속 사이에 전쟁이 있는데, 소돔에 거주하던 롯이 이 전쟁으로 포로가 되어 붙잡혀 가는 일이 생깁니다. 아브라함은 자기가 부리던 사람들을 거느리고 출정하여 롯을 구출하고 그의 가족과 재산도 찾아옵니다.

아브라함이 기근을 만나 애굽으로 내려간 일을 마주할 때, 이런 질문이 생깁니다. 기근 때문에 애굽에 내려간 일을 신앙의 타락으로 볼 것인가 하는 질문입니다. 이 질문은 지난 장에서 살펴본 내용을 염두에 두고 생각해야 합니다.

앞 장에서 우리는 아브라함이 갈대아 우르를 떠날 때에 과연 믿음이 있었는가에 대해 생각해 보았습니다. 믿음이 무엇인가를 이해하는 데에 이 질문은 매우 중요합니다. 아브라함에게 나타나신 하나님은 "너는 너의 고향과 친척과 아버지의 집을 떠나 내가 너에게 보여 줄 땅으로 가라"라고 말씀하셨습니다. 이에 아브라함이 본래 믿음의 사람이라서 하나님의 명령에 순종하여 길을 떠났다고 한다면, 우리가 아브라함에게서 얻을 것은 좌절밖에 없습니다. 노년에 얻은 독자 이삭을 기꺼이 바친 아브라함은 본래 처음부터 믿음이 좋은 사람이라서 갈 바를 알지 못한 여정을 믿음으로 출발했다는 사실에 기가 죽을 수밖에 없기 때문입니다.

여기서 우리는 고정관념에서 비롯한 좌절은 접어 두고 성경을 따라 아브라함의 생애를 추적해 보기로 하였습니다. 아브라함은 본래 믿음의 사람이었는가 하는 물음에 대해 그렇지 않다, 아브라함은 처음부터 믿음으로 출발한 것이 아니다, 그는 믿음이 없었으나 하나님이 그를 불러 믿음의 사람으로 만들어 가셨다, 하는 메시지를 아브라함의 생애에서 읽어 내야 한다고 정리하였습니다.

이런 점을 염두에 두고 아브라함이 애굽에 내려간 사건을 살펴보겠습니다. 만일 아브라함이 갈대아 우르를 떠날 때 이미 믿음의 사람이었다고 하면 그가 기근을 면하러 애굽에 내려간 사건은 신앙의 타락으로 볼 수 있을 것입니다. 기근 때문에 믿음이 연약해져서 가나안에 계속 거하지 못하고 애굽으로 내려가 버렸으니 말입니다. 이런 관점에서 보면 다음과 같은 결론을 내리기 쉽습니다. 아브라함은 끝까지 하나님만 붙들어야 했는데 믿음이 흔들리는 바람에 애굽으로 내려가다 결국 어려운 일을 만나게 되었다, 와 같은 손쉬운 결론 말입니다. 그러나 아브라함이 애굽으로 내려간 일을 신앙의 타락으로 볼 수 없다면, 애굽에서 사라를 빼앗긴 사건 또한 그리 간단히 해석될 수 없을 것입니다.

아브라함이 애굽에 내려간 사건도 '아브라함은 본래 믿음의 사람이 아니었다' 하는 관점에서 읽어야 합니다. 그래야 이 사건을 바로 이해할 수 있습니다. 그러면 이제 새로운 질문을 갖고 이 사건을 살펴봅시다. 아브라함을 떠밀어 마침내 가나안까지 들여보내신 하나님은 왜 그 시점에 기근을 허락하여 아브라함을 애굽으로 몰아내셨을까, 하는 질문입니다.

부재와 침묵의 메시지

먼저 확인해 볼 것은 아브라함이 애굽에 내려간 일로 하나님이 그를 꾸짖으셨는가 하는 점입니다. 성경에는 하나님이 이 일로 아브라함을 꾸짖으셨다는 기록이 없습니다. 아브라함을 꾸짖으신 일은 창세기 17장에 처음 나옵니다.

> 아브람이 구십구 세 때에 여호와께서 아브람에게 나타나서 그에게 이르시되 나는 전능한 하나님이라 너는 내 앞에서 행하여 완전하라 내가 내 언약을 나와 너 사이에 두어 너를 크게 번성하게 하리라 하시니 (창 17:1-2)

아브라함이 하나님에게 꾸중을 듣는 장면입니다. 하나님이 아브라함을 꾸짖으신 이유는 바로 앞 장인 16장에 나옵니다. "하갈이 아브람의 아들을 낳으매 아브람이 하갈이 낳은 그 아들을 이름하여 이스마엘이라 하였더라 하갈이 아브람에게 이스마엘을 낳았을 때에 아브람이 팔십육 세였더라"(창 16:15-16). 아브라함이 하나님의 약속을 기다리지 못하고 자기 생각대로 자식을 얻은 일에 대해 하나님이 '너는 내 앞에서 행하여 완전하라' 하고 지적하신 것입니다.

17장은 아브라함의 나이를 언급하면서 시작합니다. 이는 16장이 아브라함의 나이를 언급하며 끝맺은 것에 대응하여 어떤 메시지를 드러내 줍니다. 두 장 사이에는 십삼 년이라는 세월의 간격이 있는데, 이 긴 세월 동안 하나님은 아브라함에게 나타나시지 않습니다. 오랜 시간을 침묵하신 후에 하나님은 아브라함에게 나타나 말씀하십니다. "나는 전능한 하나님이라 너는 내 앞에서 행하여 완전하라." 하나님은 지금 아브라함을 꾸짖고 계십니다. 아브라함의 어떤 점을 꾸짖으시는 것일까요?

아브라함이 이스마엘을 낳기 전, 아니 그보다 훨씬 이전인 갈대아 우르를 떠난 시점부터 하나님은 아브라함에게 이런 약속을 해 오셨습니다. "내가 너로 여러 민족의 아버지가 되게 하겠다. 네 몸에서 날 자가 네 상속자가 될 것이다." 이 약속이 15장에 자세히 나옵니다.

―――― 이 후에 여호와의 말씀이 환상 중에 아브람에게 임하여 이르시되 아브람아 두려워하지 말라 나는 네 방패요 너의 지극히 큰 상급이니라 아브람이 이르되 주 여호와여 무엇을 내게 주시려 하나이까 나는 자식이 없사오니 나의 상속자는 이 다메섹 사람 엘리에셀이니이다 아브람이 또 이르되 주께서 내게 씨를 주지 아니하셨으니 내 집에서 길린 자가 내 상속자가 될 것이니이다 여호와의 말씀이 그에게 임하여 이르시되 그 사람이 네 상속자가 아니라 네 몸에서 날 자가 네 상

속자가 되리라 하시고 (창 15:1-4)

하나님이 아브라함에게 이렇게 분명히 약속하셨는데도 아브라함은 하갈에게서 자식을 얻었던 것입니다. 약속을 받았으나 오랜 시간이 지나도 자식이 생기지 않자, 아브라함은 하갈을 통하여 이 약속의 성취를 보고자 했던 것 같습니다. 이 점을 하나님이 꾸짖으신 것입니다. 하나님은 부재와 침묵으로 꾸짖으십니다. 아브라함이 팔십육 세에 이스마엘을 얻자, 이후 아브라함이 구십구 세가 될 때까지 하나님은 오랜 시간 그에게 나타나시지 않습니다. 장장 십삼 년이라는 긴 세월을 하나님이 침묵해 버리신 것입니다.

아브라함이 고향을 떠나 가나안 땅에 거할 때에 그의 힘이자 위안이요 의지할 이는 하나님밖에 없었습니다. 그렇기에 하나님이 오랜 시간 침묵하신 일은 아브라함에게 큰 두려움이었을 것입니다. 이 십삼 년간의 침묵이 하나님의 꾸중이라는 결정적 단서가 17장에 잘 드러나 있습니다. 1절에 있는 '나는 전능한 하나님이라'가 그것입니다. 이 말씀은 꾸짖음입니다. "나는 전능한 하나님인데, 너는 왜 아직도 나를 믿지 못하느냐"라는 질책인 것입니다. 하나님은 당신이 전능한 하나님임을 분명히 하시고 이어서 이렇게 요구하십니다. "너는 내 앞에서 행하여 완전하라." 전능하신 하나님의 약속을 믿지 못하고 자기 생각대로 상속자를 얻고자 했던 아브라함의 불신앙을 이렇게 꾸짖고 계신 것입니다.

하나님이 편들어 주시는 아브라함

그런데 아브라함이 기근을 면하러 애굽으로 내려간 사건에서는 하나님의 꾸짖음이 발견되지 않습니다. 왜 이 사건에서는 꾸짖지 않으셨을까요? 여기에는 좀 더 생각해야 할 내용이 있습니다.

애굽에 다녀온 아브라함은 이전과는 사뭇 달라 보입니다. 아브라함의 변화된 모습에서 애굽에 내려간 사건의 의의를 발견할 수 있습니다. 아브라함의 달라진 면모는 이어지는 두 사건에서 확인됩니다. 하나는 롯과 갈라서기로 결단한 일이고, 다른 하나는 가나안 전쟁에 감히 끼어든 일입니다. 아브라함은 이전과 달리 놀랍게 담대해져 있습니다.

먼저 아브라함이 롯과 헤어진 사건을 생각해 봅시다. 이 사건은 쉽게 볼 일이 아닙니다. 아브라함은 고향을 떠날 때에 홀로 나오지 않았습니다. 그는 아버지 데라를 따라 조카 롯과 함께 떠나왔습니다. 당시는 안전을 쉽게 보장받을 수 없던 때였습니다. 자기 아내를 누이라고 속여야 겨우 살아남을 수 있을 만큼 살벌한 시대였습니다. 언제 누가 쳐들어와 재물을 약탈하고 가족을 노예로 붙잡아 갈지 모르는 형국이라 아무런 연고가 없는 곳으로 떠나는 것은 온갖 위험을 감수하는 일처럼 여겨졌습니다. 이런 정황에서 아브라함은 롯과 헤어지기로 결단합니다. 중대한 결단입니다. 심지어 아브라함은 롯에게 더 좋은 곳을 선택할 수 있도록 우선권까지 줍니다. 고향을 떠나올 당시 우유부단했던 모습과는 많이 달라져 있습니다.

애굽에 다녀온 이후, 아브라함의 달라진 또 다른 면모는 롯을 구출한 사건에서도 잘 드러납니다.

> 당시에 시날 왕 아므라벨과 엘라살 왕 아리옥과 엘람 왕 그돌라오멜과 고임 왕 디달이 소돔 왕 베라와 고모라 왕 비르사와 아드마 왕 시납과 스보임 왕 세메벨과 벨라 곧 소알 왕과 싸우니라 (창 14:1-2)

가나안의 여러 족속들이 두 편으로 나뉘어 싸웁니다. 한 편은 네 왕이 연합하고 다른 한 편은 다섯 왕이 동맹하여 싸웁니다. 지금의 국제 정세로 빗대어 보면, 러시아와 중국과 북한과 일본이 한편이 되고, 미국과 이스라엘과 영국과 프랑스와 독일이 다른 한편이 되어 서로 싸우는 형국입니다. 이들이 북한에서 전쟁을 벌이는데, 북한에 살고 있던 제 조카가 전쟁의 소용돌이에 휘말려 포로로 잡혀간 셈입니다. 이 사실을 알게 된 제가 교회에 와서 "성도 여러분, 지금 북한에서 전쟁이 일어나는 바람에 거기 살고 있는 제 조카의 가족이 전부 잡혀갔습니다. 함께 일어나 그들을 치러 갑시다"라고 호소합니다. 그러자 우리 교회 성도 318명이 한 손에는 포크를, 다른 한 손에는 나이프를 들고 저를 따라 나선 꼴입니다. 한마디로 말도 안 되는 상황이 벌어진 것입니다.

이런 상황에서라면 아브라함은 자기 목숨 하나 부지하기도 쉽지 않았을 것입니다. 그런데 아브라함은 자기 조카를 살리겠다고 떨쳐나섭니다. 지금 자기가 싸우려는 상대가 누구인지는 아브라함에게 전혀 중요하지 않습니다. 아홉 나라의 수장이 가담한 거대한 전쟁에 아브라함은 조카 하나 구출하겠다고 집에서 훈련한 하인 318명을 데리고 쳐들어갑니다.

우리로서는 상상하기 힘든 모습인데도 우리는 이 대목을 읽을 때 별로 의아해하지 않습니다. 아마 믿음의 사람 아브라함이 덤빈 일이니 그럴 만한 일이겠지, 또 믿음이 있으면 당연히 그렇게 행동해야지 하고 생각하기 때문일 것입니다. 이처럼 믿음의 조상 아브라함이 하는 일이면 다 옳을 것이라고만 생각합니다. 하지만 이 행동은 그렇게 당연히 나올 행동이 아니었습니다. 아브라함에 대한 우리의 고정관념은 성경이 아브라함을 들어 말하고자 하는 바를 읽어 내지 못하게 합니다.

자기 조카를 구해 내기 위해 위험천만한 전쟁에 뛰어들다니 아브라함의 이런 배짱은 대체 어디서 나온 것일까요? 아마 애굽에서의 경험, 즉 애굽에서 사라를 빼앗은 일로 바로가 재앙을 입게 된 일을 목도하면서 생겼을 것입니다. 앞서 언급했듯, 아브라함이 애굽에 내려간 것은 믿음이 약해져서가 아니었습니다. 당시 아브라함에게는 신앙이라 이름 붙일 만한 것이 없었습니다.

어느 날 하나님이 환상 가운데 아브라함에게 나타나셔서는 고향을 떠나 가나안을 향해 가라고 하셨습니다. 아브라함은 하나님이 어떤 분인지 알지 못했지만 그가 본 환상이 너무나 생생해서 길을 나섭니다. 떠나지 않았다가는 하나님한테 얻어터질 것 같아 차마 떨어지지 않는 걸음으로 떠밀려 출발하게 됩니다. 하나님은 그 후에 아브라함에게 여러 차례 나타나십니다. 하란에서도 나타나시고 세겜에서도 나타나십니다.

마침내 가나안에 도착하지만 거기서 기근을 만납니다. 먹고 살기 위해 아브라함은 다시 애굽으로 내려갑니다. 애굽에 내려갈 당시 아브라함이 가진 믿음은 '하나님은 이 기근 속에서도 나를 먹여 살리실 수 있는 분이다' 하는 수준까지는 아직 이르지 못했습니다. 그래서 물이 있는 곳, 자기 가족과 양떼를 먹일 수 있는 곳을 찾아 이동하다 보니 애굽까지 내려가게 된 것입니다. 애굽에 다다르자 아브라함은 자기 아내의 빼어난 미모가 걱정입니다. 아리따운 사라를 빼앗으려고 남편인 자기를 죽일 것이 뻔하기 때문입니다. 그런데 부부가 아니라 오누이라고 하면 사람들이 자신을 후하게 대접해 줄 것이라는 생각이 스쳤습니다. 이에 아브라함은 목숨을 부지하기 위해 사라를 자기 누이라고 하자고 말을 맞추고는 애굽으로 내려갑니다. 애굽에 이르자 걱정했던 것처럼 사라를 빼앗기는 일이 실제로 일어납니다. 사라를 빼앗은 상대는 다름 아닌 천하의 바로입니다.

여기서 주의할 점은 안 좋은 일이 일어났다고 하여 쉽게 단정해서는 안 된다는 것입니다. 어떤 어려움이 있어도 가나안에서 믿음으로 인내하며 버텨야 했는데 하나님을 붙들지 않고 애굽으로 내려가더니, 그것 봐라, 하나님이 아브라함을 이렇게 치셨다, 그러자 그제야 아브라함이 돌이켰다, 이런 결론에 이르지 않도록 주의해야 합니다. 이 사건에서 아브라함이 돌이켰다는 기록은 없습니다. 돌이킨 사람은 아브라함이 아니라 오히려 바로였습니다.

바로는 하나님을 알지 못한 사람인데, 그가 왜 돌이켰을까요? 바로가 아브라함의 아내를 빼앗자 하나님이 그에게 재앙을 내리셨기 때문입니다. 당시 애굽 왕 바로는 문명 세계의 최고 통치자로 막강한 지위에 있었습니다. 그런데 천하의 바로가 아브라함의 아내를 빼앗은 일 하나 때문에 하나님에게 밤새 터진 것입니다. 얼마나 혼쭐이 났는지 다음 날 바로는 사라를 아브라함에게 돌려주고 금은보화까지 얹어 주면서 떠나라고 합니다. 자기가 당한 재앙이 아브라함 때문인 줄 깨달았던 것입니다. 이런 일을 겪으며 아브라함이 놀랍니다. 당시 아브라함은 믿음을 논할 수준에 있지 않았지만, 이 사건을 경험하면서 하나님에 대해 무엇인가 깨닫게 됩니다. 하나님은 도대체 어떤 분이기에 천하의 바로도 이렇게 꼼짝 못한다는 말인가, 하나님은 왜 바로를 무릎 꿇리면서까지 내 편을 들어주시는가, 이런 생각을 하기에 이릅니다. 하나님의 역사(役事)로 아브라함이 설득되고 있는 것일까요.

믿음, 하나님의 설득하심

하나님은 인간을 설득해 오십니다. 하나님은 당신을 보여 주시지도 않은 채 일단 믿어 보라고 하시지 않습니다. 도박에서 대박을 암시하며 판돈을 요구하듯, 그렇게 하나님은 우리에게 먼저 믿음을 내놓으라고 요구하시는 분이 아닙니다. 믿음은 요행을 바라며 자기가 가진 모든 것을 한 번에 내걸게 하는 도박이 아닌 것입니다. 그렇다면 믿음이란 무엇일까요? 믿음은 우리를 설득하시는 하나님의 넘치도록 은혜로운 사랑의 열심을 가리키는 말입니다. 그 설득에 녹아나지 않을 사람이 없습니다. 하나님은 우리를 그렇게 설득해 오십니다.

그런데 우리는 믿음을 잘못 이해하는 경향이 있습니다. "여러분, 믿지 않으면 아무 일도 안 됩니다. 그러니 일단 믿어 놓고 이야기합시다. 아침에 출근할 때 버스나 지하철을 탈 것입니다. 우리는 기사님이 안전하게 운전해 줄 걸로 믿고 타지 않습니까? 또 한강을 건널 때에는 다리가 무너지지 않을 거라 믿고 건넙니다.

이처럼 믿지 않으면 아무 일도 할 수 없으니 일단 믿어 놓고 이야기합시다." 이는 믿음의 본질과 거리가 먼 설명입니다. 이런 것은 믿음이 아니라 확률입니다. 매주 교회에 올 때에 우리는 건물이 무너지지 않을 거라고 믿기 때문에 들어와 앉는 것입니까? 그렇지 않습니다. 물론 우리는 건물이 무너지지 않을 것이라 생각하지만 이는 수학의 영역에 속한 일이지 믿음과는 무관한 일입니다. 이런 것을 믿음이라고 하지 않습니다. 믿음은 인격과 관계된 것입니다.

하나님과의 인격적 관계 속에서 경험하는 것이 아닌, 스스로 만들어 내놓는 결단이나 의지를 믿음이라고 하지 않습니다. 그러하기에 아브라함은 믿음의 사람이다, 아브라함이 복을 받은 것은 그에게 믿음이 있었기 때문이다, 라고 쉽게 도식화해서는 안 됩니다. 하나님이 아브라함을 설득하시기 전에 아브라함 홀로 믿음을 내놓은 것이 아닙니다. 하나님이 우리를 설득해 오시는 것, 이것이 믿음입니다. 하나님이 아브라함을 설득해 오셨고 그 설득에 아브라함이 반응한 것입니다. 믿음이 의미하는 바가 바로 이것입니다. 그것이 멋있고 명확하게 드러난 예가 바로 아브라함의 생애입니다.

로마서는 '믿음으로 구원을 얻는다'라는 말의 의미를 아브라함의 생애를 들어 설명합니다. 믿음은 하나님의 설득입니다. 하나님이 아브라함을 돌보시고 깨우치셔서 아브라함이 설복된 것입니다. 하나님에게 설복되는 것이 은혜이며 아브라함은 이런 은혜를 받은 사람입니다. 믿음은 하나님이 "네가 먼저 내놔라. 네가 내놓은 것을 보고 너에게 복을 주겠다"라고 하시는 거래가 아닙니다. 아브라함은 하나님에 대해 아직 아무것도 이해하지 못하여 말도 잘 통하지 않은 상태인데, 그런 그가 무엇을 내놓을 수 있겠습니까?

믿음은 하나님이 인간에게 먼저 찾아오셔서 심으시고 키우시고 열매 맺게 하시는 일입니다. 아브라함이 경험한 것이 바로 이것입니다. 아브라함은 애굽에 내려가 사라를 빼앗긴 일을 통해 하나님에 대해 톡톡히 훈련받습니다. 바로가 하나님에게 얻어터지는 것을 보고 아브라함은 그의 생애를 통틀어 가장 크게 놀랐던 것 같습니다. 거기서 그는 처음으로 믿음에 눈뜨게 됩니다. '아, 하나님이 이런 분이구나' 하고 비로소 알게 된 것입니다.

이런 하나님을 경험하였기에 아브라함은 감히 롯과 헤어지는 결단을 할 수 있었던 것입니다. "롯아, 땅은 좁은데 우리 재산은 너무 많아 함께 살 수가 없구나. 우리는 한 혈육이니 서로 다투지 말자. 네가 가고 싶은 곳을 먼저 택해서 떠나라. 네가 왼쪽으로 가면 나는 오른쪽으로 가고 네가 오른쪽으로 가면 나는 왼쪽으로 가겠다." 이는 대단한 결정입니다. 그가 기근을 면하러 온 가족을 이끌고 애굽까지 내려갔던 일을 생각해 보십시오. 그랬던 그가 이제는 무슨 배짱으로 이런 엄청난 결단을 내릴 수 있었을까요.

기근에 쫓겨 애굽까지 내려갔던 아브라함이 바로 그 애굽에서 하나님을 경험한 것입니다. '하나님은 어떤 분이기에 천하의 바로마저 제압하셨던 걸까. 바로보다 훨씬 세다니 하나님은 정말 대단하신 분인가 보다. 그런데 이 대단한 하나님이 나를 편들어 주시다니' 하고 깨닫게 된 것입니다. 이 깨달음을 얻은 아브라함은 롯을 구하러 가게 됩니다. 롯이 사로잡힌 것을 보자 아브라함이 떨쳐 일어나 전쟁 속으로 뛰어듭니다.

하나님 앞에 설득당한 백성

아브라함은 가나안을 향해 떠날 때 믿음의 사람이 아니었다고 여러 차례 설명해 드렸습니다. 그런 아브라함이 애굽에서 경험한 일을 통해 많이 달라져 있는 것을 창세기 13장과 14장에서 보게 됩니다. 여기서 우리는 신자의 신앙이 잘 자라지 않는 이유를 이렇게 추정해 볼 수 있습니다. 아브라함에 빗대어 이야기해 보면, 애굽에서의 경험과 같은 하나님의 역사하심을 잊을 때 그렇게 됩니다. 하나님은 신자가 가지 말아야 할 곳을 가면 간섭하십니다. 믿음이 아직 자라지 않아 가야 할 곳과 가지 말아야 할 곳을 분간하지 못할 때에도 마찬가지입니다. 애굽에 내려간 아브라함처럼 말입니다. 하나님은 때로는 설득하시고 때로는 꾸짖으셔서 결국 깨닫게 하십니다. 창세기 17장에서 아브라함에게 하셨던 것처럼, 하나님은 "나는 전능한 하나님이다. 너는 내 앞에서 행하여 완전하라"라고 꾸짖으실 수 있습니다. 그러나 아직 그 수준에 이르지 않은 사람에게는 꾸짖지 않으십니다. 오히려 하나님이 어떤 분인지 경험할 수 있는 시간을 허락하십니다. 애굽에 내려간 아브라함이 하나님을 깊이 경험하게 된 이유입니다. 하나님은 심지 않은 곳에서 거두시는 굳은 분이 아닙니다. 아직 내놓을 수 없는 열매를 달라고 하시지 않습니다.

우리가 잘 아는 달란트 비유를 생각해 봅시다. 어떤 사람이 타국에 가면서 자기 종들에게 각각 다섯 달란트, 두 달란트, 한 달란트를 맡깁니다. 다섯 달란트를 받은 이는 다섯을 더 남기고 두 달란트를 받은 이는 둘을 더 남겼는데, 한 달란트를 받은 이는 한 달란트만 달랑 그대로 가지고 있습니다. 그러고서는 변명하는 말이 "주인님, 저는 당신이 완고하고 굳은 사람인 것을 압니다. 제가 괜히 장사했다가 본전마저 잃으면 주인님을 실망시키게 될까 두려워 제가 받은 한 달란트를 땅에 묻었다가 여기 고스란히 가져왔습니다." 그러자 주인은 "악하고 게으른 종아, 그러면 이자라도 받을 수 있게 왜 은행에라도 맡기지 않았느냐" 하며 꾸짖습니다. 주인은 한 달란트 받은 종이 생각한 것처럼 완고한 사람이 아니었습니다. 먼저 주지도 않은 채 남겨 오라고 하지 않았습니다.

그렇습니다. 하나님은 맡긴 것 하나 없이 이윤을 남겨 오라고 하시는 분이 아닙니다. 심을 것을 먼저 주십니다. 다섯을, 둘을, 하나를 먼저 맡기시는 분입니다. 이처럼 달란트 비유를 통하여 우리 모두 하나님 앞에 설득당한 백성이라는 사실을 깨닫게 됩니다. 하나님은 당신이 우리를 설득하시기 전에 먼저 우리에게 믿음을 요구하시는 분이 아닙니다. 그런데 우리는 하나님을 어떤 하나님으로 알고 있을까요? 다섯 달란트나 두 달란트를 받은 종처럼 하나님을 자비로운 주인으로 이해하고 있을까요? 아니면 한 달란트를 받은 종처럼 하나님을 완고한 분으로 오해하고 있지는 않을까요.

우리를 설득하신 하나님이 "나는 전능한 하나님이다. 나는 너에게 무엇을 원한다"라고 말씀하셨다면 그 부분만큼은 우리가 책임져야 할 것입니다. 맡기신 것 없이 요구하시는 분이 아니기 때문입니다. 그런데 우리는 하나님을 오해하여 이 지점에서 자주 넘어집니다.

한 걸음 또 한 걸음

하나님이 설득해 오시는 만큼 우리는 자랍니다. 하나님과의 인격적 관계없이 홀로 성장하는 신자는 없습니다. 그런데 우리는 하나님과는 상관없이 완벽한 신자의 모습을 염두에 둔 채 긴장하며 살아갑니다. 완벽한 신자가 되는 일에 모든 희망을 걸고 사람들 앞에서 자신의 빈틈없는 모습을 척 꺼내 놓고 싶어 합니다. 이상적 신앙생활을 머릿속에 그려 놓은 채 말입니다. 매일 새벽 기도하고, 때마다 철야하며 금식하고, 선교지마다 빼놓지 않고 방문하며, 허리띠를 졸라 헌금하는 자신을 꿈꿉니다. 물론 필요하고 중요한 일입니다. 하지만 이것이 신앙의 전부는 아닙니다.

하나님은 결국 우리에게 이삭까지 내놓으라고 하실 것입니다. 몇 가지 신앙 행위로 완벽한 신자가 되기를 꿈꾸는 우리가 기꺼이 전인격을 내드리는 자리까지 이르기를 원하십니다. 그렇다고 하나님은 갈대아 우르에서부터 아브라함의 목덜미를 거머잡은 채 "당장 네 아들을 내놔라" 하는 식으로는 요구하시지 않습니다. 하나님은 아브라함을 끈질기게 설득하셔서 결국 아들 이삭을 기꺼이 내놓는 자리까지 이르게 하셨습니다. 그렇게 우리도 그 자리까지 이끄실 것입니다.

여기서 먼저 기억해야 할 점이 있습니다. 성숙한 신자가 되기 위해서는 긴 시간이 필요하다는 것을 인정해야 한다는 사실입니다. 겸손한 자세가 필요합니다. "이제 제가 예수를 믿었습니다. 예수님이 누구신지, 하나님이 어떤 분이신지 이제 압니다. 그러니 오늘부터 저는 아브라함처럼 살겠습니다. 하나님, 제 자녀 중 어떤 녀석을 원하십니까? 누구부터 바칠까요? 얘들아, 다 모여봐!" 이러지 마십시오. 이런 조급한 생각이 우리를 넘어지게 합니다.

우리의 희망은 성숙한 신앙을 향해 차근차근 한 단계씩 올라가는 성실함에 있습니다. 하지만 우리는 서서히 자라 가는 것을 답답해하며 참고 기다리는 일 역시 싫어합니다. 하나님이 나에게 무엇을 훈련하고자 하시는지, 하나님이 내게서 원하시는 것이 무엇인지 기대하며 기다리려고 하지 않습니다. 자신을 돌아보며 하나님의 인도하심에 귀 기울이는 겸손이 없습니다. 그저 의욕만 충만합니다.

그러나 의욕만으로는 되지 않습니다. 오히려 의욕이 지나치면 균형이 깨집니다. 물론 의욕이 없으면 병든 자와 같지만, 의욕은 지혜의 다스림을 받아야 합니다. 청춘이란 넘치는 의욕이 지혜로 잘 다스려지지 않는 때입니다. 반대로 노년이란 다스릴 지혜는 충만하나 의욕이나 정열은 없는 때라고 할 수 있습니다. 의욕만 넘치십니까? 그러면 지혜를 구하십시오. 지혜만 있습니까? 그러면 예전의 의욕을 다시 불러오십시오.

어느 때나 청년들의 가장 큰 관심사는 연애입니다. 젊은 날의 연애는 언제나 화끈합니다. 그들을 보면 저는 이렇게 약을 올립니다. "마치 너희는 통닭에 기름을 잔뜩 묻혀서는 순식간에 구워 먹으려는 것 같다." 그렇게 구우면 홀딱 타 버려서 먹을 게 하나도 없습니다. 매캐한 연기만 가득할 뿐입니다. "결혼해 봐라. 사랑은 오랜 시간 은근하게 고아 낸 백숙이니라." 뼛속까지 익어서 버릴 게 하나도 없습니다.

우리는 신앙생활도 젊은 날의 연애처럼 순간에 불태우고 싶어 합니다. 기름을 홀딱 뒤집어쓴 채 "하나님, 저를 불태워 주소서"라고 장렬하게 기도합니다. 화형식(火刑式)이라도 하는 것처럼 비장합니다. 열정이 넘쳐 사방팔방 뛰어다니지만 남는 건 하나도 없습니다. 마치 비 오는 날 진흙탕에서 이리저리 돌아다니다 주인을 보면 반갑다고 뛰어드는 삽살개와 같습니다. 진흙투성이가 된 줄도 모른 채 혼자 신나서 뛰어들다가 주인의 셔츠를 망쳐 놓는 삽살개 말입니다.

교회 안에도 이런 모습이 많습니다. 이들은 의욕만 앞섭니다. 하루는 기름을 들이부은 채 하늘을 올려다보며 불이 내리기만을 기다리고 다른 날은 진흙 범벅인 채로 다른 사람에게 덤벼들기 바쁩니다. 의욕으로는 이미 충분하고, 하는 말마다 다 옳아서 그렇게 지당할 수가 없습니다. 그러나 이들에게 먼저 필요한 것은 하나님의 설득하심에 귀기울이는 일입니다. 넘치는 의욕으로 자신의 완벽한 신앙을 다른 이에게 척 드러내 보이기 전에 하나님에게 설득되어 믿음이 한 단계 한 단계 자라는 체험이 필요한 것입니다.

아브라함이 갈대아 우르에서부터 이삭을 요구받지 않았다는 사실을 두고두고 명심하십시오. 그 일은 아브라함이 노년에 이르러서야 요구받은 일입니다. 아브라함의 생애를 통하여 하나님은 우리에게 이것을 보여 주고 계십니다. 그러니 우리는 하나님이 이끄시는 과정을 다 겪을 때까지 지치지 않도록 힘을 내야 합니다.

지금 우리가 서 있는 곳이 혹 애굽일 수 있습니다. 하나님은 우리에게 당신을 직접 경험하게 하시기보다 우리 옆에 있는 사람을 통하여 '하나님의 하나님 되심'을 나타내고 계실지 모릅니다. 말씀에 의지하여 사는 이웃을 통해 신앙의 도전을 주시는 한편, 하나님을 믿지 않고 도망갔다가 망해서 돌아온 이웃을 보여 주며 경고하시기도 합니다. 그런 일이 나에게 일어나지 않았다고 쉽게 넘겨 버려서는 안 됩니다. 그가 바로이고, 우리가 아브라함일 수 있습니다. 거기서 신앙의 눈을 뜨십시오. 말로 해서 안 들으면 손댈 수밖에 없습니다. 어지간히 손댔는데도 안 들으면 더 심하게 할 수밖에 없습니다.

자녀를 포기하는 부모는 없습니다. 우리도 자녀를 키우면서 이런 생각을 한 번쯤은 해 본 적이 있을 것입니다. '내가 너를 죽도록 때리는 한이 있어도 너의 이 버릇만큼은 절대 그냥 두지 않겠다.' 하나님도 그러십니다. 말로 설득해도 우리가 듣지 않을 때는 손대실 것입니다.

눈을 크게 뜨고 주변을 돌아보십시오. 우리를 인도하시는 하나님의 세밀한 손길을 여기저기에서 볼 수 있습니다. 그런 일이 가득한데도 우리는 자기에게 그런 일이 실제로 일어나기 전에는 절대 납득하지 않으려는 죄성(罪性)이 있습니다. 우리의 본성이 그러하기에 말로 해서는 안 듣다가 얻어터지고야 겨우 돌아오는 일이 많습니다. 그러고 보면 바로가 당한 일을 보고 하나님에 대해 눈을 뜬 아브라함은 좀 괜찮은 사람인지도 모르겠습니다. 우리도 이렇게 반응해야 합니다.

아직 가정이 평안합니까? 기도 모임에 한번 가 보십시오. 별일 없이 잘 살다가 하나님에게 얻어맞아 돌아온 사람들을 실제로 만날 수 있을 것입니다. 또 예수를 제대로 믿고 순종하자 하나님이 당신의 영광을 어떻게 드러내시며 어떤 은혜를 누리게 하셨는지 간증을 나누어 줄 사람도 많을 것입니다. 어떤 사람을 만나든 속히 깨닫고 각자의 애굽 생활을 가능한 한 빨리 정리하고 돌아오십시오.

하나님이 설득하시지 않는 인생은 없습니다. 그러니 누구든 빨리 깨닫고 돌아오는 것이 관건입니다. 우리 중에는 창세기 15장에 나온 아브라함처럼 약속을 받는 자리에 있는 사람도 있을 것입니다. 또 17장의 아브라함처럼 꾸지람을 듣고 있는 사람도 있을 것입니다. 그리고 마침내 22장에 나온 아브라함처럼 하나님에게 설득되어 이삭을 기꺼이 드리는 자리에 와 있는 사람도 있을 것입니다.

아브라함에게 보이신 하나님의 설득과 간섭이 우리의 신앙 여정에도 있습니다. 자신의 인생을 이런 눈으로 바라보아야 합니다. 이삭을 고대하며 바라볼 수 있어야 합니다. 처음부터 이삭을 바치는 자리에 가 있는 사람은 없다는 사실을 기억하십시오. 아브라함도 마찬가지입니다. 오늘 각자가 서 있는 믿음의 자리는 지금까지 하나님이 우리를 설득해 이르게 하신 자리입니다.

지금껏 하나님은 우리를 설득해 오셨고 지금도 여전히 설득하고 계십니다. 하나님에게 설복되는 만큼 우리의 믿음도 성장합니다. 하나님에게 우리 삶을 간섭해 달라고 기도하는 이유가 바로 여기 있습니다. 우리의 믿음은 하나님의 설득과 간섭으로 자라기 때문입니다. '하나님의 하나님 되심' 중 놀라운 속성은 그 위대하신 하나님이 우리를 설득하신다는 사실입니다. 하나님은 눈물로 찾아오시고, 긍휼과 자비와 오래 참음과 다함이 없는 열심으로 설득해 오십니다. 이 하나님의 역사하심을 깊이 경험하기 바랍니다.

이번 장에서는 애굽에서의 경험을 통해 달라진 아브라함에 대해 살펴보았습니다. 기근 하나 면하려고 애굽에 내려갔던 아브라함이 결국 이삭을 바치는 자리에 이른 것처럼, 우리도 하나님의 설득과 간섭으로 결국 저 영광스러운 믿음의 자리에 가게 되리라는 것을 기억합시다. 그렇다면 지금 서 있는 자리가 가만히 있을 수 없는 자리임을 깨닫게 될 것입니다. 하나님은 살아 계십니다. 때로는 잠잠히 설득하시며 때로는 과감히 간섭하셔서 마침내 우리를 완성해 나가실 것입니다. 놀랍지 않습니까. 이 감격스러움 외에 아무것도 필요하지 않은 자를 가리켜 '예수 믿는 사람'이라고 합니다.

아브라함이
여호와를 믿으니

03 _____

5 그를 이끌고 밖으로 나가 이르시되 하늘을 우러러 뭇별을 셀 수 있나 보라 또 그에게 이르시되 네 자손이 이와 같으리라 6 아브람이 여호와를 믿으니 여호와께서 이를 그의 의로 여기시고 7 또 그에게 이르시되 나는 이 땅을 네게 주어 소유를 삼게 하려고 너를 갈대아인의 우르에서 이끌어 낸 여호와니라 (창 15:5-7)

◆◆◆ 본문 6절의 "아브람이 여호와를 믿으니 여호와께서 이를 그의 의로 여기시고"라는 말씀은 구원에 관해 이야기할 때면 자주 언급되는 구절입니다. 주로 예수님이 이 땅에 오셔서 죽으시고 부활하신 일을 이야기하고 난 다음에 이 구절을 소개하는데, 이는 아브라함의 믿음을 들어 구원에 대한 근본적 이해를 추출해 내기 때문입니다. 사도 바울 역시 구원에 관한 메시지를 전하면서 이 구절을 인용하여 설명합니다.

"아브람이 여호와를 믿으니 여호와께서 이를 그의 의로 여기시고"라는 말씀은 단순해 보입니다. 이 구절을 '아브라함이 하나님을 믿자 그 믿음이 구원의 조건을 충족하여 하나님이 그를 의롭다고 인정해 주셨다'라고, 다시 말해 '하나님이 아브라함을 의롭다고 인정해 주신 것은 그가 하나님을 믿은 결과이다'라고 해석하면 간단합니다. 하지만 이렇게 간단한 이야기일 것 같으면 이 구절의 해석을 놓고 구원에 대한 이해가 갈리거나 하는 일은 없었을 것입니다.

이 말씀에는 잘 생각해야 깨달을 수 있는 진리가 담겨 있습니다. 우리 구원의 근거를 무엇으로 이해할 것인가 하는 중요한 질문을 여기서 대면하게 됩니다. 그래서 잘 따져 보아야 합니다. 사실 따지는 일은 좀 불편합니다. 어느 날 나이가 지긋한 어떤 분이 제게 찾아와 "목사님, 뭘 그렇게 따지십니까? 그냥 믿지 않고요"라고 충고한 적이 있습니다. 딴은 옳은 말씀입니다. 이것저것 따지지 않아도 다 이해되는 분은 이 책을 그냥 덮어도 됩니다. 읽으면 괜히 혼동만 생깁니다. 그러나 믿음에 대해 생각하면 안개가 낀 것처럼 답답한 분들은 저와 함께 성경을 파헤쳐 봅시다.

그저 믿으면 다 해결되어 별 문제를 못 느끼는 분들도 더러 있습니다. 괜찮습니다. 신앙은 지식과 논리로 크는 것이 아니기 때문입니다. 하지만 이런 분들도 염두에 두어야 할 점이 있습니다. 깊이 생각해야 할 주제에 대해 잘 이해하여 정리해 두면 여러 유익이 있다는 점입니다. 예를 들어 집에서 망치나 드라이버를 쓸 일이 갑자기 생겼다고 해 봅시다. 집에 공구들이 다 있어도 어디에 두었는지 모르거나 고장이 난 채 방치되어 있으면 없는 것이나 마찬가지입니다. 필요할 때 사용할 수 없기 때문입니다. 하지만 평소에 잘 정리해서 보관해 두면 언제든 꺼내 쓸 수 있습니다. 신앙생활도 마찬가지입니다. 깊이 이해해야 할 주제인데도 생각하기 귀찮아 덮어놓고 믿기로 하면, 신앙에 어려움이 닥칠 때 마구 흔들릴 수 있습니다. 하지만 평소에 성경을 따라 이해하고 정리해 두면 위기가 닥칠 때 요동하지 않을 것입니다. 이번 장에서 아브라함의 생애를 추적하여 '믿음이란 무엇인가'라는 중요한 주제에 대해 잘 이해하고 정리해 두는 기회로 삼아 봅시다.

믿음은 어디서 오는가

'믿음으로 구원을 얻는다'라는 말을 생각해 봅시다. 자주 쓰는 표현이지만, 이 말은 구원이 믿음으로 얻어진다는 말이 아닙니다. 믿음이 구원을 얻기 위한 조건으로 제시되지 않았습니다. 그렇다면 성경은 구원을 이야기하면서 왜 믿음을 언급하는 것일까요? 여기서 우리는 성경이 말하는 믿음에 대해 추적할 이유와 필요를 발견하게 됩니다.

'아브람이 여호와를 믿으니'라는 표현은 창세기 15장에 가서야 처음 등장합니다. 그리고 이런 아브라함의 믿음에 대해 하나님이 의롭다고 인정해 주시는 내용이 바로 뒤에 이어집니다. 앞 장에서 말했듯이, 고향을 떠날 때의 아브라함은 하나님을 믿는 사람이 아니었습니다. 그런데 15장에 이르면 아브라함에게 믿음이 있다는 것을 알 수 있습니다. 갈대아 우르를 떠날 때에는 하나님을 알지도 믿지도 않았던 아브라함에게 이제 믿음이 생긴 것일까요? 그렇다면 이 믿음은 아브라함이 스스로 결단해서 갖게 된 것일까요? 아니라면 이 믿음은 어디서 온 것일까요?

아브라함은 고향을 떠나 가나안을 향해 가라는 하나님의 명령에 믿음으로 순종한 것이 아니었습니다. 그는 하나님에게 떠밀리듯 고향 땅을 떠나왔습니다. 그런데 이 아브라함이 자기 주변에서 일어난 사건을 통해 '하나님의 하나님 되심'을 깨닫게 되면서 믿음에 대해 조금씩 알아가게 됩니다. 그 대표적인 경험이 애굽에 내려가 아내를 빼앗겼다가 되찾은 사건입니다. 천하를 호령하던 애굽 왕이 하나님 앞에 쩔쩔매는 모습을 본 아브라함은 하나님의 위대하심에 눈뜨게 됩니다. 그리고 이 광대하신 하나님이 바로가 아닌 자신을 편들어 주신 일을 겪으며 하나님의 보호하심과 간섭하심에 대해 깨치게 됩니다. 이런 체험이 있었기에 아브라함은 하인들만 이끌고 가나안 종족들의 전쟁 속으로 뛰어들어 조카 롯을 구해 오는 엄청난 일을 해낼 수 있었던 것입니다. 그리고 마침내 창세기 15장에 오면 하나님 앞에 선 아브라함의 태도가 조금 달라져 있음을 확인할 수 있습니다.

> 이 후에 여호와의 말씀이 환상 중에 아브람에게 임하여 이르시되 아브람아 두려워하지 말라 나는 네 방패요 너의 지극히 큰 상급이니라 아브람이 이르되 주 여호와여 무엇을 내게 주시려 하나이까 나는 자식이 없사오니 나의 상속자는 이 다메섹 사람 엘리에셀이니이다 (창 15:1-2)

지금 아브라함이 하나님에게 말대꾸하고 있습니다. 좀 놀랍지 않습니까? 그전까지 아브라함은 그저 하나님에게 끌려다니기만 했습니다. 하나님이 끊임없이 당신을 보여 주시며 설득해 오실 때 아브라함은 그저 어리둥절한 채 하나님을 따라가고 있었을 뿐입니다. 그런데 15장에서 만난 아브라함은 이전과는 사뭇 달라진 모습입니다.

아브라함은 자기에게 나타난 하나님을 향해 이런 요구를 합니다. "주 나의 하나님, 주께서는 저에게 무엇을 주시렵니까? 저는 자식이 아직 없습니다. 저의 재산을 상속받을 사람이라고는 다메섹 사람 엘리에셀뿐입니다. 주께서 저에게 자식을 주시지 않았으니 저의 집에 있는 이 종이 저의 상속자가 될 것입니다" 하고 여쭙니다. 갈대아 우르를 떠나던 때의 모습과 비교해 보면 아브라함이 많이 달라져 있다는 것을 알 수 있습니다.

이에 하나님은 아브라함의 말을 들으신 후 그에게 "엘리에셀이 아니라 네 몸에서 날 자가 상속자가 될 것이다"라는 약속을 주십니다. 더 나아가 아브라함의 몸에서 날 상속자를 통해 그의 자손이 하늘의 별과 같이 많아질 것이라는 복까지 약속해 주십니다. 그러자 여기에 "아브람이 여호와를 믿으니 여호와께서 이를 그의 의로 여기시고"라는 말씀이 이어집니다.

이 대목을 접하면 우리는 이렇게 생각합니다. "그거 보세요. 어쨌든 아브라함이 하나님을 믿었잖습니까? 그래서 하나님이 아브라함을 의롭다고 하셨겠지요." 그런데 쉽게 결론짓기 전에 먼저 확인할 내용이 있습니다. 단지 이 사실에만 초점을 맞추면 우리는 마치 이 믿음이 아브라함에게서 스스로 생겨난 것인 양 아브라함을 추켜세우는 잘못을 범하게 됩니다. 이렇게 성급한 결론을 내리기 전에 이 믿음이 어디서 온 것인지 먼저 생각할 필요가 있습니다. 이 믿음이 아브라함에게서 나온 것인지, 아니면 하나님에게서 비롯한 것인지, 아브라함을 의롭다고 인정하신 이 사건에서 추적하려고 하는 것은 바로 이 문제입니다.

하나님에 대한 믿음은 인간이 스스로 만들어 낼 수 있는 것일까요? 그렇지 않습니다. 그렇다면 이 믿음은 어디서 온 것일까요? 이 믿음은 하나님에게서 온 것입니다. 여태 하나님을 모르고 살아온 아브라함을, 그의 고향과 친척과 아버지의 집, 곧 이방신을 섬기고 이방신밖에 모르던 곳에서 불러내신 분은 바로 하나님입니다. 이 하나님이 아브라함에게 여러 번 나타나시고 여러 사건을 통해 역사하시며 그의 생애를 주장하시어 마침내 그를 설복한 것입니다. 이 같은 하나님의 끈질긴 설득하심의 결정체가 바로 믿음입니다. 이것이 15장 6절을 통해 발견해야 할 가장 중요한 내용입니다. 믿음은 아브라함이 스스로 결단하고 의지를 발휘하면 그냥 만들어 낼 수 있는 것이 아닙니다. 하나님이 아브라함을 열심히 설득하셔서 아브라함 안에 자라나게 하신 것, 아브라함을 향한 하나님의 일하심의 결정체, 그것이 아브라함이 내보인 믿음입니다. 성경이 믿음에 대해 말하고 싶은 이야기가 바로 이것입니다.

구원, 보수(報酬)가 아닌 은혜

이 믿음은 창세기 15장 6절을 인용하여 구원에 대해 이야기하고 있는 바울의 설명을 통해 더 잘 이해할 수 있게 됩니다. 로마서 4장입니다.

> 그런즉 육신으로 우리 조상인 아브라함이 무엇을 얻었다 하리요 만일 아브라함이 행위로써 의롭다 하심을 받았으면 자랑할 것이 있으려니와 하나님 앞에서는 없느니라 성경이 무엇을 말하느냐 아브라함이 하나님을 믿으매 그것이 그에게 의로 여겨진 바 되었느니라 일하는 자에게는 그 삯이 은혜로 여겨지지 아니하고 보수로 여겨지거니와 일을 아니할지라도 경건하지 아니한 자를 의롭다 하시는 이를 믿는 자에게는 그의 믿음을 의로 여기시나니 일한 것이 없이 하나님께 의로 여기심을 받는 사람의 복에 대하여 다윗이 말한 바 불법이 사함을 받고 죄가 가리어짐을 받는 사람들은 복이 있고 주께서 그 죄를 인정하지 아니하실 사람은 복이 있도다 함과 같으니라 (롬 4:1-8)

4절과 5절을 보면 "일하는 자에게는 그 삯이 은혜로 여겨지지 아니하고 보수로 여겨지거니와 일을 아니할지라도 경건하지 아니한 자를 의롭다 하시는 이를 믿는 자에게는 그의 믿음을 의로 여기시나니"라고 하여 은혜와 보수를 구분하고 있습니다. 보수는 자기가 한 일에 대한 대가로 받는 삯이니 이는 일한 자가 누리는 당연한 권리입니다. 그래서 일한 대가로 얻는 삯은 보수일 뿐 은혜가 아닙니다. 내가 만 원어치 일을 하여 그 대가로 만 원을 받았다면 보수이지 은혜가 아닙니다. 그런데 구원은 은혜라고 합니다.

구원을 은혜라고 하는 까닭은 무엇일까요? 구원은 우리가 어떤 행위를 한 대가, 곧 로마서 4장이 말한 대로 하면 우리 행위에 대한 삯으로 주어진 것이 아니기 때문입니다. '믿음으로 구원얻는다'라는 말도 '은혜'라는 관점에서 이해해야 합니다. 바울은 우리가 받은 구원이 일한 대가로 얻은 보수가 아니라 은혜라고 선언하여 '믿음'이 구원을 위해 구비해 두어야 할 조건으로 오해되지 않도록 설명하고 있습니다. 그래서 '믿음으로 구원을 얻었다'라고 말할 때, 구원은 보수로 이해될 수 없습니다. 구원은 은혜인 것입니다.

이처럼 구원은 은혜이기에 구원을 얻은 자는 자기를 내세울 수 없습니다. 로마서 3장 27절부터 봅시다.

―― 그런즉 자랑할 데가 어디냐 있을 수가 없느니라 무슨 법으로냐 행위로냐 아니라 오직 믿음의 법으로니라 그러므로

사람이 의롭다 하심을 얻는 것은 율법의 행위에 있지 않고 믿음으로 되는 줄 우리가 인정하노라 (롬 3:27-28)

구원은 행위의 법이 아니라 오직 믿음의 법으로 주어지는 것이기에 우리가 구원에 대해 내세울 수 있는 것은 없습니다. 이로써 행위의 법과 구별되는 믿음의 법은 인과율의 적용 너머에 있는 것임을 알 수 있습니다. 믿음은 구원을 얻기 위해 충족해야 할 조건으로 주어지지 않았습니다. 그래서 구원을 받은 사람은 자기가 구원받았다고 해서 자기 믿음을 자랑으로 내세울 수 없는 것입니다. 앞서 로마서 4장에서 보수와 은혜를 대조하여 구원을 은혜라고 설명했듯, 여기서는 행위의 법과 믿음의 법을 대조하여 구원을 믿음의 법으로 설명하고 있습니다. 행위로 얻는 구원이 아니기에 사람이 자기를 내세우거나 자랑할 것이 없다고 강조합니다.

앞서 본 로마서의 두 본문을 통해 구원을 올바로 이해하고 있는지 점검하는 질문을 도출해 볼 수 있습니다. '믿음으로 구원을 얻는다'라는 말을 성경대로 이해하고 있는지 가늠해 볼 수 있는 두 질문입니다. '나는 구원을 은혜로 여기는가, 아니면 보수로 여기는가.' '구원을 생각하면 감사가 나오는가, 그렇지 않으면 내가 믿었음을 내세우고 싶은가.' 이 두 질문으로 자신을 돌아보면 구원을 성경대로 이해하는지 확인할 수 있을 것입니다.

성경을 따라 우리는 믿음으로 구원을 얻는다고 알고 있습니다. 그런데 구원을 얻게 하는 그 믿음에 대해 나는 내세울 것이 있다고 생각하는지, 내 믿음의 대가로 구원을 받았다고 생각하는지 점검해 보아야 합니다. 우리가 구원을 어떻게 이해하는지 다음 대화를 보면 잘 드러날 것입니다.

"당신은 어떻게 구원을 얻었습니까?" "믿음으로 얻었습니다."
"그렇다면 저 사람은 왜 구원을 못 얻었습니까?" "믿지 않아서 그렇습니다."

이 두 대답은 모두 성경이 말하는 데서 크게 벗어나지 않은 것처럼 보입니다. 하지만 이 대답에 깔린 전제는 '구원은 믿음의 대가다'라는 생각일 수 있어서 주의해야 합니다. 즉 '구원을 얻으려면 믿음이라는 조건이 필요한데, 나는 이 조건을 갖춘 자라서 구원을 얻었지만 저 사람은 이 조건을 갖추지 않아 구원을 얻지 못했다'라는 생각에서 나온 답변일 수 있는 것입니다. 만일 그렇게 생각한다면 믿음이라는 단어를 사용했음에도 구원은 은혜가 아닌 보수로 오해되고 맙니다. 그래서 사도 바울은 사람들이 '믿음으로 구원을 얻는다'라는 말을 들을 때, 믿음을 구원의 조건으로 오해하지 않도록 보수와 자랑이라는 단어를 동원하여 거듭 구원을 설명해 온 것입니다.

구원을 이야기하는데 왜 우리가 우리 자신을 자랑하게 됩니까? 자기가 받은 구원을 자기가 얻어 마땅한 것이라고 여기기 때문에 그렇습니다. 만일 그렇게 생각한다면 그는 아직도 은혜가 무엇인지, 믿음이 무엇인지 이해하지 못한 사람입니다. 구원 얻지 못한 사람을 향하여 "나는 믿었습니다. 나는 믿음을 가진 자라서 하나님이 나에게 구원을 주셨습니다"라는 자랑이 튀어나온다면 이는 우리가 구원을 은혜로 여기지 않고 있다는 방증입니다. 당연히 얻을 것을 얻었다는 식이라면 은혜일 수 없는 것입니다.

구원, 하나님의 전적인 일하심

요컨대 성경은 구원을 설명하면서 이것이 보수로 오해되거나 자기 자랑으로 가지 않게 하려고 믿음이라는 단어를 사용한 것입니다. 곧 믿음이란 구원하려는 대상에게서 구원의 이유를 찾지 않고 그에게 구원이라는 결과를 주는 하나님의 방법을 가리킵니다. 구원을 은혜요 선물이라고 하는 것은 구원의 조건을 구원 얻는 대상에게 요구하지 않고 구원이라는 결과를 주기 때문입니다. 그래서 성경은 '값없이 받은 구원'이라는 말을 즐겨 씁니다.

 이렇게 정리해 두고 나면 성경의 다음과 같은 지적을 이제 더 잘 이해할 수 있게 됩니다. "구원은 하나님이 우리에게 값없이 베풀어 주신 것인데, 왜 너희는 마치 어떤 일에 대한 마땅한 대가를 받은 것처럼 당연하게 여기며 너희 자신을 자랑하느냐?" 우리 안에 구원의 조건이 충족되었는지를 따지지 않고 준 것이 구원이며, 이를 가리키는 단어가 '믿음'입니다. 우리에게 구원의 원인이나 조건이 있는지 확인하지 않는 방식을 믿음이라고 한 것입니다. '믿음으로 구원을 얻는다'라는 표현을 만날 때마다 이 점을 기억해야 합니다.

그러니 믿음은 어디에서 온 것일까요? 우리에게서 시작된 것입니까, 하나님에게서 시작된 것입니까? 하나님에게서 시작된 것입니다. 이는 지금껏 우리가 알고 있던 믿음에 대한 정의와 달라 이해가 어려울 수 있으니 잘 살펴보아야 합니다.

이제 창세기 15장의 장면을 다시 떠올려 봅시다. 하나님이 아브라함을 이끌고 밖으로 나가 하늘의 별을 보이시면서 "뭇별을 셀 수 있나 보라. 네 자손이 이와 같으리라"라고 약속하신 다음에 "아브람이 여호와를 믿으니 여호와께서 이를 그의 의로 여기시고"(창 15:6)라는 말씀이 나옵니다. 이 대목만 읽으면 믿음이 아브라함에게서 시작된 것처럼 보이지만, 이 구절은 구원 얻을 믿음, 곧 하나님을 만족시켜드릴 만한 믿음이 인간에게서 나올 수 있음을 보여 주는 말씀이 아니라고 여러 차례 설명하였습니다.

아브라함의 이야기는 창세기 11장부터 등장하는데, 15장에 이르러서야 비로소 '아브람이 여호와를 믿으니'라고 하여 믿음이라는 단어가 나옵니다. 아브라함의 생애를 굳이 죽 나열한 뒤 15장에 와서야 믿음에 대해 이야기하는 것입니다. 여기에 와서야 '아브람이 여호와를 믿으니'라는 표현이 나오는 것을 보면, 아브라함에게 처음부터 믿음이 있지 않았다는 것을 알 수 있습니다. 이상 중에 나타나셔서 이방신 말고는 아는 게 없는 아브라함을 부르심으로 시작된 하나님의 설득이 마침내 아브라함으로 하여금 믿음의 자리, 의롭다고 여김을 받는 자리에 이르게 한 것입니다. 이처럼 구원은 하나님이 우리를 거듭나게 하시고 설득하셔서 그분의 자녀가 되게 하는 행위입니다. 구원은 전적인 하나님의 일하심인 것입니다.

인과율을 넘지 못하는 인간

우리 스스로는 만들어 낼 수 없는 이 믿음이 하나님의 일하심과 설득하심으로 우리 안에 자라게 되면 어떤 일이 생겨날까요? 우리 안에 믿음이 있을 때, 무엇을 하게 될까요? 하나님이 우리에게 이루신 것이 무엇인지 깨닫게 되는 날, 우리는 "주를 믿습니다"라는 항복의 고백을 하게 됩니다. 그러면 하나님은 마치 우리의 항복이 구원의 이유라도 되는 듯 우리의 고백과 믿음을 칭찬해 주십니다. 이 고백이 구원을 만들어 낸 것도 아닌데 말입니다. 로마서 1장에서 시작하여 5장에 이르도록 사도 바울이 역설하는 것이 바로 이것입니다. "너희가 무슨 조건이나 자격을 갖추고 있어서 구원 얻은 것이 아니다. 너희가 남달라서 구원 얻은 것도 아니다. 하나님이 그냥 너희를 구원하기로 하셔서 너희가 구원을 얻은 것이다. 구원은 그저 값없이 받은 선물이다. 지금껏 너희가 죄 가운데 얼마나 처참하게 살아왔는지 아느냐? 너희가 지은 죄를 돈으로 치면 2조 원도 더 될 것이다. 그런데 하나님은 2조 원이 아니라 20조 원도 더 치르고 너희를 구해 내셨다."

그런데 이러한 구원의 소식을 듣게 될 때 우리가 먼저 보이는 반응은 항복이 아닙니다. 구원의 놀라움에 대해 알게 되면 자연스럽게 나오는 질문이 있습니다. "구원이 그렇게 값없이 주어지는 은혜라면, 엉망으로 살아도 되겠네요. 구원을 위해 우리가 할 것은 없고 하나님 홀로 이루시는 것이라면 무엇하러 이렇게 고생하며 신앙생활합니까? 개판으로 살아도 될 것 같은데요. 목사님, 좀 나가 놀아도 되지요?" 구원에 대해 들으면 바로 이런 질문이 나오기 마련입니다. 이런 질문이 나와야 성경이 말하는 구원을 제대로 이해한 것이라 할 수 있습니다. 그러면 저는 이렇게 대답합니다. "네. 마음껏 노십시오." 구원이 정말 그런 것이라면 진짜 말이 안 되는 이야기일까요? 그렇습니다. 구원은 말이 안 되는 이야기입니다. 만일 구원이 우리 마음에 납득할 만한 논리로 자리 잡고 있다면 오히려 구원에 대해 모르고 있는 것이라 할 수 있습니다.

인간의 논리로는 쉽게 납득할 수 없는, 정말 말도 안 되는 은혜인 구원에 대해 들을 때 나오는 우리의 반응을 예상하기라도

한 듯 사도 바울은 다음과 같은 반문(反問)으로 쐐기를 박습니다. "그런즉 우리가 무슨 말을 하리요 은혜를 더하게 하려고 죄에 거하겠느냐"(롬 6:1). 바울의 이 반문이 강조하는 바가 무엇입니까? 말이 안 되는 은혜로 받은 구원이기에 이 은혜를 알게 되면 오히려 제멋대로 살거나 은혜를 핑계 대며 죄에 거할 수 없다는 말입니다. 이처럼 구원은 무시무시하게 어려운 비밀이며 신비입니다. 십자가는 하나님의 능력이요, 지혜입니다. 인간이 이해하고 납득할 수 있는 것이 아닙니다. 인간의 이해와 납득을 훨씬 넘어서 있는 일입니다.

그러면 우리가 구원을 은혜로 받아들이지 못하는 이유는 무엇일까요? 모든 것을 인과법칙의 틀로만 이해하려는 경향이 있기 때문입니다. 어떤 결과가 발생하면 이 결과를 야기한 원인이 무엇일까 생각합니다. 발생한 결과에 대한 원인을 찾아내야만 결과를 수용하는 것입니다. 일어난 결과를 있는 그대로 받아들이는 것이 아니라 원인을 확인할 수 있을 때에만 그 결과를 받아들이는 것입니다. 예를 들어 아침에 만 원을 들고 외출했는데 저녁에 돌아와 보니 천 원밖에 안 남았다고 해 봅시다. 그런데 삼천 원밖에 쓴 기억이 안 나면 기분이 찜찜합니다. 육천 원의 행방을 밝혀 스스로 납득해야 주머니 속에 천 원이 있다는 사실을 받아들이게 됩니다. 누군가 훔쳐 갔다거나 어디서 잃어 버렸다거나 해서라도 사라진 돈의 행방을 추적해 내야 지금의 상황을 비로소 납득합니다.

구원을 생각할 때에도 마찬가지입니다. 우리는 구원이라는 결과가 주어졌다는 사실을 받아들이기 전에 구원의 원인을 찾아내려고 합니다. 더욱이 구원이 우리 밖에서 은혜로 주어진 것이라고는 생각하지 못하고 자기가 얻은 구원이니 구원의 원인도 자기 안에서 찾아낼 수 있을 것이라고 착각합니다. 그래서 "나는 예수를 믿었다", "나는 결단했다", "나는 몹시 울며 회개했다"는 것을 구원의 원인으로 내세우는 것입니다. 믿음을 구원의 조건으로 여기는 것은 바로 우리의 이러한 경향 때문입니다. 자기에게 일어난 구원의 결과를 자기 안에서 찾아내 납득하고 싶어 하는 것입니다.

그런데 믿고 결단하고 울며 회개하는 이런 경험이 구원의 조건이나 원인일까요? 아닙니다. 이는 구원의 결과로 일어난 현상이며 구원을 받았기에 생겨난 변화입니다. 우리가 그토록 울면서 회개한 것은 거듭나기 위해서입니까, 아니면 거듭났기 때문입니까? 거듭났기 때문입니다. 이미 거듭나고 구원 얻은 자만이 죄를 깨달아 회개할 수 있습니다.

죄인은 스스로 회개할 수 없습니다. 성경에서 죄인은 하나님이 누구신지 스스로 알 수 없는 눈 먼 자이자, 구원의 필요성도 깨닫지 못하는 시체에 비유하고 있기 때문입니다. 회개라는 체험은 구원받아 하나님이 누구신지를 아는 거듭난 신자에게만 일어나는 경험입니다. 우리가 자주 혼동하는 대목이 바로 여기입니다. 구원은 우리가 조건을 충족하여 얻게 된 것이 아니라 하나님의 전폭적인 은혜로 말미암아 얻게 된 것입니다. 내 믿음이 나를 구원했다고 말할 수 없는 이유입니다. 내가 왜 구원받았을까 하고 아무리 자기 속을 들여다보아도 도무지 자기 안에서는 근거를 찾을 수 없습니다. 예수 믿는 사람들이 많이 당황하는 대목입니다.

구원받았다는 사실을 확신하기 위해 자기를 점검해 보면 지옥 가기 딱 좋게 살아왔다는 것만 확인됩니다. 천국 갈 이유는 아무리 살펴보아도 발견되지 않습니다. 그때 우리는 당황해서 이렇게 생각합니다. "내가 예수 믿는다고 우기는 게 정말 **뻔뻔한** 생각이구나. 허물투성인데도 그동안 아닌 척 살아왔구나. 이제는 하나님 앞에 솔직해지자. 구원 얻을 만한 자격을 스스로 갖출 때까지 잠시 떠났다가 떳떳해지거든 돌아오자. 더 이상 하나님 앞에서 이중인격자처럼 사는 짓은 그만두자." 하지만 이처럼 어리석은 생각도 없을 것입니다. 구원 얻을 만한 조건이 우리 안에서 발견되지 않을수록 오히려 하나님 앞에 더 감사해야 합니다. 하나님의 은혜와 자비만이 나를 이 자리에 있게 하셨다는 사실을 확인할 수 있기 때문입니다.

우리에게서 시작되지 않은 믿음

구원받은 이유를 자기 안에서 발견할 수 없어도 구원받았다는 것을 어떻게 알 수 있을까요? 자기가 구원받았다는 것을 모두가 이해하도록 설명할 수 없더라도 실제로 자기가 구원받았다는 것을 어떻게 확신할 수 있을까요? 이 질문에 부합하는 좋은 예가 요한복음 9장에 나옵니다.

요한복음 9장에는 날 때부터 맹인이었던 사람의 눈을 예수님이 고쳐 주신 사건이 나옵니다. 바리새인들은 안식일에 이런 일이 일어났다고 소동하며 맹인이었던 사람에게 취조하듯 묻습니다. 그러자 그는 이렇게 대답합니다. "내 눈을 뜨게 해 준 사람이 어떤 분인지, 이런 일이 어떻게 일어났는지 나는 모릅니다. 다만 한 가지 아는 것은 내가 전에는 눈이 멀었는데 지금은 보게 되었다는 것입니다." 구원에 대한 인식과 관련하여 시사해 주는 바가 이 대답 안에 있습니다. 전에는 앞을 볼 수 없던 자가 이제 보게 되었다는 것입니다. 구원 얻은 우리가 아는 것도 딱 하나입니다. 전에는 하나님을 몰랐는데 이제는 하나님을 안다는 것입니다.

구원 얻지 못한 자도 신앙을 가장하여 거룩한 표정을 지으며 신자처럼 행동할 수 있습니다. 그러나 흉내 낼 수 없는 한 가지가 있는데, 그것은 하나님을 아는 일입니다. 하나님을 아는 일은 흉내 낸다고 되지 않습니다. 하나님을 알지도 못하고 하나님과 아무 관계도 없으면서 하나님의 일을 하는 것처럼 가장하는 이들에 대해 예수님은 이렇게 경고하십니다. 마태복음 7장을 봅시다.

> 그 날에 많은 사람이 나더러 이르되 주여 주여 우리가 주의 이름으로 선지자 노릇 하며 주의 이름으로 귀신을 쫓아 내며 주의 이름으로 많은 권능을 행하지 아니하였나이까 하리니 그 때에 내가 그들에게 밝히 말하되 내가 너희를 도무지 알지 못하니 불법을 행하는 자들아 내게서 떠나가라 하리라 (마 7:22-23)

마지막 날에 많은 사람이 주의 이름으로 선지자 노릇도 하고 여러 권능을 행했다고 자신을 증명하려 들겠지만, 이런 그들에게 예수님은 '내가 너희를 알지 못한다'라고 단호하게 말씀하실 것이라고 합니다. 겉모습이나 행위와 상관없이 하나님을 아는가, 하나님과 관계가 있는가, 이 질문으로 신자인지 구별할 수 있는 것입니다.

우리가 구원 얻은 사실을 무엇으로 알 수 있습니까? 우리 마음에 하나님에 대한 생각이 있는가 없는가를 살펴보십시오. 하나님이 보시기에 기뻐하실 만큼 살고 있는지를 돌아보기 전에 우리 생각과 삶이 하나님과 얼마나 많이 연결되어 있는지 먼저 살펴보십시오. 평소 이런 생각을 하는 사람이라면 이미 구원을 얻은 사람입니다. 어떤 사람이 주일날 교회는 가지 않고 골프나 치러 다니면서 '요즘 내가 교회는 안 가고 놀러만 다니는데 이러다 정말 큰일 나지'라고 불안해한다면 그는 이미 신자라고 할 수 있습니다. 아직 부족한 것이 많더라도 하나님을 의식하며 살기 때문입니다.

성경이 구원 얻지 못한 자와 구원 얻은 자를 구별하는 기준은 하나입니다. 전자는 사망의 잠을 자고 있기 때문에 하나님에 대해 관심도 없고 하나님을 알지도 못합니다. 혹 무엇이 있다 해도 증오심만 있을 뿐입니다. 후자는 하나님을 알기에 하나님에 대해 관심이 있습니다. 하나님에 대한 인식이 있기에 매사를 그분과 연결하여 생각합니다. 비록 아직은 자기 멋대로 성경을 해석할 때도 있고 하나님의 이름을 미련하게 갖다 붙일 때도 있지만, 여하튼 모든 것을 하나님과 연관하여 생각합니다. 말도 안 되는 일을 저질러 놓고도 '이렇게 하면 하나님이 좋아하신대' 하고 뿌듯해하는 사람도 있습니다. 이런 사람을 보더라도 너무 구박하지 마십시오. 아직 신앙이 어릴 뿐, 이런 사람도 구원 얻은 자이기 때문입니다.

언제 믿게 되었느냐를 기준으로 신자를 나눠 보면, 우선 믿음의 가정에서 태어나 별다른 계기 없이 예수를 믿게 된 사람들이 있습니다. 한편, 하나님과 관계없이 살아오다가 어느 날 문득 예수를 만난 갑작스런 경험으로 믿게 된 부류도 있습니다. 후자에

속한 사람은 전자에 속한 사람보다 구원에 대한 인식이 훨씬 명확하고 신앙생활도 더 감격스럽습니다. 그렇다고 후자만 구원을 얻었을까요? 전자도 구원을 얻었습니다. 후자처럼 구원을 얻은 사실과 구원을 인식하는 일을 하나의 사건으로 경험하는 이들도 있지만 그렇지 않은 사람도 많은 것입니다. 이미 구원을 얻었으나 이를 인식하고 확신하기까지 간극이 있어서 감격의 온도차가 있을 뿐 구원 얻은 것은 마찬가지입니다.

구원을 얻음과 동시에 구원을 인식하는 사람들은 어찌 보면 분명해서 좋겠다는 생각이 듭니다. 어느 날 예수를 알게 되어 모든 것이 싹 바뀌어 버렸으니 말입니다. 대표적 예가 사도 바울입니다. 그는 다메섹으로 가는 길에서 예수 그리스도를 만나 완전히 뒤집어집니다. 예수를 박해하러 가던 자에서 예수를 위해 죽는 사람으로 말입니다.

그런데 꼭 이런 사람들만 있는 것은 아닙니다. 물에 물 탄 듯 술에 술 탄 듯, 구원 얻기 전과 후가 별반 다르지 않은 사람들이 있습니다. 이 부류에 속한 이들은 '내가 구원받은 것이 맞는가' 하고 자신을 돌아볼 때면 매우 당황하게 됩니다. 자신의 모습이 신자 같아 보이지 않기 때문입니다. 그래서 이럴 바에야 차라리 교회를 떠났다가 다시 돌아오는 극단적 방법을 택합니다. 밑바닥까지 타락을 경험하여 과연 하나님이 내 삶에 관심이 있는지를 확인하려는 것입니다. 하나님이 타락한 자신을 치시면, 그것으로 구원의 확신을 얻어 감격해서 돌아옵니다. 우리나라 사람들이 잘 써먹는 구원 확인법입니다. 교회만 조용히 다녀서는 구원을 극적으로 체험할 도리가 없으니 이런 철없는 방법을 쓰는 것입니다.

"나는 이제 예수를 믿기로 결단했다"라든가 "나는 예수 그리스도를 영접한다"라는 말을 할 수 있는 것은 이미 구원 얻은 사람이기에 가능한 것입니다. 믿지 않은 사람을 전도할 때에 그에게 결단을 촉구하려고 "예수를 영접하십시오", "이제 믿기로 결심하십시오"라고 표현하지만, 사실 누군가 이 말에 반응하여 결단하였다면 그는 이미 구원 얻은 사람이라서 반응할 수 있었던 것입니다. 구원이 그리고 믿음이 우리에게서 시작되지 않았다는 사실을 잊어서는 안 됩니다.

제가 신학교 다니던 시절, 조직신학 시간에 있었던 일화입니다. 성경을 폄하하는 견해에 대해 서로 의견을 나누었던 것으로 기억합니다. 성경은 과학적 가치라곤 전혀 없는 책이다, 성경은 설화나 신화에 불과한 이야기뿐이다, 이런 비판들이 있다고 소개하던 차에 한 학생이 "성경을 보면 '하나님이 해를 뜨게 하신다'와 같은 표현이 있는데, 이는 정말 비과학적인 이야기가 아닌가요?" 하고 시비를 건 것입니다. 이에 교수님이 이렇게 받아쳤습니다. "그러면 자네는 '해가 진다'라고 말하지 않고 '지구가 자전하여 저녁 무렵의 태양 광선이 인간의 망막에 수직으로 비친다'라고 이야기하는가?" 이렇게 말하는 사람이 있다면 정말 센

스 없는 사람입니다. 인간이 무슨 기계입니까? 인간은 감수성을 지닌, 예술을 아는 존재입니다. 시를 읊고 그림을 그리는 존재입니다. 태양 광선이 인간의 망막에 수직으로 비친다니요, 무슨 멋 없는 말입니까. '해가 서산마루에 걸리었다'라고 표현하면 얼마나 근사합니까.

구원과 믿음에 대해 말할 때도 마찬가지입니다. 우리는 수사법상 이렇게 표현하는 것에 익숙합니다. "예수를 믿으십시오. 예수를 믿어야 구원을 얻습니다." 그러나 이 표현에 담긴 진정한 의미를 알아야 합니다. 믿음은 우리가 충족시켜야 할 구원의 조건으로 제시되지 않았습니다. 또한 믿음은 인간이 자기 안에서 스스로 만들어 낼 수 있는 것이 아닙니다. 믿음에 대해 이렇게 이해하면 구원을 왜 은혜요 선물이라고 하는지 깨닫게 됩니다.

'아브람이 여호와를 믿으니'라는 구절을 보면서 '드디어 아브라함은 하나님에게 이만큼 설득되었구나. 하나님이 역사하여 일으킨 영혼이 여기까지 이르렀구나' 하고 읽어 낼 수 있어야 합니다. 그리고 이 아브라함을 인도하신 하나님이 우리도 동일하게 부르셨다는 사실을 깨달아야 합니다. 이것이 본문을 통하여 하나님이 우리에게 말씀하시는 내용입니다.

우리는 어떻게 구원을 얻었습니까? 우리가 믿어서 구원을 얻은 것이 아니라, 하나님이 우리를 이 자리까지 이끌고 오셔서 일어난 일입니다. 그랬더니 어느 날 우리가 "주여, 제가 주를 믿습니다"라고 고백하게 된 것입니다. 참으로 놀랍습니다. 우리 중 누가 하나님을 알았습니까? 누가 구원의 필요성을 깨달아서 "주여, 오시옵소서"라고 요구했습니까? 아무도 알지 못했습니다. 하나님이 설득하셔서 우리가 이 자리까지 이르게 된 것입니다. 우리의 노력이 아니라 하나님의 지극한 설득과 인도로 이 믿음의 자리에 다다랐음을 잊지 않기 바랍니다.

내가 너를 여러 민족의
아버지가 되게 함이니라

04

1 아브람이 구십구 세 때에 여호와께서 아브람에게 나타나서 그에게 이르시되 나는 전능한 하나님이라 너는 내 앞에서 행하여 완전하라 2 내가 내 언약을 나와 너 사이에 두어 너를 크게 번성하게 하리라 하시니 3 아브람이 엎드렸더니 하나님이 또 그에게 말씀하여 이르시되 4 보라 내 언약이 너와 함께 있으니 너는 여러 민족의 아버지가 될지라 5 이제 후로는 네 이름을 아브람이라 하지 아니하고 아브라함이라 하리니 이는 내가 너를 여러 민족의 아버지가 되게 함이니라 6 내가 너로 심히 번성하게 하리니 내가 네게서 민족들이 나게 하며 왕들이 네게로부터 나오리라 7 내가 내 언약을 나와 너 및 네 대대 후손 사이에 세워서 영원한 언약을 삼고 너와 네 후손의 하나님이 되리라 8 내가 너와 네 후손에게 네가 거류하는 이 땅 곧 가나안 온 땅을 주어 영원한 기업이 되게 하고 나는 그들의 하나님이 되리라 (창 17:1-8)

◆◆◆ 본문 말씀에는 아브람의 이름이 아브라함으로 바뀌게 된 일이 기록되어 있습니다. 우리는 대개 아브라함이라는 이름에 대해 고정관념을 가지고 있습니다. '아브라함' 하면 그저 복된 이름으로 알고 있고 또 그것으로 충분하다고 생각합니다. 성경이 아브라함을 하나님에게 복 많이 받은 사람으로 늘 좋게 이야기하고 있을 것이라고 간단히 정리하고 넘어가기 때문입니다.

그런데 이 이름이 처음 등장하는 본문 말씀을 보면 우리가 생각하는 분위기와는 좀 다릅니다. 하나님이 아브라함에게 하신 말씀을 보면 여기서 아브라함은 그리 좋게 그려지지 않은 것 같습니다. 하나님은 구십구 세가 된 아브라함에게 나타나셔서 "나는 전능한 하나님이라. 너는 내 앞에서 행하여 완전하라"라고 말씀하십니다. 하나님이 이런 말씀으로 말문을 여시는 이유를 앞 장에서 살펴보았습니다. 이 말씀을 듣는 아브라함의 반응을 보면 그도 무엇인가 거리끼는 일이 있는 것 같습니다. 하나님의 말씀은 "내가 내 언약을 나와 너 사이에 두어 너를 크게 번성하게 하리라"라고 이어지는데, 이 말씀을 듣던 아브라함이 엎드립니다. 그는 왜 하나님의 말씀을 듣다가 엎드렸을까요? 아브라함의 반응을 보면 상황이 심상치 않다는 것을 짐작해 볼 수 있습니다.

나는 전능한 하나님이라

하나님이 아브라함에게 "나는 전능한 하나님이다. 너는 내 앞에서 행하여 완전하라"라고 말씀을 시작하신 데에는 이유가 있습니다. 창세기 15장으로 거슬러 올라가 봅시다. 하나님이 환상 중에 아브라함에게 나타나셔서 "아브라함아, 두려워하지 말라. 나는 네 방패요 너의 지극히 큰 상급이니라"라고 말씀하시는 장면이 나옵니다. 그런데 당시 아브라함은 이 말씀을 알아들을 수준이 아니었던 것 같습니다. 아브라함의 반응을 보면 알 수 있습니다. "하나님, 주께서는 저에게 무엇을 주시렵니까? 저에게는 자식이 아직 없습니다. 저의 재산을 상속받을 사람이라고는 다메섹 사람 엘리에셀뿐입니다. 주께서 저에게 자식을 주지 않으셨으니 이제 저의 집에 있는 이 종이 제 상속자가 될 것입니다"라는 것이 아브라함의 대답이었습니다. 이 대답에 하나님은 "엘리에셀은 네 상속자가 아니다. 네 몸에서 태어날 아들이 너의 상속자가 될 것이다"라고 분명히 말씀하시고는 밤하늘의 별을 보이십니다. "하늘을 쳐다보아라. 네가 셀 수 있거든 저 별들을 세어 보아라"라는 말씀과 함께 별처럼 많은 자손에 대한 약속을 주십니다. 그런데 하나님의 약속을 받은 아브라함이 어떻게 행동합니까? 아브라함은 이 약속의 성취를 기다리지 못하고 자기 생각대로 방법을 찾아 아들을 낳고 맙니다. 이 이야기가 16장에 나옵니다.

─── 하갈이 아브람의 아들을 낳으매 아브람이 하갈이 낳은 그 아들을 이름하여 이스마엘이라 하였더라 하갈이 아브람에게 이스마엘을 낳았을 때에 아브람이 팔십육 세였더라 (창 16:15-16)

16장은 이처럼 아브라함의 나이를 언급하며 끝납니다. 그리고 이어지는 17장 역시 아브라함의 나이를 언급하며 시작합니다.

─── 아브람이 구십구 세 때에 여호와께서 아브람에게 나타나서 그에게 이르시되 나는 전능한 하나님이라 너는 내 앞에서 행하여 완전하라 (창 17:1)

16장에 일어난 사건을 염두에 두고 17장 1절을 읽으면 하나님이 아브라함의 행동을 어떻게 여기셨는지 짐작해 볼 수 있습니다. 하나님은 아브라함이 당신의 약속을 믿지 않고 이스마엘을 낳은 일을 좋게 보시지 않았던 것입니다.

아브라함의 생애를 추적해 갈 때 주의할 것은 아브라함이 기근을 피하여 애굽에 내려간 사건과 그가 하갈에게서 이스마엘을 낳은 사건을 구별할 필요가 있다는 점입니다. 이 두 사건은 다른 관점에서 이해해야 합니다. 아브라함이 기근을 피하여 애굽에 내려간 것은 그때는 그가 그럴 수밖에 없는 믿음의 수준에 있었기 때문입니다. 그래서 하나님도 이 일로 아브라함을 꾸짖지 않으셨습니다. 그런데 15장 이후부터는 좀 다릅니다. 아브라함을 찾아와 당신의 계획과 약속을 언급하셨던 하나님은 아브라함에게 이전과는 다른 수준의 믿음을 기대하셨던 것 같습니다. 그래서 이번에는 아브라함의 잘못에 대해 그냥 넘어가시지 않고 꾸짖으십니다. 어떻게 꾸짖으십니까? "나는 전능한 하나님이라."

사실 이 한 말씀만으로도 아브라함은 할 말이 없었을 것입니다. 하나님의 약속이 이루어지리라고는 전혀 기대하지 않고 있던 아브라함의 불신을 이처럼 정확히 짚어 예리하게 찌르는 말씀도 없을 것입니다. "네가 점점 노쇠해지고 네 아내 사라도 아이를 갖기 어렵게 되자 초조하였느냐. 여태껏 네 인생을 보면서 확인하지 않았느냐. 네가 네 고향과 친척과 아버지의 집을 떠난 때부터 이 자리에 이르기까지 내가 어떻게 너를 인도하며 보호했는지 아직도 깨닫지 못했다는 말이냐" 하는 책망이 "나는 전능한 하나님이라"라는 말씀에 담겨 있습니다. 그래서 이 말씀 앞에 아브라함이 꿇어 엎드린 것입니다. 자신의 죄 곧 불신앙을 잘 알기 때문입니다.

이런 이유로 하나님은 아브라함에게 오랜 시간 나타나지 않으신 것 같습니다. 이후 하나님의 말씀은 아브라함이 팔십육 세에 이스마엘을 낳은 다음 구십구 세가 되기까지 장장 십삼 년간이나 그에게 들려지지 않습니다. 고향을 떠나 낯선 곳에 홀로 떨어져 하나님 한 분밖에는 의지할 데가 없는 나그네 인생에서 하나님이 그렇게 긴 시간 나타나시지 않은 것은 아브라함에게 큰 고통이었을 것입니다.

  십삼 년 만에 아브라함에게 나타나신 하나님은 "나는 너와 언약을 세워 약속한다. 너는 여러 민족의 조상이 될 것이다. 내가 너를 여러 민족의 아버지로 세웠으니 이제부터는 너의 이름이 아브람이 아니라 아브라함이 될 것이다"라고 말씀하십니다. 복을 약속하시며 이름을 바꾸어 주신 것입니다. 이제 그의 이름이 '아브람'에서 '아브라함'으로 바뀝니다. 그간의 정황을 염두에 두고 읽으면 이 대목이 좀 이상하지 않습니까? 과연 지금이 아브라함에게 복을 약속하실 상황인가 의아스러울 것입니다. 아브라함은 복 받을 정도로 잘한 일이 없으니 말입니다. 오히려 꾸중이 더 적절할 것 같습니다. 하지만 오랜 침묵 후에 나타나신 하나님은 처음에 아브라함을 꾸짖으신 후에 이제 복을 약속해 주고 계십니다.

  이 점을 염두에 둔 채 5절을 읽어 봅시다. "이제 후로는 네 이름을 아브람이라 하지 아니하고 아브라함이라 하리니 이는 내가 너를 여러 민족의 아버지가 되게 함이니라." 이 구절에서 가장 주목해야 할 단어는 무엇일까요? 대개 우리는 '여러 민족의 아버지'와 같은 말에 주목하는 경향이 있습니다. 약속하신 복이 이 말에 잘 함축되어 있기 때문일 것입니다. 그런데 '여러 민족의 아버지'

라는 말은 지금 막 주어진 약속의 내용이 아닙니다. 처음부터 하나님이 아브라함에게 약속하셨던 내용입니다. 아브라함에게 일어났던 일은 줄곧 이 약속과 관련 있었습니다. 15장에서도 보았듯 하나님은 이 약속을 분명히 밝히신 바 있습니다. 그러니 '여러 민족의 아버지'라는 말이 새삼스러울 단어는 아닙니다.

그렇다면 5절에서 가장 주의 깊게 보아야 할 대목은 어디일까요? 여기서 중요한 것은 '내가 ~ 되게 함이니라'라는 문구입니다. 아브라함에게 하신 약속을 성취하실 하나님의 의지가 담긴 문구이기 때문입니다. "내가 너로 여러 민족의 아버지가 되게 하겠다. 나는 전능한 하나님이다. 나 하나님이 너를 그렇게 만들고야 말겠다. 나의 열심이 이 일을 이루고야 말 것이다. 그러니 너는 이름을 더 이상 아브람이라 하지 말고 아브라함이라고 하여라. 내가 너로 여러 민족의 아버지가 되게 할 테니 너는 걱정 말고 네 이름을 아브라함 곧 '여러 민족의 아버지'라고 고쳐라." 약속을 이루는 주체와 그 주체가 지닌 열심과 의지가 이 문구 속에 강조되어 있습니다.

영광과 욕됨으로 그러했으며

이제 아브람은 아브라함이라는 새로운 이름으로 불리게 됩니다.

그런데 이 이름이 불릴 때마다 아브라함은 지난날의 과오와 아픔이 자꾸 떠올랐을 것입니다. 이름만큼 많이 불리는 것도 없습니다. 하루에도 몇 번이고 불립니다. 아브라함은 자기 이름이 불릴 때마다 '내가 하나님의 약속과 하나님의 하나님 되심을 믿지 못하여 이스마엘을 낳고 말았는데, 하나님은 이 일을 그냥 넘어가지 않으시고 꾸짖으셨다. 그러나 단지 꾸짖기만 하시지 않고 나에게 새로운 이름을 지어 주셔서 하나님과 맺은 언약을 다시 한 번 상기하게 해 주셨다' 하는 생각이 들었을 것입니다. 이런 점에서 보면 아브라함이라는 이름은 우리의 고정관념처럼 복이 연상되는 이름이기에 앞서 지우고 싶은 잘못을 떠올리게 하는 이름, 잊으려야 잊을 수 없는 상처를 건드리는 이름인 것입니다. 그런데 한편 이 이름은 하나님의 열심과 의지를 떠올리게 하는 이름입니다. "아브라함아, 너는 내 약속을 믿지 않았지만 나는 네게 복을 줄 것이다. 너는 결국 여러 민족의 아버지가 되고 말 것이다"라고 하신, 아브라함의 과오에도 결국 약속을 지키시고 이루시는 하나님의 변함없는 신실함이 담긴 이름인 것입니다. 인간의 잘못과 하나님의 신실함을 동시에 떠올리게 하는 기묘한 이름인 셈입니다.

한편, 아브라함은 자기 이름이 불릴 때마다 참 난감했을 것입니다. 자기 아내에게서 얻은 자식은 아직 한 명도 없는데, 이름은 '여러 민족의 아버지'라는 뜻이니 말입니다. 구십구 세에 여종에게서 낳은 아들 하나를 겨우 둔 처지인데, '많은 아들을 둔 아버지', '아들 부잣집 아버지'라고 평생 불리며 살아야 하는 것입니다. 그나마 나중에 이삭을 낳게 되지만 그것도 겨우 한 명입니다. 그런데도 이름은 여전히 '여러 민족의 아버지'입니다.

우리도 세상에서 이런 꼴을 당합니다. "구원받았다면서요? 죽으면 천국 간다면서요? 전능하신 하나님의 자녀라면서 사는 것은 왜 그렇게 궁상맞고 구질구질합니까?" 자식은 하나도 없으면서 '여러 민족의 아버지'라고 불렸던 아브라함과 영락없이 같은 처지입니다. 우리는 사도 바울이 언급한 '영광과 욕됨으로 그리했으며 악한 이름과 아름다운 이름으로 그리했느니라'(고후 6:8)라는 고백이 절실히 와닿는 현실을 살아갑니다. 이런 고백은 우리 현실을 얼마나 정확히 지적하는지 모릅니다. 하나님의 자녀라는 영광스러운 이름에 걸맞지 않은, 어찌 보면 치욕스럽기까지 한 현실을 살 때가 많은 것이 신자의 인생이기 때문입니다.

하지만 우리는 자신의 욕된 현실을 보며 한숨짓기 전에 우리가 어떤 자리에서 부름받았는지 먼저 기억해야 합니다. 본래 우리는 죽어 마땅한 자들이었습니다. 십자가를 볼 때마다 우리가 달렸어야 할 저 십자가에 예수 그리스도가 대신 달려 돌아가셨다는 사실을 잊지 않아야 합니다. 우리의 죄와 잘못이 드러나는 바로 그 자리에 대속의 은혜가 있다는 것을 십자가를 통하여 깨닫게 됩니다.

아브라함은 자신의 불신앙이 드러나는 질책의 자리에서 새로운 이름을 얻습니다. 이 질책의 자리, 자신의 가장 큰 과오와 상처가 떠오르는 자리에서 복된 이름이 주어졌다는 사실을 기억하십시오. 아브라함은 자신의 이름이 불릴 때마다 지난날의 과오와 상처가 떠올랐겠지만, 이 이름을 들으며 그가 기억해야 하는 더 중요한 것은 그를 '여러 민족의 아버지'로 만들고야 말겠다는 하나님의 열심입니다. 그래서 '아브라함'이라는 이름은 그저 복을 많이 받은 사람의 이름이기보다는 하나님의 열심과 의지가 담긴 은혜로운 이름인 것입니다.

우리를 가장 깊이 좌절하게 한 실패와 수치의 자리야말로 복이 시작되는 자리입니다. 하나님은 우리가 더 이상 물러날 곳이 없을 만큼 참혹한 자리에 처하더라도 거기서 복을 받게 하시는 분입니다. 본문 말씀에 나온 아브라함의 경우처럼 죄를 지어 하나님을 뵐 면목이 없는 자리에 오면 질책을 받겠지만, 이 질책을 받는 일이 사실 우리에게 복입니다. 그러니 꾸짖음을 듣는 것만큼 예수 믿는 자에게 복된 일은 없습니다. 하나님의 약속을 기다리지 못하고 자기 생각대로 이스마엘을 낳은 아브라함이 그토록 두려운 꾸중 속에서 받은 것은 '아브라함'이라는 새 이름이었습니다. 신앙의 여정에서 벌어지는 신비는 이처럼 헤아릴 수 없습니다.

홀로 언약을 성취하시는 분

아브라함에게 하신 약속을 반드시 이루시겠다는 하나님의 의지는 다음과 같은 명령에서 더욱 분명하게 드러납니다. 언약을 주신 하나님이 이제 아브라함에게 할례를 명하십니다.

> 하나님이 또 아브라함에게 이르시되 그런즉 너는 내 언약을 지키고 네 후손도 대대로 지키라 너희 중 남자는 다 할례를 받으라 이것이 나와 너희와 너희 후손 사이에 지킬 내 언약이니라 (창 17:9-10)

하나님이 왜 이 명령을 하셨는지 이해하기 위해서는 앞에 나온 내용을 살펴볼 필요가 있습니다. 창세기 15장으로 다시 가 봅시다. 하나님은 아브라함에게 너의 몸에서 태어날 아들이 상속자가 될 것이라고 말씀하십니다. 또한 별같이 많은 자손을 얻을 것이며 가나안 땅을 소유로 삼게 될 것이라고 약속하십니다. 하나님의 약속을 들은 아브라함은 자기가 그 땅을 차지하게 될 것을 어떻게 알 수 있는지 묻습니다. 그런데 하나님은 이 질문에 답하는 대신 아브라함에게 명령하십니다. "너는 나를 위해 암소와 암염소와 숫양과 산비둘기와 집비둘기 새끼를 제물로 마련하여 오너라." 아브라함은 하나님이 명하신 대로 제물을 마련한 다음

암소와 암염소와 숫양은 쪼개어 마주 보게 차려 놓습니다. 이윽고 해가 져서 캄캄해졌는데, 갑자기 연기 나는 화로와 타는 횃불이 나타나서 쪼개 놓은 희생 제물 사이로 지나갑니다. 이 장면이 17절에 묘사되어 있습니다. "해가 져서 어두울 때에 연기 나는 화로가 보이며 타는 횃불이 쪼갠 고기 사이로 지나더라." 이어지는 18절은 이날 하나님이 아브라함과 언약을 세우셨다고 기록하고 있습니다. "그 날에 여호와께서 아브람과 더불어 언약을 세워 이르시되 내가 이 땅을 애굽 강에서부터 그 큰 강 유브라데까지 네 자손에게 주노니." 하나님과 아브라함 사이에 맺은 언약을 이해하기 위해서는 이 언약 의식이 체결되는 모습을 잘 살펴 보아야 합니다.

창세기 15장에서 하나님이 "네 자손을 하늘의 별과 같이 많아지게 하겠다"라고 하시자 아브라함이 그 약속을 믿습니다. 지금껏 살아온 인생을 돌아보니 자신에게서는 결코 나올 수 없는 일, 자기로 말미암아서는 결코 일어날 수 없는 일이 일어났다는 사실을 깨닫게 된 것입니다. 지금 하신 약속도 하나님이 이루어 주셔야 성취될 수 있으며 그분만이 하실 수 있다는 것을 아브라함은 알고 있습니다. 아브라함은 하나님에게 묻습니다. "하나님, 이런 일이 일어나리라는 것을 제가 어떻게 알 수 있습니까? 하나님이 제게 약속하신 것을 이루어 주실 것을 제가 무엇으로 알 수 있겠습니까?" 이 질문에 하나님은 어떤 징조를 보여서 아브라함에게 확신을 주는 대신, '내가 반드시 이루리라'라는 당신의 의지를 직접 보여 주십니다.

우리가 중요한 계약을 체결할 때에 인감도장을 찍어 분명히 하는 것처럼, 아브라함이 살던 고대 근동에서도 계약을 체결할 때면 치르던 의식이 있었습니다. 제물을 가져다가 반을 쪼개어 마주 보게 해 놓은 다음 계약 당사자들이 그 사이를 지나갑니다. 제물의 사이를 지나갈 수 있다는 것은 쪼개진 제물이 한 오라기도 붙어 있지 않다는 뜻입니다. 어딘가 조금이라도 붙어 있다면 그 사이를 통과할 수 없을 것입니다. 이렇게 완전히 쪼개진 제물 사이를 계약을 체결한 두 당사자가 지나갑니다. 계약을 어기면 누구든 이 쪼개진 제물같이 몸이 완전히 쪼개지는 저주를 받겠다는 데에 동의하며 서로 다짐하는 의식입니다. 약속을 지키고 말겠다는 의지가 이 의식에 담겨 있는 것입니다.

하나님은 아브라함과 언약을 맺으시면서 언약의 중요성과 성취의 확실성을 분명히 하기 위해 이 의식을 거행하십니다. 그런데 아브라함과 하나님이 맺은 언약 의식에는 여느 의식과는 좀 다른 점이 있습니다. 아브라함이 마련해 온 제물을 쪼개어 두자 하나님은 쪼갠 제물 사이를 아브라함더러 함께 지나가자고 하시지 않고 홀로 지나가십니다. 언약 관계 당사자인 하나님과 아브라함, 이 둘 다 지나가야 할 텐데 하나님만 홀로 지나가신 것입니다. 하나님이 이렇게 하신 이유는 무엇일까요?

앞서 언급했듯이 구원을 얻을 조건은 우리에게 있지 않습니다. 구원은 순전히 하나님의 은혜로 말미암은 결과입니다. 아브라함과 하나님이 맺은 언약도 이런 관점에서 바라보아야 합니다. 언약 당사자는 하나님과 아브라함이지만, 하나님 홀로 제물 사이를 지나가심으로써 이 약속은 하나님이 홀로 이루실 것이라는 사실을 암시해 줍니다. 아브라함에게 복을 주어 그의 자손을 하늘의 별과 같이 많아지게 하는 일은 오직 하나님에게 달린 일입니다. 하나님 홀로 시작하셔서 완성하실 것입니다. 이 일을 해내고야 말겠다는 하나님의 의지가 이 의식에서 드러납니다. 하나님은 제물 사이를 홀로 지나가심으로써 내가 반드시 이 약속을 이룰 것이라고 아브라함에게 말씀하시는 셈입니다. 곁에서 이 의식을 지켜보는 아브라함은 '하나님이 정말 이 일을 이루시고야 말겠구나'라고 알아보기만 하면 됩니다.

내 언약이 너희 살에 있어 영원한 언약이 되려니와

그런데 아브라함은 언약의 당사자로서 이 의식을 지켜보았으면서도 이것이 상징하는 바를 제대로 이해하지 못했는지 아니면 이해하였으나 믿지 못했는지 하나님의 약속을 기다리지 못하고 하갈에게서 이스마엘을 얻고 맙니다. 그러자 하나님이 오랜 시간 침묵하신 후 그에게 나타나 꾸짖으십니다. 이 꾸짖음은 "네가 잘못해서 이 언약이 깨어졌다"라는 단순한 질책이 아닙니다. "아브라함아, 비록 네가 잘못을 저질렀어도 나는 이 약속을 지키고야 말 것이다. 나는 하나님이다. 나 홀로 이 언약을 성취할 것이다. 이제 너도 이 정도는 알 만큼 되지 않았느냐. 내가 이루겠다고 하는데 왜 너는 믿지 않느냐"라는 하나님의 의지와 열심이 들어 있는 꾸짖음입니다. 이것이 17장 1절의 "나는 전능한 하나님이라"라는 말씀에 담겨 있습니다.

하나님은 아브라함이 믿지 않았다고 하여 그의 불신앙을 빌미로 언약을 깨뜨리시지는 않습니다. 하지만 이 약속이 반드시 성취될 것이라고 아브라함에게 분명히 가르치십니다. "내가 하고야 말겠다. 나의 열심으로 이 일을 이룰 것이다. 너는 이것을 제대로 깨달아야 할 내 자녀다. 너는 믿음의 반열에 서야 할 자이다. 그런데 너는 나를 믿지 않고 네 마음대로 자손을 얻고야 말았다. 이제 너는 나와 맺은 언약이 무엇인지 확실히 알아야 한다. 내가 명하노니 너와 네 집안 식구는 모두 다 할례를 받으라"라고 말씀하신 것입니다. 17장 10절 이하를 봅시다.

―――― 너희 중 남자는 다 할례를 받으라 이것이 나와 너희와 너희 후손 사이에 지킬 내 언약이니라 너희는 포피를 베어라 이것이 나와 너희 사이의 언약의 표징이니라 너희의 대대

로 모든 남자는 집에서 난 자나 또는 너희 자손이 아니라 이
방 사람에게서 돈으로 산 자를 막론하고 난 지 팔일 만에 할례
를 받을 것이라 너희 집에서 난 자든지 너희 돈으로 산 자든지
할례를 받아야 하리니 이에 내 언약이 너희 살에 있어 영원한
언약이 되려니와 할례를 받지 아니한 남자 곧 그 포피를 베지
아니한 자는 백성 중에서 끊어지리니 그가 내 언약을 배반하
였음이니라 (창 17:10-14)

하나님이 할례를 명하신 의미를 알기 위해서는 성경이 할례를 어떻게 풀어내고 있는지 살펴보아야 합니다. 먼저 레위기 19장 23절부터 봅시다.

너희가 그 땅에 들어가 각종 과목을 심거든 그 열매는
아직 할례 받지 못한 것으로 여기되 곧 삼 년 동안 너희는 그
것을 할례 받지 못한 것으로 여겨 먹지 말 것이요 넷째 해에는
그 모든 과실이 거룩하니 여호와께 드려 찬송할 것이며 다섯
째 해에는 그 열매를 먹을지니 그리하면 너희에게 그 소산이
풍성하리라 나는 너희의 하나님 여호와이니라 (레 19:23-25)

할례에 관한 언급이 여기 나옵니다. 이 본문에 나온 삼 년, 넷째 해, 다섯째 해가 의미하는 바를 잘 모르더라도 할례가 '거룩함'과

관련 있다는 점은 알 수 있을 것입니다. '할례받지 못한 것'을 '거룩하지 않다'는 의미로 사용하고 있기 때문입니다. 이로써 창세기 17장에 나온 '할례를 행하라'는 하나님의 명령은 '거룩하라'는 뜻이 담겨 있다는 것을 알 수 있습니다. 하나님은 "할례를 행하여라. 이는 너희가 거룩해지기 위함이다"라고 말씀하시는 것입니다.

신약에서는 할례의 의미가 좀 더 깊어집니다. 맥락은 같지만 그 의미가 좀 더 나아갑니다. 골로새서 2장 8절입니다.

> 누가 철학과 헛된 속임수로 너희를 사로잡을까 주의하라 이것은 사람의 전통과 세상의 초등학문을 따름이요 그리스도를 따름이 아니니라 그 안에는 신성의 모든 충만이 육체로 거하시고 너희도 그 안에서 충만하여졌으니 그는 모든 통치자와 권세의 머리시라 또 그 안에서 너희가 손으로 하지 아니한 할례를 받았으니 곧 육의 몸을 벗는 것이요 그리스도의 할례니라 너희가 세례로 그리스도와 함께 장사되고 또 죽은 자들 가운데서 그를 일으키신 하나님의 역사를 믿음으로 말미암아 그 안에서 함께 일으키심을 받았느니라 또 범죄와 육체의 무할례로 죽었던 너희를 하나님이 그와 함께 살리시고 우리의 모든 죄를 사하시고 우리를 거스르고 불리하게 하는 법조문으로 쓴 증서를 지우시고 제하여 버리사 십자가에

못 박으시고 통치자들과 권세들을 무력화하여 드러내어 구경 거리로 삼으시고 십자가로 그들을 이기셨느니라 (골 2:8-15)

예수의 십자가 사건을 할례와 연결하여 이야기하고 있습니다. 예수 그리스도 안에서 우리가 손으로 하지 아니한 할례, 곧 그리스도의 할례를 받았다고 합니다. 할례를 받지 않아 죽었던 우리를 하나님이 예수와 함께 살리셨습니다. 곧 그리스도의 할례를 받은 것입니다. 앞서 본 레위기에서 할례는 거룩함을 의미하는 표시라고 했는데, 신약에서 할례는 구원을 가리키는 말로 사용되어 있습니다. '할례를 행한다'라는 말은 직역하면 '잘라 버린다', '끊어 버린다'라는 뜻입니다. 그런데 여기서 '끊어 버린다'라는 것은 팔 하나 잘라 버리는 정도가 아니라 죽음을 뜻합니다. 이사야 53장 7절을 보겠습니다.

──── 그가 곤욕을 당하여 괴로울 때에도 그의 입을 열지 아니하였음이여 마치 도수장으로 끌려 가는 어린 양과 털 깎는 자 앞에서 잠잠한 양 같이 그의 입을 열지 아니하였도다 그는 곤욕과 심문을 당하고 끌려 갔으나 그 세대 중에 누가 생각하기를 그가 살아 있는 자들의 땅에서 끊어짐은 마땅히 형벌 받을 내 백성의 허물 때문이라 하였으리요 (사 53:7-8)

8절의 '그가 살아 있는 자들의 땅에서 끊어짐은'에서 말하는 '끊어짐'이 바로 죽음을 의미합니다. 예수님은 끊어져야 했습니다. 죽어야 값이 치뤄지는 짐을 지셨기 때문입니다. 이처럼 할례에서 '끊어짐'이 가리키는 것은 죽음입니다.

원래 예수님이 끊어져서는 안 됩니다. 그러면 누가 끊어져야 합니까? 예수님이 아니라 우리입니다. 우리는 죄인이어서 모두가 끊어져야 할 자들, 곧 죽어 마땅한 자들입니다. 산 자의 땅에서 끊어져야 할 자는 바로 우리인 것입니다. 그런데 예수님이 대신 끊어지셨습니다. 우리 대신 죽으신 것입니다. 할례를 행함은 끊어짐, 곧 사망을 의미합니다. 우리는 죽어 마땅한 자인데, 이런 우리가 죽는 것이 아니라 할례 곧 우리 몸의 일부를 잘라 냄으로써 우리가 구원 얻었음을 말해 줍니다. 이것이 할례의 참된 의미입니다. 우리 대신 예수 그리스도가 십자가에 달려 끊어진 것입니다. 원래 우리가 끊어져야 하는데, 우리는 다만 포피의 일부만 끊어 내어 하나님이 당신의 백성을 거룩하게 하실 것, 곧 구원하실 것을 지금 아브라함에게 상징으로 보여 주며 구원을 약속하는 것입니다.

할례는 생식기의 일부를 잘라 내는 의식입니다. 그런데 이 의식은 사실 생식기의 일부가 아니라 생식기 자체를 잘라 내는 행위를 상징하므로, 할례를 받은 자는 '종족을 보존할 수 있는 육체적 능력을 갖지 못한 자'를 의미합니다. 그래서 할례는 언약 백성이 육체적 방식으로 이어지는 종족이 아니라 다른 방식으로 생겨난 특별한 종족이라는 의미를 내포하게 됩니다.

하나님은 아브라함에게 창세기 15장 4절에서 말씀하셨던 '네 몸에서 날 자'가 어떤 존재인지를 할례를 통해 가르치셔서 아브라함이 인간적 불가능과 회의를 극복하고 '하나님의 하나님 되심'을 깊이 확인할 수 있게 하십니다. 로마서 4장 18절의 '아브라함이 바랄 수 없는 중에 바라고 믿었으니'라는 말씀은 아브라함이 이런 이해에 이르렀음을 보여 줍니다. 아브라함은 할례의 경험을 거쳐 이제 독자 이삭까지 바칠 수 있는 자리로 나아가게 될 것입니다.

번복하지 않는 부르심

우리는 신앙의 근거와 신앙을 유지하는 힘을 자기 자신에게서 발견하고 싶어 하는 유혹을 종종 받습니다. 자신에게서 원인을 찾아 자기만족을 얻고 싶은 것입니다. 그러다가 자신에게 실망하고 좌절하는 일이 생기면 신앙도 같이 흔들립니다. 내가 좌절하면 십자가도 나약해 보이고 내가 실패하면 하나님도 실패하신 것 같은 감정이 우리를 부여잡습니다.

하지만 기억하십시오. 구원은 우리가 요청하지 않았을 때에 하나님이 이미 시작하셔서 완성하신 일입니다. 하나님 편에서 이미 완성하신 구원이지만, 여전히 세상에 있는 우리는 매일 하나님을 영화롭게 하기보다 실수하고 실패하는 때가 더 많습니다. 그러나 우리의 실수와 실패로, 하나님이 이미 이루셨고 마침내 이루실 이 일이 방해받지는 않습니다.

하나님은 쪼개 놓은 제물 사이를 아브라함더러 함께 지나가자고 하시지 않았습니다. 그 사이를 하나님 홀로 통과하셨습니다. 이것이 무엇을 보여 줍니까? "어디 한번 내 앞에서 '나는 안 돼. 나는 할 수 없을 거야'라고 버텨 보아라. 누가 이기나 보자"라는 하나님의 집념이 여기 담겨 있습니다. "나 같은 건 천국 못 가요"라고 전봇대를 붙잡은 채 전깃줄로 몸을 묶어 두면 하나님은 전봇대를 뿌리째 뽑아 우리를 데려가십니다. 전봇대에서 우리만 겨우 뜯어내는 정도가 아니라 거대한 굴착기로 전봇대가 박힌 땅을 통째로 퍼서 데려가십니다. 그런데도 우리는 전봇대에 매달린 채 "하나님, 제가 여기 딱 달라붙어 있으니 뜯어 가기 어렵죠?"라고 빈정대기 일쑤입니다. 전봇대만 쳐다보느라 땅 전체가 들려 날아가는 것도 모르면서 말입니다.

하나님이 아브라함에게 나타나셔서 하신 "나는 전능한 하나님이라"라는 말씀 속에는 이런 하나님의 열심이 담겨 있습니다. 하나님은 "나는 전능한 하나님이다. 너 어디 한번 버텨 보거라. 안 하겠다고 어디 한번 반항해 보거라" 하시며 당신의 열심과 의지로 아브라함을 강권하시고 있습니다. 하나님은 이런 열심과 의지를 오늘 우리에게도 드러내십니다. 두렵고도 감격스러운 구원입니다. 누가 하나님의 일하심을 가로막겠습니까? 하나님이 저 죄악으로 물든, 영원히 형벌받아 마땅한 자리에 있는 우리를 그 구정물 속을 휘저어 끄집어내셨습니다. 그렇게 건져 내신 우리를 지금도 여전히 씻기고 계십니다. 지금에 와서 버릴 작정이었다면 처음부터 저 구정물에 손을 담그시지 않았을 것입니다.

하나님은 마치 우리가 아니면 안 될 것처럼 우리를 구원하십니다. 길가의 돌들로도 아브라함의 자손이 되게 하실 수 있는 분이 말입니다. 복음서에 보면 이런 이야기가 있습니다. 세례 요한이 회개의 메시지를 전하면서 자기에게 나아온 바리새인들을 향해 꾸짖는 장면입니다. "요한이 많은 바리새인들과 사두개인들이 세례 베푸는 데로 오는 것을 보고 이르되 독사의 자식들아 누가 너희를 가르쳐 임박한 진노를 피하라 하더냐 그러므로 회개에 합당한 열매를 맺고 속으로 아브라함이 우리 조상이라고 생각하지 말라 내가 너희에게 이르노니 하나님이 능히 이 돌들로도 아브라함의 자손이 되게 하시리라"(마 3:7-9). 세례 요한의 이 말을 잘 음미해 보십시오. 얼마나 멋진 말씀입니까. 하찮은 돌들로도 당신의 자녀를 만들어 내실 수 있는 분이 이런 손쉬운 방법 대신 친히 구정물에 손을 담가 우리를 구해 내셨다면, 건져 내신 후에 무엇 때문에 구원을 취소하시겠습니까? 우리를 하나님의 자녀로 삼아 주셨다면, 무엇 때문에 다시 예전의 그곳으로 차 버리시겠습니까? 하나님이 친히 시작하셔서 우리를 이 자리까지 끌고 오셨는데 이제 와서 우리가 말을 안 듣는다는 이유로 이 일을 그만두시겠습니까? 우리의 다리를 부러뜨리고 코에 고삐를 꿰는 한이 있어도 우리를 끌고 가시고야 말 것입니다.

하나님의 고집이 얼마나 강하고 끈질긴지 로마서는 이렇게 증언합니다. "자기 아들을 아끼지 아니하시고 우리 모든 사람을 위하여 내주신 이가 어찌 그 아들과 함께 모든 것을 우리에게 주시지 아니하겠느냐"(롬 8:32). 이보다 더 무서운 말씀은 없습니다. 자기 아들을 죽이기까지 집념을 보이신 하나님의 의지를 보았다면 빨리 항복하십시오. 우리가 아무리 고집이 세다 한들 자기 아들을 죽이면서까지 버티지는 않을 테니 말입니다. 당신의 아들을 십자가에 매달아 죽게 하신 하나님의 사랑과 집념을 안다면 고집을 그만 부려야 맞습니다. 더 고집부려 봤자 우리만 손해입니다. 난 세 대 얻어맞고 왔다, 나는 서른세 대 맞고 왔다, 하면서 누가 더 많이 얻어맞고 항복했는지 자랑해서 뭐하겠습니까.

하나님의 약속을 믿지 못한 아브라함에게 다시 나타나 할례를 명하신 하나님의 열심을 보십시오. 하나님의 열심과 성의가 얼마나 진지한지 깨닫는다면 그 사랑 앞에 우리의 간담이 녹아날 것입니다. 우리를 향한 하나님의 끊을 수 없는 사랑이 로마서 8장에 잘 드러나 있습니다.

─── 그런즉 이 일에 대하여 우리가 무슨 말하리요 만일 하나님이 우리를 위하시면 누가 우리를 대적하리요 자기 아들을 아끼지 아니하시고 우리 모든 사람을 위하여 내주신 이가 어찌 그 아들과 함께 모든 것을 우리에게 주시지 아니하겠느냐 누가 능히 하나님께서 택하신 자들을 고발하리요 의롭다 하신 이는 하나님이시니 누가 정죄하리요 죽으실 뿐 아니라 다시 살아나신 이는 그리스도 예수시니 그는 하나님 우편에 계신 자요 우리를 위하여 간구하시는 자시니라 누가 우리를 그리스도의 사랑에서 끊으리요 환난이나 곤고나 박해나 기근이나 적신이나 위험이나 칼이랴 (롬 8:31-35)

우리의 구원을 향한 하나님의 의지를 계속되는 물음으로 강조한 바울은 마침내 확신에 찬 선언으로 로마서 8장을 끝맺습니다.

─── 내가 확신하노니 사망이나 생명이나 천사들이나 권세자들이나 현재 일이나 장래 일이나 능력이나 높음이나 깊음이나 다른 어떤 피조물이라도 우리를 우리 주 그리스도 예수 안에 있는 하나님의 사랑에서 끊을 수 없으리라 (롬 8:38-39)

세상에서 가장 강해 보이는 것도, 세상에서 우리를 가장 위협하는 것도 하나님의 사랑 안에 있는 우리를 막을 수 없습니다. 이것이 우리를 이 자리에 있게 하신 하나님의 은혜요 사랑이요 열심이라는 것을 기억하여 좌절하지 않고 나아가는 복된 신자의 삶을 살아가기 바랍니다.

네 씨로 말미암아
만민이 복을 받으리니

05

15 여호와의 사자가 하늘에서부터 두 번째 아브라함을 불러 16 이르시되 여호와께서 이르시기를 내가 나를 가리켜 맹세하노니 네가 이같이 행하여 네 아들 네 독자도 아끼지 아니하였은즉 17 내가 네게 큰 복을 주고 네 씨가 크게 번성하여 하늘의 별과 같고 바닷가의 모래와 같게 하리니 네 씨가 그 대적의 성문을 차지하리라 18 또 네 씨로 말미암아 천하 만민이 복을 받으리니 이는 네가 나의 말을 준행하였음이니라 하셨다 하니라 (창 22:15-18)

◆ ◆ ◆ 창세기 22장에 오면 아브라함이 이삭을 바친 사건을 만나게 됩니다. 이 사건을 접하면 이런 생각이 먼저 들 것입니다. 하나님으로부터 독자 이삭을 바치라는 명령을 받았을 때 아브라함은 어떻게 자기 아들을 바칠 수 있었을까, 대체 이 사람이 아버지 맞는가, 아니 그도 사람인가 하는 생각입니다. 이런 의문이 생기는 것은 당연합니다. 그런데도 우리는 의아해하기보다 '아브라함은 정말 남다른 믿음을 가졌구나' 하고 감탄하기만 합니다.

쉽게 감탄하기에 앞서 이 사건에서 떠올려야 할 중요한 질문이 있습니다. 도대체 하나님은 어떤 분이기에 이런 이상한 요구를 하시는가, 다른 요구도 아니고 어떻게 백 세에 얻은 자식을 바치라고 하시는가 하는 질문입니다. 하나님이 너무 기막힌 요구를 하시고 지나친 시험을 내셨다는 생각이 듭니다. 하지만 아무 이유 없이 이런 큰 사건이 등장하지는 않습니다. 아주 중요한 의미가 있기에 하나님이 이런 요구를 하신 것입니다.

네 씨로 말미암아

우선 살펴볼 것은 이 사건이 있고 나서 하나님이 아브라함에게 어떤 복을 내리셨는가 하는 점입니다. 이 복은 창세기 12장에 나온 복과 다릅니다. 이 점을 염두에 둔 채 먼저 12장 1절부터 봅시다.

─── 여호와께서 아브람에게 이르시되 너는 너의 고향과 친척과 아버지의 집을 떠나 내가 네게 보여 줄 땅으로 가라 내가 너로 큰 민족을 이루고 네게 복을 주어 네 이름을 창대하게 하리니 너는 복이 될지라 너를 축복하는 자에게는 내가 복을 내리고 너를 저주하는 자에게는 내가 저주하리니 땅의 모든 족속이 너로 말미암아 복을 얻을 것이라 하신지라 (창 12:1-3)

이어서 22장 15절 이하를 읽어 봅시다.

─── 여호와의 사자가 하늘에서부터 두 번째 아브라함을 불러 이르시되 여호와께서 이르시기를 내가 나를 가리켜 맹세하노니 네가 이같이 행하여 네 아들 네 독자도 아끼지 아니하였은즉 내가 네게 큰 복을 주고 네 씨가 크게 번성하여 하늘의 별과 같고 바닷가의 모래와 같게 하리니 네 씨가 그 대적의 성문을 차지하리라 또 네 씨로 말미암아 천하 만민이 복을 받으리니 이는 네가 나의 말을 준행하였음이니라 하셨다 하니라 (창 22:15-18)

두 본문이 모두 복을 언급하지만 차이점이 있습니다. 12장에는 '씨'에 대한 언급이 없는 반면, 22장에는 '씨'에 대한 언급이 있습니다. '씨'는 자손을 뜻하는데, 이에 대한 언급이 중대한 차이를 빚어냅니다. 왜냐하면 이삭을 바친 사건은 이 '씨'로 말미암은 복과 관련이 있기 때문입니다.

창세기 22장의 핵심 내용은 18절에 들어 있습니다. '또 네 씨로 말미암아 천하 만민이 복을 받으리니 이는 네가 나의 말을 준행하였음이니라.' 여기서 눈여겨보아야 할 대목은 '네 씨로 말미암아'입니다. '네 씨'는 예수 그리스도를 가리키는데, 곧 예수 그리스도로 말미암아 천하 만민이 복을 받아 모든 민족에게서 신자들이 생겨날 것을 암시해 주고 있습니다. 그래서 이 구절이 중요합니다.

한편, 12장에는 '씨'에 대한 언급이 없습니다. 가나안을 향해 출발할 때에 아브라함이 들은 약속은 아브라함 자신으로 말미암은 복에 대한 내용뿐이었습니다. '땅의 모든 족속이 너로 말미암아 복을 얻을 것이라'(창 12:3)라는 약속을 들은 아브라함은 자기로 말미암아 땅의 모든 족속에게 복이 주어질 것이라고만 알고 있었습니다. 그런데 22장에 이르자 "내가 네게 약속한 복은 '네 씨로 말미암아' 이루어진다" 하는 데까지 밝혀집니다.

'네 씨로 말미암아'라는 문구의 중요성은 갈라디아서에 오면 확인됩니다. 갈라디아서 3장 16절을 봅시다. "이 약속들은 아브라함과 그 자손에게 말씀하신 것인데 여럿을 가리켜 그 자손들이라 하지 아니하시고 오직 한 사람을 가리켜 네 자손이라 하셨으니 곧 그리스도라." 하나님이 아브라함에게 주신 약속의 분명한 의미가 이 구절로 말미암아 비로소 드러납니다.

하나님이 아브라함에게 줄곧 약속해 오신 내용을 살펴보면 이렇습니다. "내가 이 땅을 너와 네 자손에게 주리라. 네 자손은 하늘의 별과 같고 바다의 모래 같으리라." 아브라함은 많은 수의 자손을 얻게 될 것이며 그 후손들은 가나안 땅에서 살게 될 것이라는 약속입니다. 약속이 의미하는 바를 좀 더 정확히 드러내려면 '자손'보다는 '자손들'이라고 표현했어야 좋을 것입니다. 그런데 갈라디아서에서는 하나님이 아브라함에게 복을 약속하실 때에 '자손들'이 아니라 '자손'이라고만 언급하셨음을 강조하며, '네 자손'이라고 일컬어진 그 '한 사람'은 예수 그리스도라고 밝히고 있습니다. 그렇다면 하나님이 아브라함에게 내내 약속해 오신 복의 핵심은, 단지 자손들이 별처럼 모래처럼 많아지는 큰 복을 누린다는 사실에 있지 않다는 점이 명확해집니다. 갈라디아서 3장 16절에 비추어 생각해 보면, 하나님이 아브라함에게 약속하신 복의 결국은 '네 씨 곧 아브라함의 후손으로 오는 예수 그리스도로 말미암아 모든 민족이 아브라함의 후손, 곧 하나님의 자녀가 된다'라는 것입니다. 하나님은 이 약속에 담긴 의미를 아브라함으로 하여금 몸소 깨닫게 하려고 그에게 이삭을 바치라고 요구하신 것입니다. '네 씨'와 '이삭을 바친 사건'이 어떻게 연결되는지는 뒤에서 자세히 살펴보기로 합니다.

신약과 구약의 관계는 이런 비유로 설명해 볼 수 있습니다. 신약은 마치 영화의 자막과 같고 구약은 영화의 영상과 같습니다. 자막 없이 영상만 봐도 어떤 상황인지 대강 파악될 것 같지만, 사실 그렇지 않습니다. 예를 들어 어떤 영화에서 두 남녀가 웃으면서 다정하게 대화하는 장면이 있다고 가정해 봅시다. 서로 미소를 지으며 귀엣말을 주고받는 걸 보니 이제 막 사랑을 시작하는 연인처럼 보입니다. 영상만 보면 그렇습니다. 하지만 자막과 함께 보니 상황은 완전히 딴판입니다. 자막은 이렇습니다. "저기 앉은 저 사람 좀 보세요. 우리 계략에 잘 속아 넘어가게 생겼지 않나요?" "그렇군요. 어리숙하게 생긴 것이 딱 우리 먹잇감이네요." 자막을 확인해 보니 조금 전 상상한 내용과는 전혀 다르다는 것을 알게 됩니다.

    성경의 사건을 대할 때도 마찬가지입니다. 구약의 사건은 신약의 메시지와 함께 읽어야 그 사건이 담고 있는 의미를 정확히 이해할 수 있습니다. 아브라함의 이야기를 추적할 때도 이런 점을 염두에 두어야 합니다. 아브라함의 뒤를 잇는 자, 곧 아브라함의 자손이 누구인가에 대해 구약이 영화의 영상처럼 사건을 펼쳐 놓고 있습니다. 이 사건을 제대로 이해하기 위해서는 영상을 자막과 함께 보듯 신약과 함께 읽어 내야 합니다. 아브라함에게 하나님이 복을 약속하신 사건은 갈라디아서 3장 16절과 함께 읽어야 그 의미가 분명해지는 것입니다.

없는 자, 이삭

이삭을 바치라는 명령에 담긴 의미는 무엇일까요? 이 명령은 17장에 나온 할례를 행하라는 말씀과 관련 있습니다. 할례의 의미를 다시 생각해 봅시다. 창세기 17장 9절입니다.

> 하나님이 또 아브라함에게 이르시되 그런즉 너는 내 언약을 지키고 네 후손도 대대로 지키라 너희 중 남자는 다 할례를 받으라 이것이 나와 너희와 너희 후손 사이에 지킬 내 언약이니라 너희는 포피를 베어라 이것이 나와 너희 사이의 언약의 표징이니라 너희의 대대로 모든 남자는 집에서 난 자나 또는 너희 자손이 아니라 이방 사람에게서 돈으로 산 자를 막론하고 난 지 팔 일 만에 할례를 받을 것이라 너희 집에서 난 자든지 너희 돈으로 산 자든지 할례를 받아야 하리니 이에 내 언약이 너희 살에 있어 영원한 언약이 되려니와 할례를 받지 아니한 남자 곧 그 포피를 베지 아니한 자는 백성 중에서 끊어지리니 그가 내 언약을 배반하였음이니라 (창 17:9-14)

앞 장에서 우리는 할례가 죽음을 선포하는 저주인 동시에 구원의 표라는 점에 대해 살펴보았습니다. 이번 장에서는 할례가 상징하는 바를 할례 행위의 본질에 접근하여 살펴보기로 합니다.

이를 통해 '이삭을 바친 사건'의 의미를 더 잘 이해할 수 있을 것입니다. 할례는 인간의 살을 잘라 내는 의식인데, 할례를 몸 어디에 행하는지 생각해 보면 이 상징이 의미하는 바가 참으로 무섭다는 것을 알게 됩니다.

할례는 현대식으로 말하면 일종의 포경수술입니다. 포피를 잘라 내는 것은 더 이상 생산할 수 없게 생식능력을 끊어 버리는 것을 상징합니다. 이는 얼마나 분명한 상징인지 모릅니다. 여기서 우리는 하나님이 아브라함에게 할례를 명하신 이유를 짐작해 볼 수 있게 됩니다. '네 계보는 육신으로 말미암아 태어난 자들로 이어지지 않는다'라는 메시지를 할례를 통해 확인시켜 주시는 것입니다. 하나님과 그 백성의 관계는 육신으로 말미암은 관계가 아님을 가장 분명하게 상징해 주는 것이 바로 할례입니다.

예수님이 니고데모에게 말씀하셨듯 물과 성령으로 거듭난 자만이 하나님의 자녀입니다. 하나님과 그 자녀는 육신으로 맺어진 관계가 아니다, 이것이 할례가 상징하는 바입니다. 할례를 받은 아브라함은 '더 이상 자녀를 낳을 수 없는 자'를 상징합니다. 그런 그가 이삭을 낳았습니다. 그러면 이삭은 있는 것일까요, 없는 것일까요? 이삭은 없는 자입니다. 이삭은 육신의 차원에서 아브라함의 사손이 아닌 것입니다. 여기서 우리는 하나님이 아브라함에게 "너는 네 독자를 나에게 바쳐라"라고 하신 명령을 이해할 수 있습니다.

이 명령에 담긴 일차적 의미는 이삭은 네가 만든 자식이 아니다, 이삭은 네가 낳지 않았다, 그러니 이삭은 없는 자다, 라는 것입니다. 이를 아브라함으로 깨닫게 하려고 일찍이 할례를 명하신 것입니다. 이처럼 할례가 지닌 상징이 이삭을 바친 사건에서 분명히 드러납니다.

이삭은 아브라함이 낳지 않았습니다. 이삭은 하나님이 주신 자입니다. 하나님이 주신 자를 하나님이 달라고 하시는데, 드리지 못할 이유가 있겠습니까? 아브라함이 자기 힘으로 이삭을 얻었다면 하나님이 이삭을 요구하셨을 때 불평과 원망이 있었을 것입니다. 하지만 이삭은 아브라함이 낳지 않았음을 할례가 분명히 말해 주고 있습니다. 이삭을 낳은 것은 아브라함이 아닙니다. 그리고 이삭도 할례를 받습니다. 이삭도 후손을 낳을 수 없는 자가 된 것입니다. 이삭은 원래 없는 자여서 자기 힘으로 자식을 낳을 수 없는 존재입니다. 이처럼 이삭은 부모가 낳지 않은 존재, 인간의 힘으로는 얻을 수 없는 존재, 원래 없는 존재를 상징합니다.

우리는 다 죽은 자, 죄인입니다. 그런데 우리가 살아 있습니다. 성경이 말씀하는 대로 거듭났기 때문입니다. 우리는 육적 존재, 곧 육신의 후손이 아닙니다. 할례 사건을 통하여 아브라함도 이삭도 육신의 차원으로는 이해될 수 없는 존재라는 것을 알게 됩니다. 이삭이 아브라함의 후손인 것은 육적 차원이 아닌 영적 차원의 후손이라는 말입니다. 그는 하나님 안에서 태어난 자입니다.

할례를 통하여 드러난 사실은 무엇입니까? 육신의 차원에서는 아브라함도 이삭도 더 존재할 가치가 없는 자, 존재 자체가 아예 없는 자라는 사실입니다. 이런 차원에서 보면 하나님이 아브라함에게 이삭을 바치라고 한 의미를 비로소 이해할 수 있습니다. 이삭을 바치라고 하신 명령에는 아들 이삭이든 아브라함 자신이든 하나님이 아니고서는 있을 수 없는 존재라는 사실이 전제되어 있는 것입니다. 두 사람 다 살아 있을 수 없는 자들이었습니다. 성경이 이 사건을 얼마나 일관성 있게 이야기하는지 봅시다. 로마서 4장 17절입니다.

──── 기록된 바 내가 너를 많은 민족의 조상으로 세웠다 하심과 같으니 그가 믿은 바 하나님은 죽은 자를 살리시며 없는 것을 있는 것으로 부르시는 이시니라 아브라함이 바랄 수 없는 중에 바라고 믿었으니 이는 네 후손이 이같으리라 하신 말씀대로 많은 민족의 조상이 되게 하려 하심이라 그가 백 세나 되어 자기 몸이 죽은 것 같고 사라의 태가 죽은 것 같음을 알고도 믿음이 약하여지지 아니하고 (롬 4:17-19)

18절에 나온 '많은 민족의 조상이 되게 하려 하심이라'라는 말에는 참으로 깊은 의미가 담겨 있습니다. 또한 19절의 '그가 백 세나 되어 자기 몸이 죽은 것 같고 사라의 태가 죽은 것 같음을 알고도'라는 표현은 무서우리만치 정확한 설명입니다. 아브라함은 자기 몸이 죽은 것 같고 사라의 태가 죽은 것 같음을 알고도 믿음이 약하여지지 아니하였다고 성경은 전합니다. 아브라함은 하나님 없이는 죽은 자임을, 그리고 그의 자손은 육신으로 말미암아 이어지는 것이 아님을 그가 깨달았던 것입니다.

아브라함은 죽은 자입니다. 따라서 아브라함의 육체는 자식을 낳을 수 없습니다. 그러니 이삭은 없는 자입니다. 아브라함은 할례를 통하여 이 사실을 깨달았기에 아들 이삭을 바치러 갈 수 있었던 것입니다. 내 아들 이삭은 원래 없는 자다, 그는 죽음이 더 어울리는 존재다, 하는 점을 아브라함이 인정한 것입니다. 이는 비단 이삭에게만이 아니라 아브라함 자신에게도 해당하는 사실이었습니다. 이삭을 바치라는 하나님의 명령에 아브라함이 순종한 것은 이런 의미를 지닙니다. 이삭과 아브라함 자신은 없는 존재라는 사실에 대한 아브라함의 동의이자 항복인 것입니다. 누구든지 육체를 따라 난 자는 죽는 것이 마땅하다는 사실을 아브라함이 깨달은 것입니다. 그래서 이삭을 바치러 갈 수 있었던 것입니다.

모리아산에 드러난 십자가

하나님의 명령을 들은 아브라함은 이삭을 데리고 모리아 산으로 가서 그를 제물로 드리려고 합니다. 그다음은 어떻게 됩니까? 하하나님은 아브라함에게 "아브라함아, 아브라함아, 이삭에게 손대지 말아라. 그 아이에게 아무 일도 하지 말아라. 네가 나를 경외하는 줄 이제야 알았다"라고 말씀하십니다. 이 말을 듣고 아브라함이 주위를 살펴보니 숫양이 수풀에 걸려 있는 것이 눈에 띕니다. 이삭을 대신하는 제물이 미리 준비되어 있었던 것입니다. 이 장면에서 우리는 구속(救贖)의 원리가 펼쳐진 그림을 바라보는 감격을 맛보게 됩니다. 우리는 어떻게 구원받았습니까? 우리가 잘나서 구원을 얻은 것이 아니라 하나님이 우리를 대신하는 대속 제물을 취하셔서 구원을 얻게 된 것입니다. 이것이 창세기 22장 사건에 담긴, 성경이 가장 말하고 싶어 하는 메시지입니다. 성경은 일관되게 이 대속(代贖)의 메시지를 강조합니다.

이 대속의 메시지가 '이삭을 바친 사건'에서는 이삭이 지닌 의미까지 더해져 훨씬 분명하게 드러납니다. 이삭은 아브라함이 낳은 자가 아닙니다. 자기 자식이지만 자기가 낳지 않았다는 것을 아브라함은 압니다. 이제 이삭이라는 존재를 통해 성경이 말하는 '자손'이 무엇인지 이해해 볼 수 있을 것입니다. 성경은 자손에 대한 이야기를 곳곳에서 하는데, 특히 아브라함에게 하신 약속에 많이 등장합니다. 먼저 창세기 12장 7절을 보겠습니다. "여호와께서 아브람에게 나타나 이르시되 내가 이 땅을 네 자손에게 주리라 하신지라 자기에게 나타나신 여호와께 그가 그 곳에서 제단을 쌓고." 하나님이 가나안 땅을 주겠다고 약속하시는 장면입니다. 앞서 살펴보았듯, 갈라디아서 3장 16절은 약속이 미치는 대상이 '네 자손들'이 아닌 '네 자손'으로 되어 있다는 점을 강조하고 있습니다. 복수가 아닌 단수로 되어 있다는 점을 주목하는 것입니다.

한편, 창세기 12장 7절을 보면 '내가 이 땅을 네 자손에게 주리라'라는 말씀이 나오는데, 하나님이 그 땅을 '네 자손에게 주리라'라고 하시고 아브라함은 언급하지 않으십니다. 하나님은 아브라함더러 그의 고향과 친척과 아버지의 집을 떠나 가나안으로 가라고 명령하시고서도 그에게는 이 땅을 주지 않으시려는 것 같습니다. 하지만 다른 구절에서는 아브라함도 언급되어 있습니다. 13장 15절을 봅시다. "보이는 땅을 내가 너와 네 자손에게 주리니 영원히 이르리라." 여기서는 '너와 네 자손'이라고 되어 있습니다. 계속해서 17장 8절을 봅시다. "내가 너와 네 후손에게 네가 거류하는 이 땅 곧 가나안 온 땅을 주어 영원한 기업이 되게 하고 나는 그들의 하나님이 되리라." 여기서도 '너와 네 후손'이라고 되어 있습니다.

정리해 보면, 12장 7절에서만 '네 자손'이라고 되어 있고, 13장 15절과 17장 8절에는 '너와 네 자손'이라고 나와 있습니다. 그런데 여기 나오는 '네 자손'은 언제나 단수입니다. 갈라디아서 3장 16절이 이 점을 분명히 하고 있고, 또 이 '자손'은 예수 그리스도라고 밝힙니다. 이 점을 염두에 두면 아브라함에게도 이 땅이 주어지는 것인지, 또 주어진다면 어떻게 주어지는 것인지 알 수 있습니다. 창세기 15장 12절로 가 봅시다.

———— 해 질 때에 아브람에게 깊은 잠이 임하고 큰 흑암과 두려움이 그에게 임하였더니 여호와께서 아브람에게 이르시되 너는 반드시 알라 네 자손이 이방에서 객이 되어 그들을 섬기겠고 그들은 사백 년 동안 네 자손을 괴롭히리니 그들이 섬기는 나라를 내가 징벌할지며 그 후에 네 자손이 큰 재물을 이끌고 나오리라 너는 장수하다가 평안히 조상에게로 돌아가 장사될 것이요 네 자손은 사대 만에 이 땅으로 돌아오리니 이는 아모리 족속의 죄악이 아직 가득 차지 아니함이니라 하시더니 (창 15:12-16)

하나님은 이 땅이 아직 아브라함의 기업이 아니라고 하십니다. 사백 년이 지나고서야 아브라함의 후손들이 이 땅으로 돌아오게 될 것이고 그때에야 가나안 땅이 그들의 기업이 되리라고 말씀하십니다. 좀 더 살펴봅시다. 사도행전 7장 2절입니다.

———— 스데반이 이르되 여러분 부형들이여 들으소서 우리 조상 아브라함이 하란에 있기 전 메소보다미아에 있을 때에 영광의 하나님이 그에게 보여 이르시되 네 고향과 친척을 떠

> 나 내가 네게 보일 땅으로 가라 하시니 아브라함이 갈대아 사람의 땅을 떠나 하란에 거하다가 그의 아버지가 죽으매 하나님이 그를 거기서 너희 지금 사는 이 땅으로 옮기셨느니라 그러나 여기서 발붙일 만한 땅도 유업으로 주지 아니하시고 다만 이 땅을 아직 자식도 없는 그와 그의 후손에게 소유로 주신다고 약속하셨으며 (행 7:2-5)

아브라함에게는 발붙일 만한 땅도 주시지 않았다고 합니다. 가나안 땅에 사는 동안 아브라함이 가진 땅은 무덤이 전부였습니다. 헷 족속에게서 막벨라 굴을 사서 아내 사라를 장사 지내고 후에 아브라함 자신도 거기에 묻혔습니다. 무덤 하나 말고는 가나안 땅에 그의 소유가 없었던 것입니다. 아브라함에게는 발붙일 만큼의 땅도 없었지만, 이제 하나님은 아브라함의 자손에게 땅을 주실 것입니다. 그런데 왜 사백 년 후, 곧 4대가 지나서야 가나안 땅이 아브라함 자손의 기업이 될 수 있다는 것일까요? 그것은 출애굽 사건이 먼저 있어야 했기 때문입니다.

출애굽은 구원을 상징하는 사건입니다. 그래서 출애굽 사건을 통과해야만 가나안이 이스라엘의 유업이 될 수 있는 것입니다. 십자가 없이 가나안 땅에 들어갈 수는 없습니다. 가나안은 천국을 상징하고 또한 구원받은 자의 기업을 상징하기 때문입니다. 하나님이 아브라함을 가나안으로 부르셨지만, 아브라함도 예수 그리스도의 십자가를 통과하지 않고서는 가나안 땅을 기업으로 받을 수 없습니다. 이처럼 아브라함의 생애를 훑어보면 구원이 얼마나 일관성 있는 메시지로 소개되어 있는지 확인할 수 있습니다. 창세기 15장 2절부터 봅시다.

> 아브람이 이르되 주 여호와여 무엇을 내게 주시려 하나이까 나는 자식이 없사오니 나의 상속자는 이 다메섹 사람 엘리에셀이니이다 아브람이 또 이르되 주께서 내게 씨를 주지 아니하셨으니 내 집에서 길린 자가 내 상속자가 될 것이니이다 여호와의 말씀이 그에게 임하여 이르시되 그 사람이 네 상속자가 아니라 네 몸에서 날 자가 네 상속자가 되리라 하시고 그를 이끌고 밖으로 나가 이르시되 하늘을 우러러 뭇별을 셀 수 있나 보라 또 그에게 이르시되 네 자손이 이와 같으리라 아브람이 여호와를 믿으니 여호와께서 이를 그의 의로 여기시고 (창 15:2-6)

가장 중요한 구원의 사건이 여기 담겨 있습니다. 왜 하필 이 시점에 하나님이 아브라함을 의롭다고 여기셨을까요? 여기에 비로소 '씨' 곧 상속자가 거론되기 때문입니다. 갈라디아서 3장 16절에서 보듯, 이 '씨'는 예수 그리스도를 가리킵니다. 이를 통해 아브라함이 어떻게 구원을 얻을 수 있었는지 밝혀집니다. 아브라함은 하나님을 믿었기 때문에 구원을 얻은 것이 아니었습니다. 이 '씨'

곧 예수 그리스도로 말미암아 구원받은 것입니다.

하나님은 아브라함을 부르셨습니다. 하나님이 아브라함을 부르신 것은 그를 향한 당신의 목적이 있었기 때문입니다. 이것이 기독교가 말하는 '하나님의 예정'입니다. 하나님은 일단 어떤 일을 시작하시고 나서 이후 문제가 생기면 그때그때 수정하고 때우는 식으로 일하시지 않습니다. '예정'은 하나님이 목적과 계획을 갖고 일하신다고 말하는 교리입니다. 그렇다고 이 교리는 우리가 어떤 고정된 프로그램에 갇혀 조종되고 있다고 이야기하는 것은 아닙니다.

하나님에게는 아브라함을 부르신 목적이 있었습니다. 그 목적은 가나안 땅을 그에게 기업으로 주시는 것인데, 이는 신약 식으로 표현하면 구원입니다. 하나님은 당신을 모르고 살던 아브라함에게 간섭하셔서 갈대아 우르를 떠나게 하여 가나안 땅 곧 구원을 주려고 하셨습니다. 우리에게 익숙한 방식으로 표현하자면 신자가 되게, 의인이 되게, 하나님의 자녀가 되게 하려고 부르신 것입니다. 하나님에게는 그렇게 할 수 있는 능력과 해결책이 있기 때문에 이 일을 시작하신 것입니다. 즉 예수 그리스도가 있기 때문입니다. 하나님은 예수 그리스도로 말미암아 죄인을 의롭게 하실 것이기에 우리를 부르신 것입니다. 이 사실이 구약에서 이미 드러난 것입니다. "너는 죄인이다. 너는 스스로 죄를 씻을 수도 없고 내 앞에 의인으로 설 수도 없다. 그러나 내가 너를 불러

내 자녀로 삼겠다"라고 하신 것입니다.

하나님은 아브라함을 어떻게 부르실 수 있었을까요? 그를 구원할 방법이 있었기 때문입니다. 그 방법은 바로 예수 그리스도입니다. 창세기 15장 6절은 이렇게 말합니다. "아브람이 여호와를 믿으니 여호와께서 이를 그의 의로 여기시고." 이 구절은 아브라함이 하나님을 믿어 드렸더니 하나님이 아브라함에게 "너, 참 용하다" 하고 칭찬해 주셨다는 이야기가 아닙니다. 하나님이 죄인들을 불러 목적하신 일을 시작할 수 있는 것은 이유가 있습니다. 부르신 그들을 하나님의 자녀가 되게 하는 십자가라는 확실한 방법이 준비되어 있기 때문입니다.

목적하신 구원을 마침내 이루시고야 마는 하나님의 열심이 아브라함의 생애에 펼쳐져 있습니다. 이런 열심이 창세기 15장의 칭의 사건과 17장의 할례 사건, 그리고 22장의 이삭을 바치는 사건에 드러나 있습니다. 이삭을 바치라는 명령에 담긴 이 의미를 아브라함이 깨달았습니다. 그는 이 사건이 예수 그리스도의 십자가에 근거한다는 점을 지금 우리만큼 구체적이고 명백하게 알지는 못했겠지만 이제 깨달은 것입니다.

하나님의 자녀가 되는 방법은 육신의 자손을 이어 가는 방법과 같지 않습니다. 신령한 방법, 곧 신약 식으로 하면 물과 성령으로 거듭나야만 하나님의 자녀가 될 수 있습니다. 구원은 하나님만이 이루실 수 있는 것입니다. 아브라함이 깨달은 것은 백 세에 낳았건, 가장 아끼는 아들이건 간에 인간은 누구든 하나님 앞에 죽어 마땅하다는 사실입니다. 그러나 이것으로 끝이 아니라는 것도 그는 알고 있습니다. 그리하여 아브라함은 군말 없이 이삭을 데리고 모리아산을 향하여 갔던 것입니다.

아브라함은 "내가 이 땅에 초대받은 것은 그리고 이 땅이 우리의 영원한 기업이 될 수 있는 것은 예수 그리스도로 말미암은 것이다"라는 사실을 깨닫습니다. 예수 그리스도와 십자가에 대해서 지금 우리만큼 잘 알지는 못했겠지만, 아브라함은 이 대속의 원리를 알고 있었던 것입니다. 예수님이 "너희 조상 아브라함은 나의 때 볼 것을 즐거워하다가 보고 기뻐하였느니라"(요 8:56)라고 말씀하신 것을 보면 아브라함이 이미 이 자리까지 인도받았음을 알 수 있습니다.

전쟁이 기다리고 있는 신자의 삶

하나님이 아브라함에게 약속하신 가나안이 지닌 의미는 무엇일까요? 가나안이 상징하는 것은 여러 가지입니다. 가나안은 천국을 상징하기도 하지만 예수 믿는 자가 그리스도 안에서 사는 삶을 상징하기도 합니다. 이 점을 이해하는 것은 이삭을 바친 사건을 이해하는 중요한 열쇠가 됩니다. 여호수아 5장 13절입니다.

─── 여호수아가 여리고에 가까이 이르렀을 때에 눈을 들어 본즉 한 사람이 칼을 빼어 손에 들고 마주 서 있는지라 여호수아가 나아가서 그에게 묻되 너는 우리를 위하느냐 우리의 적들을 위하느냐 하니 그가 이르되 아니라 나는 여호와의 군대 대장으로 지금 왔느니라 하는지라 여호수아가 얼굴을 땅에 대고 엎드려 절하고 그에게 이르되 내 주여 종에게 무슨 말씀을 하려 하시나이까 여호와의 군대 대장이 여호수아에게 이르되 네 발에서 신을 벗으라 네가 선 곳은 거룩하니라 하니 여호수아가 그대로 행하니라 (수 5:13-15)

'네가 선 곳은 거룩하니라.' 저는 이 구절이 가나안에 대한 묘사 중 가장 아름다운 묘사라고 생각합니다. 가나안에 대해 생각할 때 기억해야 할 중요한 사실은 바로 이것입니다. 성경에서 가나안은 '젖과 꿀이 흐르는 땅'이라고 소개되지만, 이스라엘 백성이 가나안에 들어가서 맛본 것은 평화가 아니라 전쟁이었습니다. 들어가자마자 전쟁을 해야 했습니다. 여리고 성을 무너뜨려야 했고, 아이 성 전투가 기다리고 있었습니다. 여호수아는 출애굽 한 이스라엘 백성과 함께 평생 싸워야 했던 것입니다.

예수를 믿고 나면 즉시 천사 같은 존재가 되어 바로 천국 같은 삶이 펼쳐질 것이라 기대했습니까? 우리가 하나님의 사람으로 살고자 할 때 맨 처음 만나게 되는 것은 여리고 성을 무너뜨리고 아이 성을 정복해야 하는 전쟁 같은 삶입니다. 젖과 꿀이 흐르는 가나안인데도 전쟁이 기다리고 있습니다. 바로 육신과의 전쟁입니다. 그 땅을 점거하며 살고 있는 육신을 몰아내는 싸움을 해야 합니다. 구습을 좇는 옛사람을 벗어 버리는 전쟁이 필요한 것입니다. 가나안에 들어가면 이 전쟁을 해야 합니다. 이 전쟁을 성령님이 지휘하십니다.

다시 여호수아 본문으로 가 봅시다. 여호수아가 여리고에 가까이 이르렀을 때에 어떤 사람이 칼을 빼 들고 여호수아 앞에 서 있습니다. 여호수아가 그의 정체를 묻자 이렇게 답합니다. "나는 여호와의 군대 대장으로 지금 여기에 왔느니라." 지금 여기는 가나안 땅을 가리키며, 자기는 이 땅에서 전쟁할 군대 대장으로 왔다는 것입니다. 가나안 땅인데 전쟁이 전제되어 있는 것입니다. 이런 전쟁은 애굽이나 광야에서는 일어나지 않았던 전쟁입니다.

하나님이 모세를 불러내어 하신 명령은 "너는 내 백성을 애굽에서 꺼내어 젖과 꿀이 흐르는 땅 가나안으로 들어가게 하라"라는 것입니다. 이것이 출애굽 사건에 담긴 하나님의 계획입니다. 애굽에서 빠져나온 일만을 출애굽 사건의 전부라고 생각하면 출애굽에 대해 아직 절반밖에 모르는 것입니다. 가나안까지 들어가야 출애굽이 완성됩니다.

그런데 가나안에 들어갔다고 해서 곧바로 젖과 꿀을 맛볼 것이라고 생각하지 마십시오. 물론 하나님은 우리의 주인이자 보호

자이십니다. 하지만 우리가 가나안에서 해야 하는 것은 전쟁입니다. 공중의 권세 잡은 자와 싸워야 하는 영적 전투, 곧 성전(聖戰)이 우리를 기다리고 있습니다. 신자들이 종종 오해하는 대목입니다. 창세기 22장은 아브라함이 바로 이런 싸움을 해야 했음을 보여 줍니다. 아브라함은 이삭을 낳아 영적 자손을 얻었음에도 그를 기다리고 있던 것은 평탄한 삶이 아니라 아들 이삭을 바쳐야 했던 전쟁 같은 갈등이었던 것입니다.

마침내 우리가 다다를 자리

이삭을 바친 사건이 주는 또 하나의 메시지가 있습니다. 여기까지 오는 동안 아브라함 편에서는 미리 준비한 것이 아무것도 없었다는 사실입니다. 언제나 하나님이 먼저, 그리고 전부 행하셨습니다. 그저 아브라함은 하나님이 베푸시는 기적과 가르침과 인도를 받아 여기까지 이르렀을 뿐입니다. 참으로 은혜롭기 그지없습니다.

"아브라함은 백 세에 얻은 독자 이삭을 바쳤다. 그는 얼마나 큰 믿음을 가졌는가?" 하는 식의 설교를 들어 본 적 있을 것입니다. 아브라함의 훌륭한 믿음을 칭송하는 설교를 들을 때마다 우리는 기가 죽고 낙심합니다. 하지만 이 사건의 핵심은 '하나님이 아브라함에게 이삭을 바치라고 명령하셨을 때 아브라함은 불평하거나 지체하지 않았다'라는 데에 있지 않습니다. 이보다 훨씬 더 중요한 것은 아브라함이 이 자리까지 이르도록 참으시며 인도하신 하나님의 열심 있는 손길입니다.

만일 성경이 아브라함은 처음부터 대단한 믿음의 사람이어서 이후에는 독자 이삭을 기꺼이 바쳤다고 이야기하는 것이라면, 그의 생애는 우리에게 어떤 의미를 줄 수 있을까요? 이제 겨우 초등학교에 다니는 아이 앞에 아인슈타인을 데려다 놓고 수학 경시대회를 여는 꼴이 됩니다. 초등학생이 질 것은 너무 뻔한데, "아인슈타인은 역시 뛰어나다. 그런데 저 초등학생은 한 문제도 풀지 못했다"라고 한다면 공정한 평가일까요?

신앙은 우리 자신이 스스로 만들어 낼 수 있는 것이 아니라서 다른 사람과 비교할 수 없습니다. 우리 스스로 자라는 것이 아니라 하나님의 인도를 받아야 성장합니다. 초등학생을 아인슈타인과 단순 비교할 수는 없는 법입니다. 아인슈타인은 도달한 지점이고 초등학생은 이제 막 출발선에 선 사람이니 말입니다. 혹 이 학생이 장차 아인슈타인보다 더 뛰어난 사람이 될지는 아무도 모릅니다.

우리가 어느 수준에 있는지 깨달아야 하지만, 한편 우리는 나날이 자라고 있다는 사실도 잊지 마십시오. 우리는 여전히 하나님의 일하심으로 성장해 가는 자녀입니다. 하나님이 일하고 계시니 우리는 그저 앉아 놀고먹으면 될까요? 그렇게 퍼져 앉아 있으면 얻어터지는 일밖에 없습니다. 그러면 월반(越班)하는 것이 잘하는 것일까요? 차근차근 크는 것보다 강한 것은 없습니다. 단계를 훌쩍 뛰어넘는 탁월함이 모두에게 요구되는 항목은 아닙니다.

하나님은 결국 우리를 아브라함이 보인 믿음의 경지까지 이끌어 가실 것입니다. 지금 우리 수준에서는 십일조 내는 것도 아까워서 벌벌 떨지만 하나님은 마침내 우리를 아브라함이 이삭을 드리는 자리까지 이끄실 것입니다. 이런 하나님의 일하심을 아브라함의 생애가 잘 보여 주고 있습니다.

신앙생활을 두려움 속에서 하지 마십시오. 하나님은 우리를 항복시켜 결국 우리가 하나님에게 기꺼이 마음을 드리는 자리에 이르도록 이끄실 것입니다. 성경이 이 사실을 가르치면서도 우리에게 절실한 이 질문, 곧 하나님이 우리를 어떻게 항복시키느냐 하는 물음에는 구체적인 해답을 주지 않습니다. 하지만 이 사실 하나만큼은 분명히 말합니다. 우리와 별반 다를 바 없던 그 아브라함이 이삭을 바친 아브라함이 되었다는 사실입니다.

우리와 조금도 다르지 않던 아브라함이 아들을 바치라고 하신 하나님의 명령에 기꺼이 내놓을 수 있는 자리에 이르렀다는 사실을 보며 우리는 '하나님은 그토록 대단하신 분이로구나' 하고 깨닫게 됩니다. 하나님의 열심이 이루어 낸 일입니다. 아브라함의 생애에서 배워야 할 점은 바로 이것입니다.

하나님은 우리에게 강요만 하시는 분이 아닙니다. 우리를 만족시키시는 분입니다. 우리가 하나님만으로 충분히 만족하여 하나님에게 더 드릴 것이 없어 안타까운 마음이 들 경지에까지 우리를 끌고 가실 수 있는 분입니다. 하나님은 우리에게 헌신을 강요하여 원망을 야기하면서 일하시지 않습니다. 오히려 우리 마음을 기쁨과 감사로 넘치게 하실 것입니다.

하나님은 우리에게 뭘 좀 달라고 구걸하거나 요구하시는 분이 아닙니다. 그렇게 오해하지 마십시오. 하나님의 높으심과 깊으심과 영광스러우심에 대해 그리고 하나님의 사랑과 하나님의 하나님 되심에 대해 마음대로 판단하지 마십시오.

하나님이 우리에게 믿음의 여정을 시작하게 하셨습니다. 지금 막 갈대아 우르를 떠나셨습니까? 아니면 잠시 하란에서 머뭇거리고 있습니까? 걱정하지 마십시오. 좀 더 나아가게 될 것입니다. 그리하여 마침내 22장까지 이르게 될 것입니다. 이것은 너무도 확실합니다. 그렇다고 승승장구하는 일만 기다리고 있지는 않을 것입니다. 때로는 꾸지람을 들을 때도 있을 것입니다. 아브라함의 생애가 이를 잘 말해 줍니다.

우리는 혈통에서나 육정에서나 사람의 뜻으로 나지 않고 하나님으로 말미암은 자들입니다. 하나님의 능력과 신비로 말미암아 영으로 거듭난 자인 것입니다. 우리 선조도 우리 후손도 모두 영으로 난 자들입니다. 우리에게는 동일한 아버지가 계시니 그분은 곧 하나님입니다. 모두가 그를 아버지라고 부릅니다. 아브라함처럼 우리가 이 자리에 있는 것은 하나님의 인도하심 때문입니다. 이 큰 복과 감격의 서막 앞에 우리가 서 있습니다. 하나님의 열심과 성의로 이르게 된 이 영광스러운 자리를 기억하여 복된 신자의 삶을 놓치지 맙시다.

+ 아브라함 +

이삭은 없어도 되는 자라는 것을 아브라함이 알게 됩니다. 아브라함에게 자식이 없어도 하나님은 그의 후손을 하늘의 별만큼 만드실 수 있습니다. 그렇다면 이삭이라는 존재는 무슨 의미가 있을까요. 이삭은 하나님의 일하심이 다만 관념적이거나 추상적이지 않다는 점을 보여 줍니다. 누가 없으면 안 되는 일이란 하나님에게는 없습니다. 그럼에도 하나님이 누군가를 들어 일하셨다면, 당신의 일하심을 구체적 존재를 통해 보이시기 위해서입니다. 하나님의 일하심이 이삭이라는 구체적 존재로 증언되어 있는 것입니다.

**ABRAHAM/
JACOB/
JOSEPH/
MOSES/
JOB/
DAVID/
ELIJAH/
PETER/
PAUL**

야곱

형의 장자의 명분을
내게 팔라

06

27 그 아이들이 장성하매 에서는 익숙한 사냥꾼이었으므로 들사람이 되고 야곱은 조용한 사람이었으므로 장막에 거주하니 28 이삭은 에서가 사냥한 고기를 좋아하므로 그를 사랑하고 리브가는 야곱을 사랑하였더라 29 야곱이 죽을 쑤었더니 에서가 들에서 돌아와서 심히 피곤하여 30 야곱에게 이르되 내가 피곤하니 그 붉은 것을 내가 먹게 하라 한지라 그러므로 에서의 별명은 에돔이더라 31 야곱이 이르되 형의 장자의 명분을 오늘 내게 팔라 32 에서가 이르되 내가 죽게 되었으니 이 장자의 명분이 내게 무엇이 유익하리요 33 야곱이 이르되 오늘 내게 맹세하라 에서가 맹세하고 장자의 명분을 야곱에게 판지라 34 야곱이 떡과 팥죽을 에서에게 주매 에서가 먹으며 마시고 일어나 갔으니 에서가 장자의 명분을 가볍게 여김이었더라 (창 25:27-34)

❖❖❖ 이번 장에서부터는 야곱의 생애를 살펴보려고 합니다. 지금까지 총 다섯 장에 걸쳐 아브라함에 대해 살펴보았습니다. 아브라함이 남달라서가 아니라 그의 생애를 보면 믿음과 구원에 대해 잘 이해할 수 있기에 비교적 상세히 다뤘습니다. 야곱의 경우도 마찬가지입니다. 성경이 야곱의 생애를 주목하는 것은 그가 특별한 사람이어서가 아니라 하나님이 말씀하고자 하는 중요한 메시지가 야곱을 통해 잘 드러나기 때문입니다.

성경에 나온 인물 중 가장 좋아하는 인물을 말해 보라고 하면 많은 사람이 요셉을 꼽는다고 합니다. 그 밖에 모세, 다니엘, 엘리야, 다윗도 많이 손꼽히는 인물입니다. 좋아하는 인물도 사람마다 제각각입니다. 그런데 성경에서 가장 마음에 안 드는 인물을 고르라고 하면, 상당히 많은 사람이 야곱을 꼽습니다. 좋아하는 인물은 각기 달라도 야곱을 싫어하는 점에서는 대개 일치합니다. 사람들은 야곱을 그리 좋아하지 않는 것 같습니다. 심지어 야곱을 보며 이런 생각을 합니다. '하나님은 참 이상하시다. 왜 하필 야곱 같은 사람을 택하셨을까?'

그러나 저는 야곱이 있어 참 좋습니다. 그가 있어서 얼마나 큰 위로가 되는지 모릅니다. 야곱의 행동을 보면 야곱보다는 그나마 우리가 나은 것 같은 생각이 듭니다. 아브라함, 모세, 요셉, 다니엘 앞에 서면 괜히 주눅이 들지만, 야곱 앞에 서면 한번 겨뤄 보고 싶은 마음까지 듭니다. 그런데 사람들이 갖고 있는 야곱에 대한 편견과 달리 야곱의 인생 여정에는 은혜롭기 그지없는 메시지가 담겨 있습니다.

택하심을 따라 되는 하나님의 뜻이

본문 말씀 앞에는 이런 사건이 기록되어 있습니다.

> 이삭이 그의 아내가 임신하지 못하므로 그를 위하여 여호와께 간구하매 여호와께서 그의 간구를 들으셨으므로 그의 아내 리브가가 임신하였더니 그 아들들이 그의 태 속에서 서로 싸우는지라 그가 이르되 이럴 경우에는 내가 어찌할꼬 하고 가서 여호와께 묻자온대 여호와께서 그에게 이르시되 두 국민이 네 태중에 있구나 두 민족이 네 복중에서부터 나누이리라 이 족속이 저 족속보다 강하겠고 큰 자가 어린 자를 섬기리라 하셨더라 그 해산 기한이 찬즉 태에 쌍둥이가 있었는데 먼저 나온 자는 붉고 전신이 털옷 같아서 이름을 에서라 하였고 후에 나온 아우는 손으로 에서의 발꿈치를 잡았으므로 그 이름을 야곱이라 하였으며 리브가가 그들을 낳을 때에 이삭이 육십 세였더라 (창 25:21-26)

이 출생 기사는 중요하므로 이후에 나오는 사건들은 이 내용을 염두에 두고 이해해야 합니다. 우리가 야곱의 생애를 살펴볼 때 가장 납득이 안 되는 부분은 그가 형을 속여 장자의 명분을 빼앗았다는 점일 것입니다. 음식을 미끼로 장자의 명분을 빼앗다니 비겁하고 남자답지 못하다는 생각이 듭니다. 하지만 야곱은 본래 그런 사람일 수밖에 없다고 그 이름이 가르쳐 주고 있습니다. '야곱'이라는 이름은 '발뒤꿈치를 잡다'라는 뜻으로, 의역하면 '약탈자'라는 뜻을 담고 있습니다. 강도요, 도둑인 것입니다.

그러면 속여 빼앗는 사람인 야곱은 그 많은 것 가운데 왜 굳이 자기 형 에서가 가진 장자의 명분을 뺏으려고 했을까요? 우리는 약탈자인 야곱을 비난하다가 이렇게 약삭빠른 야곱을 도대체 하나님은 왜 택하셨을까 의아하게 여기고 맙니다. 이번 장에서는 바로 이 문제를 살펴보려고 하는데, 그동안 우리가 참 얼마나 엉성하게 믿고 살았는지 깨닫게 될 것입니다.

야곱과 에서의 이야기에서 가장 이해가 안 가는 대목은 왜 하나님이 장자인 에서가 아니라 야곱을 택하셨을까 하는 점입니다. 이런 의문은 '택하심'이라는 말을 우리의 기준으로 이해하는 데서 비롯합니다. '하나님이 택하셨다'라는 말은 '인간이 가진 조건은 하나님에게 선택의 기준이나 고려의 대상이 될 수 없다'라는 말입니다. 하나님이 정해 놓으신 커트라인을 우리가 통과해서가 아니라 하나님이 우리를 강권하셔서 우리가 구원받았다, 라는 뜻이 '택하심'이라는 말 속에 들어 있습니다. 이를 교리에서는 '예정' 또는 '선택'이라는 말로 표현합니다. 하나님이 택하실 때 선택받는 사람의 능력이나 조건은 고려 대상이 아닌 것입니다. 그런데도 우리는 자꾸 오해합니다. '에이, 아무리 그래도 그렇지. 택할 만하니까 선택받았겠지'라는 편견이 있는 것입니다.

예전에 〈우리들의 세계〉라는 TV 프로가 있었습니다. 전국의 고등학교를 돌며 학교마다 특색 있는 자랑거리나 개그나 토론을 통해 청소년들의 발랄하면서도 진지한 생각을 엿보는 프로그램이었습니다. 아마 '경복고등학교 편'이었던 것으로 기억하는데, 거기서 재미있는 장면을 하나 보았습니다. 당시에는 경복고를 비롯해 일류 고등학교로 꼽히는 학교가 몇 개 있었고, 그 학교에 다니는 것을 대단한 명예로 여겼습니다. 그런 분위기였다가 이 프로를 할 즈음에는 '고교평준화정책'이 시행되었습니다. 그러니 그때 TV프로에 나온 학생들은 시험이 아니라 추첨으로 경복고등학교에 들어간 학생들인 것입니다. 거기에 한 학생이 나와 이런 이야기를 했습니다. 어느 날 자기 집에 학부모 모임이 있었는데, 자기 어머니가 이렇게 이야기하시더라는 겁니다. "역시 실력은 어쩔 수 없나 봐요. 추첨을 해도 우리 아들은 경복고가 나와요." 재미있는 말입니다. 뽑기로 들어갔는데 왜 실력을 운운할까요? 추첨제로 바뀌었는데도 일류 학교라는 개념이 아직 남아 있어서 그렇습니다. 추첨이 뭔지 모르는 것입니다.

우리도 마찬가지입니다. '하나님의 택하심'에 대해 들을 때 이런 반응을 보입니다. 하나님이 전적인 당신의 권한으로 택하셔서 하나님의 자녀로 불렀는데도 택함을 입은 사람에게 그럴 만한 자격이 있어서 하나님이 그를 택하셨을 것이라고 생각하는 것입니다. '도대체 하나님은 왜 저런 사람을 택했을까' 하며 의아스러워하는 것은 '선택'이 무엇인지 몰라서 그렇습니다. 선택을 시험 합격과 같은 것이라고 착각하기 때문입니다. 하지만 성경은 우리가 자격을 갖춘 것 하나 없이 하나님의 자녀가 되었다는 이야기를 하기 위해 '택하심'이라는 단어를 쓰고 있습니다. 로마서 9장입니다.

―――― 또한 아브라함의 씨가 다 그의 자녀가 아니라 오직 이삭으로부터 난 자라야 네 씨라 불리리라 하셨으니 곧 육신의 자녀가 하나님의 자녀가 아니오 오직 약속의 자녀가 씨로 여기심을 받느니라 약속의 말씀은 이것이니 명년 이 때에 내가 이르리니 사라에게 아들이 있으리라 하심이라 그뿐 아니라 또한 리브가가 우리 조상 이삭 한 사람으로 말미암아 임신하였는데 그 자식들이 아직 나지도 아니하고 무슨 선이나 악을 행하지 아니한 때에 택하심을 따라 되는 하나님의 뜻이 행위로 말미암지 않고 오직 부르시는 이로 말미암아 서게 하려 하사 리브가에게 이르시되 큰 자가 어린 자를 섬기리라 하셨

나니 기록된 바 내가 야곱은 사랑하고 에서는 미워하였다 하심과 같으니라 (롬 9:7-13)

성경이 얼마나 분명하게 말씀하고 있습니까. '택하심'은 인간의 행위나 그가 지닌 자격과 무관합니다. 야곱이 어떤 행위를 하기도 전에, 아니 야곱이 태어나기도 전에 하나님이 야곱을 택하신 것입니다. 그런데 우리는 자꾸 "왜 하나님은 야곱을 선택했을까"라고 묻습니다. 야곱이 저지른 얄미운 행동이 떠오르기 때문입니다.

성경이 야곱을 들어 말하고자 하는 핵심은 하나님이 야곱을 택하셨기 때문에 그의 인생을 놓아두지 않고 간섭해서 길렀다는 것입니다. 야곱이 에서보다 나은 자라서 하나님이 택했는가 하는 질문에 성경은 관심이 없습니다. 택함받은 자 야곱이 자기 인생을 홀로 책임지도록 하나님은 방관하시지 않습니다. 오히려 야곱을 통해 이루고자 하시는 하나님의 목적이 있기에 그 목적을 향한 하나님의 일하심이 그의 생애 전반에 걸쳐 펼쳐집니다. 이것이 '택하심'입니다. 그러니 야곱의 인생은 욕심을 따라 마음대로 살려는 그 자신에게 달려 있지 않고 그의 생애를 목적하시고 간섭하시는 하나님의 선한 계획에 달려 있습니다. 하나님은 당신의 목적에 따라 야곱을 인도하고자 하시지만 야곱은 계속 거부하여 불순종합니다. 하나님의 인도하심과 야곱의 불순종 사이에 일어

우리도 마찬가지입니다. '하나님의 택하심'에 대해 들을 때 이런 반응을 보입니다. 하나님이 전적인 당신의 권한으로 택하셔서 하나님의 자녀로 불렀는데도 택함을 입은 사람에게 그럴 만한 자격이 있어서 하나님이 그를 택하셨을 것이라고 생각하는 것입니다. '도대체 하나님은 왜 저런 사람을 택했을까' 하며 의아스러워하는 것은 '선택'이 무엇인지 몰라서 그렇습니다. 선택을 시험 합격과 같은 것이라고 착각하기 때문입니다. 하지만 성경은 우리가 자격을 갖춘 것 하나 없이 하나님의 자녀가 되었다는 이야기를 하기 위해 '택하심'이라는 단어를 쓰고 있습니다. 로마서 9장입니다.

────── 또한 아브라함의 씨가 다 그의 자녀가 아니라 오직 이삭으로부터 난 자라야 네 씨라 불리리라 하셨으니 곧 육신의 자녀가 하나님의 자녀가 아니요 오직 약속의 자녀가 씨로 여기심을 받느니라 약속의 말씀은 이것이니 명년 이 때에 내가 이르리니 사라에게 아들이 있으리라 하심이라 그뿐 아니라 또한 리브가가 우리 조상 이삭 한 사람으로 말미암아 임신하였는데 그 자식들이 아직 나지도 아니하고 무슨 선이나 악을 행하지 아니한 때에 택하심을 따라 되는 하나님의 뜻이 행위로 말미암지 않고 오직 부르시는 이로 말미암아 서게 하려 하사 리브가에게 이르시되 큰 자가 어린 자를 섬기리라 하셨

나니 기록된 바 내가 야곱은 사랑하고 에서는 미워하였다 하
심과 같으니라 (롬 9:7-13)

성경이 얼마나 분명하게 말씀하고 있습니까. '택하심'은 인간의 행위나 그가 지닌 자격과 무관합니다. 야곱이 어떤 행위를 하기도 전에, 아니 야곱이 태어나기도 전에 하나님이 야곱을 택하신 것입니다. 그런데 우리는 자꾸 "왜 하나님은 야곱을 선택했을까"라고 묻습니다. 야곱이 저지른 얄미운 행동이 떠오르기 때문입니다.

성경이 야곱을 들어 말하고자 하는 핵심은 하나님이 야곱을 택하셨기 때문에 그의 인생을 놓아두지 않고 간섭해서 길렀다는 것입니다. 야곱이 에서보다 나은 자라서 하나님이 택했는가 하는 질문에 성경은 관심이 없습니다. 택함받은 자 야곱이 자기 인생을 홀로 책임지도록 하나님은 방관하시지 않습니다. 오히려 야곱을 통해 이루고자 하시는 하나님의 목적이 있기에 그 목적을 향한 하나님의 일하심이 그의 생애 전반에 걸쳐 펼쳐집니다. 이것이 '택하심'입니다. 그러니 야곱의 인생은 욕심을 따라 마음대로 살려는 그 자신에게 달려 있지 않고 그의 생애를 목적하시고 간섭하시는 하나님의 선한 계획에 달려 있습니다. 하나님은 당신의 목적에 따라 야곱을 인도하고자 하시지만 야곱은 계속 거부하여 불순종합니다. 하나님의 인도하심과 야곱의 불순종 사이에 일어

나는 갈등이 야곱의 신앙 여정 내내 계속됩니다. 이것이 야곱의 인생입니다. 그러나 에서에게는 하나님의 간섭하심이 없습니다. 그는 택함받지 않았기 때문입니다.

우리는 택함받은 야곱이 하나님의 인도를 받아 걸어가는 신앙 여정은 보지 못한 채, '야곱은 흠이 많은 사람인데, 왜 하나님은 그를 택하셨는가'라는 의문에만 매달립니다. '택하심'이라는 말의 의미를 오해해서 그렇습니다. 하나님은 야곱이 리브가의 배 속에 있을 때, 아니 그 이전에 이미 그를 택하셨기 때문에 야곱은 하나님 앞에 돌아올 수밖에 없도록 운명이 결정된 자인 것입니다. 하지만 그렇다고 야곱이 로봇처럼 하나님에 의해 조종되는 존재라는 말은 아닙니다. 그는 자유의지를 지닌 한 인간으로 하나님 앞에 서 있습니다.

이삭은 야곱을 낳고

이처럼 하나님이 택하신 자, 야곱의 인생에서는 어떤 일이 벌어질까요? 맨 처음 일어난 일은 야곱이 형 에서가 가진 장자의 명분을 빼앗은 사건입니다. 야곱은 왜 장자의 명분을 빼앗으려고 했을까요? 유산을 많이 물려받기 위해서였을까요?

야곱이 장자의 명분을 빼앗으려고 한 이유를 이렇게 짐작해 볼 수 있습니다. 본문 말씀을 보면 야곱은 장자의 권리가 중요하다는 것을 잘 알고 있습니다. 야곱이 그렇게 생각하게 된 것은 어머니인 리브가가 이들을 잉태하였을 때에 하나님이 계시하신 내용을 그에게 들려주었기 때문이 아닐까 추정해 봅니다. 이것이 형에게 장자의 권리를 넘겨 달라는 배짱을 부릴 수 있는 근거가 되었을 것이라고 생각합니다. 당시 장자의 자리를 넘본다는 것은 감히 상상할 수 없는 일이기 때문입니다. 본문을 보면 야곱은 장자의 명분을 얻고야 말겠다고 결심한 듯 보입니다. '큰 자가 어린 자를 섬기리라'라고 하신 하나님의 말씀을 알게 된 야곱은 자신이 장자가 아님에도 하나님이 형이 아닌 자신을 택하셨다는 확신이 들었을 것이고 이 확신이 장자의 명분을 빼앗으려는 동기로 작용했을 것입니다.

한편 이런 의문도 듭니다. 하나님이 이 일을 허락하신 것이라면, 하나님이 작정하신 대로 큰 자가 어린 자를 섬기게 될 것이라면 야곱은 그저 잠자코 기다리기만 해도 될 텐데, 왜 속임수까지 써 가며 장자의 명분을 얻으려고 했을까 하는 의문입니다. 야곱은 하나님이 에서가 아닌 바로 자신을 택하셨다는 것을 어머니로부터 들어 알았으면서도 장자의 명분, 어찌 보면 허울에 불과할지도 모르는 것을 왜 기를 쓰고 얻으려고 했을까요? 이런 관점에서 보면, 본문 말씀의 초점은 야곱이 장자의 명분을 빼앗으려고 얼마나 비겁하게 굴고 있는가에 있지 않다는 생각이 듭니다.

오히려 왜 야곱은 장자의 명분을 얻으려고 했을까, 하는 관점에서 본문을 살펴보게 됩니다.

앞 장에서 구약과 신약을 영화의 영상과 자막에 비유하여 말씀드린 적이 있습니다. 이 둘은 메시지를 전하는 방식이 좀 다릅니다. 구약은 직접적 해설이 아니라 스토리로 메시지를 전합니다. 자막처럼 직접 알려 주기보다 상징이 담긴 사건으로 메시지를 전하는 것입니다. 이 둘의 차이를 염두에 두고 야곱이 장자가 된 사건을 보면 이렇습니다. 구약시대에 가문을 잇는 사람은 언제나 장자입니다. 다른 자식은 가문의 족보에 올라가지도 않습니다. 그런데 본문 말씀에는 야곱이 장자의 명분을 얻기 위해 비겁한 방법까지 동원하고, 평소 장자의 명분을 대수롭지 않게 여긴 에서가 이를 팔아넘긴 모습이 나옵니다. 이 사건을 마태복음은 예수 그리스도의 계보에서 이렇게 정리하고 있습니다. "아브라함이 이삭을 낳고 이삭은 야곱을 낳고 야곱은 유다와 그의 형제들을 낳고"(마 1:2). 통상적 계보라면 첫째 아들 에서의 이름이 올라가야 할 것입니다. 아들이 여럿 있어도 장자만 계보에 들어가기 때문입니다. 그런데 이 계보는 '이삭은 에서를 낳고'라고 하지 않고 '이사은 야곱을 낳고'라고 되어 있습니다. 야곱이 장자가 되었기 때문입니다.

내가 야곱을 사랑하였고 에서는 미워하였으며

이제 '예수 그리스도의 계보'라는 신약의 자막을 염두에 두고, 이 사건의 의미를 생각해 봅시다. 야곱이 장자의 명분을 얻으려고 한 행동에는 어떤 의미가 있을까요? 신약의 렌즈를 통해 본문의 사건을 바라보면, 장자의 명분을 얻으려고 한 야곱의 모습은 '나는 예수가 필요하다. 나는 예수의 족보에 들어가야겠다'라는 고백에서 비롯한 행동으로 보입니다. 이런 야곱의 태도는 에서의 태도와 대비됩니다. 본문을 보면, 허기진 채 들에서 돌아온 에서가 죽을 끓이고 있는 야곱을 보게 되는 장면이 나옵니다. 잔뜩 배고픈 에서가 죽을 달라고 하자 야곱은 먼저 장자의 명분을 자기에게 팔라고 요구합니다. 에서는 지금 배고파 죽을 지경인데 장자의 명분이 무슨 소용이냐고 합니다. 에서에게는 당장 눈앞에 먹고사는 문제가 중요할 뿐, 예수 그리스도는 중요하지 않다는 것을 구약은 이렇게 상징으로 보여 주는 것입니다. 이처럼 구약은 사건과 상징을 통해 메시지를 전달하면서 장자의 명분을 가볍게 여기는 에서의 태도에 영적 문제가 있음을 분명하게 짚고 넘어갑니다. "야곱이 떡과 팥죽을 에서에게 주매 에서가 먹으며 마시고 일어나 갔으나 에서가 장자의 명분을 가볍게 여김이었더라"(창 25:34). 가볍게 여겼다는 말은 망령되게 행동했다는 뜻입니다. 성경은 에서가 장자의 명분을 판 일이 자기 영혼을 망하게 한 일이었다고 해석하고 있습니다.

물론 야곱이 장자의 명분을 얻어 내려고 비겁한 수를 쓴 행동 자체는 성숙한 모습이 아닙니다. 야곱이 취한 이 방법은 꾸중을 들어야 마땅하지만, 그가 행동으로 보여 준 '나는 예수 그리스도가 필요하다'라는 고백만큼은 무엇과도 비교할 수 없는 귀한 고백입니다.

여기에서 섣불리 '에서와 달리 야곱은 이런 영적 갈망이 있었기 때문에 택함을 받았다'라고 결론지을 것은 아닙니다. 오히려 야곱은 이미 택함을 받은 자이기 때문에 장자의 명분을 갈망하도록, 즉 예수 그리스도를 갈망하도록 인도받았다고 하는 편이 옳을 것입니다. '나는 예수 그리스도가 필요하다'와 같은 고백은 구원으로 인도받았을 때 나올 수 있는 고백이기 때문입니다. 성경은 야곱이 이런 영적 초대를 받은 자이기 때문에 그토록 장자의 명분을 얻으려 했던 것이라고 말하고 있습니다.

앞서 언급했듯, 장자의 명분을 얻으려는 야곱의 분투는 아버지 이삭으로부터 물려받을 재산 때문이 아니었습니다. 단지 재산 때문이었다면 그는 장자의 명분을 지키는 일에 목숨까지 걸지는 않았을 것입니다. 야곱은 형 에서로부터 생명의 위협을 느낀 적이 여러 번 있었지만 그는 목숨을 걸고서라도 장자의 권리를 지켜냈습니다. 야곱의 이런 태도에서 그가 재산 때문에 장자의 권리를 탐한 것은 아니라는 점을 확인할 수 있습니다. 창세기

32장에 가면 '얍복 나루 사건'이 나오는데, 야곱은 자기 재산을 비롯한 생애 전체가 걸려 있는 심각한 상황에서도 결코 장자의 권리를 놓지 않습니다. 그는 어떤 경우에도 장자의 명분을 무르지 않았던 것입니다.

반면, 에서는 장자의 명분을 가볍게 여겼다고 성경은 말합니다. 이런 이유로 에서는 이후 저주의 상징이 됩니다. 성경에서 저주가 언급될 때면 에서의 이름이 거의 등장합니다. 에서의 별명은 에돔인데, 걸핏하면 에돔은 끌려 나와 욕을 먹습니다. 구약을 보면 이사야, 예레미야, 오바댜, 말라기 등 여러 선지자가 에돔을 욕하는 대목을 자주 만날 수 있습니다.

나중에 야곱은 얍복 나루에서 하나님의 사자와 씨름한 후에 '이스라엘'이라는 새로운 이름을 얻습니다. 그리고 이 '이스라엘'이라는 이름은 훗날 민족 전체를 가리키는 이름이 됩니다. 왜 한 개인의 이름이 민족 전체를 부르는 이름이 될까요? 이 백성을 대변할 인물로 야곱만큼 적절한 사람이 없기 때문입니다. 신자의 인생이 야곱 같고 이스라엘 백성 같습니다. 에서와 달리 야곱, 곧 이스라엘은 늘 얻어터지긴 해도 저주를 받지는 않습니다. 이스라엘은 하나님이 택하신 백성이기 때문입니다.

이스라엘 백성은 하루도 편할 날이 없었습니다. 꼭 야곱의 인생과 같습니다. 야곱에게는 칭찬 들을 만큼 괜찮은 날이 하루도 없었습니다. 왜 그랬을까요. 하나님이 주마가편(走馬加鞭)하여 기르시기 때문입니다. 도달해야 할 목적지가 있으면 달리는 말에게 계속 채찍질하는 법입니다. 88점을 받아 오면 90점을 못 맞았다고, 90점을 받아 오면 100점을 못 받았다고 야단합니다. 100점을 받아 오면 이번에는 누구나 받아 오는 100점인데 무얼 뽐내느냐면서 채찍질합니다. 이처럼 고달픈 것이 야곱의 인생이요 이스라엘 민족의 역사요 신자의 여정인 것입니다.

신자는 산봉우리 하나를 오르고 나면 더 높은 다음 산봉우리를 만납니다. 이스라엘 역사가 이와 같습니다. 블레셋의 침공을 받고 앗수르에 잡혀가고 바벨론에 끌려가며 계속 얻어터집니다. 그러나 이렇게 얻어맞는 경험을 통해 이스라엘은 성장합니다. 야곱이 고난을 통하여 성장하듯 말입니다.

이스라엘은 그들이 잘못할 때면 하나님에게 큰 꾸중과 징계를 받지만 그렇다고 결코 저주를 받지는 않습니다. 하나님은 이스라엘을 향하여 이렇게 말씀하십니다. "그때에는 내가 이스라엘을 돌이키리라. 그때에는 내가 이스라엘을 높이리라." 그런데 이스라엘로 어떻게 회개하게 하여 거룩하게 하실 것인지, 그들을 어떻게 높이실 것인지에 대해 하나님이 아무리 말해도 모자라다고 여길 때에는 이제 당신이 에돔을 얼마나 치실 것인지에 대해 이야기합니다. 이스라엘에게 얼마나 복을 내리실 것인지에 대해 미처 다 말하기 어려울 때, 이스라엘과 대조하여 에돔을 얼마나 치실 것인가로 말씀하는 것입니다. 이와 같이 이스라엘과 대조되는 운명을 지닌 존재로서 단골로 등장하는 대상이 에돔입니다. 이런 대비가 잘 담긴 문구가 말라기 1장 2절에 있습니다. '내가 야곱을 사랑하였고 에서는 미워하였으며.'

> ──── 여호와께서 이르시되 내가 너희를 사랑하였노라 하나 너희는 이르기를 주께서 어떻게 우리를 사랑하셨나이까 하는 도다 나 여호와가 말하노라 에서는 야곱의 형이 아니냐 그러나 내가 야곱을 사랑하였고 에서는 미워하였으며 그의 산들을 황폐하게 하였고 그의 산업을 광야의 이리들에게 넘겼느니라 에돔은 말하기를 우리가 무너뜨림을 당하였으나 황폐된 곳을 다시 쌓으리라 하거니와 나 만군의 여호와는 이르노라 그들은 쌓을지라도 나는 헐리라 사람들이 그들을 일컬어 악한 지역이라 할 것이요 여호와의 영원한 진노를 받은 백성이라 할 것이며 너희는 눈으로 보고 이르기를 여호와께서는 이스라엘 지역 밖에서도 크시다 하리라 (말 1:2-5)

하나님이 에돔의 산들을 황폐하게 하였고 그의 산업을 들짐승에게 넘겼다고 합니다. 그러자 에돔은 "우리가 무너뜨림을 당하였으나 황폐된 곳을 다시 쌓으리라"라고 대항합니다. 하나님을 향해 "헐려면 헐어 보십시오. 당신이 쓰러뜨린다 해도 우리가 다시 쌓을 것입니다"라고 반항하는 것입니다. 이렇게 반항하는 모습르시기 때문입니다. 도달해야 할 목적지가 있으면 달리는 말에게 계속 채찍질하는 법입니다. 88점을 받아 오면 90점을 못 맞았다고, 90점을 받아 오면 100점을 못 받았다고 야단합니다. 100점을 받아 오면 이번에는 누구나 받아 오는 100점인데 무얼 뽐내느냐면서 채찍질합니다. 이처럼 고달픈 것이 야곱의 인생이요 이스라엘 민족의 역사요 신자의 여정인 것입니다.

신자는 산봉우리 하나를 오르고 나면 더 높은 다음 산봉우리를 만납니다. 이스라엘 역사가 이와 같습니다. 블레셋의 침공을 받고 앗수르에 잡혀가고 바벨론에 끌려가며 계속 얻어터집니다. 그러나 이렇게 얻어맞는 경험을 통해 이스라엘은 성장합니다. 야곱이 고난을 통하여 성장하듯 말입니다.

이스라엘은 그들이 잘못할 때면 하나님에게 큰 꾸중과 징계를 받지만 그렇다고 결코 저주를 받지는 않습니다. 하나님은 이스라엘을 향하여 이렇게 말씀하십니다. "그때에는 내가 이스라엘을 돌이키리라. 그때에는 내가 이스라엘을 높이리라." 그런데 이스라엘로 어떻게 회개하게 하여 거룩하게 하실 것인지, 그들을 어떻게 높이실 것인지에 대해 하나님이 아무리 말해도 모자라다고 여길 때에는 이제 당신이 에돔을 얼마나 치실 것인지에 대해 이야기합니다. 이스라엘에게 얼마나 복을 내리실 것인지에 대해 미처 다 말하기 어려울 때, 이스라엘과 대조하여 에돔을 얼마나 치실 것인가로 말씀하는 것입니다. 이와 같이 이스라엘과 대조되는 운명을 지닌 존재로서 단골로 등장하는 대상이 에돔입니다. 이런 대비가 잘 담긴 문구가 말라기 1장 2절에 있습니다. '내가 야곱을 사랑하였고 에서는 미워하였으며.'

> ─── 여호와께서 이르시되 내가 너희를 사랑하였노라 하나 너희는 이르기를 주께서 어떻게 우리를 사랑하셨나이까 하는 도다 나 여호와가 말하노라 에서는 야곱의 형이 아니냐 그러나 내가 야곱을 사랑하였고 에서는 미워하였으며 그의 산들을 황폐하게 하였고 그의 산업을 광야의 이리들에게 넘겼느니라 에돔은 말하기를 우리가 무너뜨림을 당하였으나 황폐된 곳을 다시 쌓으리라 하거니와 나 만군의 여호와는 이르노라 그들은 쌓을지라도 나는 헐리라 사람들이 그들을 일컬어 악한 지역이라 할 것이요 여호와의 영원한 진노를 받은 백성이라 할 것이며 너희는 눈으로 보고 이르기를 여호와께서는 이스라엘 지역 밖에서도 크시다 하리라 (말 1:2-5)

하나님이 에돔의 산들을 황폐하게 하였고 그의 산업을 들짐승에게 넘겼다고 합니다. 그러자 에돔은 "우리가 무너뜨림을 당하였으나 황폐된 곳을 다시 쌓으리라"라고 대항합니다. 하나님을 향해 "헐려면 헐어 보십시오. 당신이 쓰러뜨린다 해도 우리가 다시 쌓을 것입니다"라고 반항하는 것입니다. 이렇게 반항하는 모습에서 에돔의 교만이 보입니다. 성경이 말하는 '교만'은 흔히 생각하듯 잘난 체하는 것을 가리키지 않습니다. 하나님 없이 자족할 수 있다고 생각하는 것이 교만입니다. "나에게는 예수 그리스도의 구속이 필요 없다. 나는 나 홀로 충분하다"라는 생각이 바로 교만인 것입니다.

하나님에 대한 에돔의 태도가 교만입니다. 하나님이 에돔더러 그들이 쌓은 것을 헐어 버리겠다고 해도 에돔은 완강히 버티고 있습니다. 이는 죽 한 그릇에 장자의 명분을 팔아넘겼던 에서에게서 이미 발견되었던 모습입니다. "지금 배고파 죽을 지경인데 장자의 명분이 무슨 소용이냐. 예수 그리스도가 나와 무슨 상관이냐. 하나님이고 뭐고 필요 없다"라며 장자의 명분을 대수롭지 않게 여겼던 에서의 모습이 바로 교만이 무엇인가를 보여 주고 있습니다. 하나님 없이도 충분하다는 생각이 장자의 명분을 가볍게 팔아넘기는 에서에게서, 무너뜨림을 당하여도 황폐된 곳을 다시 쌓겠다고 소리 높이는 에돔에게로 일관되게 이어지는 것입니다.

에돔을 향한 하나님의 저주가 오바댜서에 오면 좀 더 분명해집니다. 오바댜서는 한 장으로 되어 있는데, 한 장 전체가 에돔을 꾸짖는 내용입니다. 생각해 보면 좀 이상하기도 합니다. 택하시지도 않은 에돔을 하나님은 왜 자주 불러 꾸중하시는 것일까요? 앞서 언급했듯, 택함을 받지 않은 자 곧 버려진 자 에돔에 대한 진노를 통해 택한 자 이스라엘에 대한 사랑을 드러내시기 위해서입니다. 이스라엘과 에돔은 택함을 받은 자와 버려진 자, 곧 신자와 불신자를 각각 상징합니다. '나는 예수 그리스도가 필요하다'라는 갈망과 '나는 예수 그리스도가 없어도 된다'라는 교만을 이스라엘과 에돔이 전형적으로 드러내 주고 있습니다. 그래서 택하지도 않은 에돔을 자꾸 등장시킵니다. 저주의 상징인 에돔을 불러다가 꾸짖음으로써 택한 백성인 이스라엘에 대한 사랑이 얼마나 큰지 대조하여 보이시는 것입니다. 1절부터 봅시다.

―――― 오바댜의 묵시라 주 여호와께서 에돔에 대하여 이와 같이 말씀하시니라 우리가 여호와께로 말미암아 소식을 들었나니 곧 사자가 나라들 가운데에 보내심을 받고 이르기를 너희는 일어날지어다 우리가 일어나서 그와 싸우자 하는 것이니라 보라 내가 너를 나라들 가운데에 매우 작게 하였으므로 네가 크게 멸시를 받느니라 너의 마음의 교만이 너를 속였도다 바위 틈에 거주하며 높은 곳에 사는 자여 네가 마음에 이르기를 누가 능히 나를 땅에 끌어내리겠느냐 하니 네가 독수리처럼 높이 오르며 별 사이에 깃들일지라도 내가 거기에서 너를 끌어내리리라 여호와의 말씀이니라 혹시 도둑이 네게 이르렀으며 강도가 밤중에 네게 이르렀을지라도 만족할 만큼 훔치면 그치지 아니하였겠느냐 혹시 포도를 따는 자가 네게

이르렀을지라도 그것을 얼마쯤 남기지 아니하였겠느냐 네가 어찌 그리 망하였는고 에서가 어찌 그리 수탈되었으며 그 감춘 보물이 어찌 그리 빼앗겼는고 (옵 1:1-6)

하나님이 에돔을 얼마나 낮추시는지가 잘 드러나 있는 말씀입니다. 이를테면, 제아무리 강도라도 자기들이 만족할 만큼만 훔치고 얼마쯤은 남겨 놓는 법인데, 하나님이 에돔을 치실 때에는 아무것도 남기지 않고 모두 다 쓸어버리신다는 것입니다. 홍수가 나면 모든 것이 쓸려 가도 땅은 남아 있지만, 하나님이 치실 때는 땅마저 없애 버리십니다. 이것이 에돔을 향한 하나님의 저주입니다.

하나님이 이처럼 한 대상을 붙들고 저주하신 예는 드뭅니다. 하나님을 믿지 않고 예수 그리스도의 필요성을 거부하는 영적 교만에 빠진 자들을 향하여 하나님이 내리실 멸망과 진노가 에돔을 통해 오바댜서 내내 나타나 있습니다. 특히 17절 이하에 이러한 내용이 잘 드러나 있습니다.

─── 오직 시온 산에서 피할 자가 있으리니 그 산이 거룩할 것이요 야곱 족속은 자기 기업을 누릴 것이며 야곱 족속은 불이 될 것이며 요셉 족속은 불꽃이 될 것이요 에서 족속은 지푸라기가 될 것이라 그들이 그들 위에 붙어서 그들을 불사를

것인즉 에서 족속에 남은 자가 없으리니 여호와께서 말씀하셨음이라 (옵 1:17-18)

야곱의 후손은 불이 되고 에서의 후손은 지푸라기가 되어 불이 지푸라기를 다 살라 버릴 것이라고 합니다. 야곱의 길과 에서의 길이 갈리고 있습니다. 이 둘의 길이 얼마나 다른지 알아야 합니다. 둘은 같이 갈 수 없습니다. 둘은 갈라설 수밖에 없는 것입니다. 하나님이 야곱과 에서를 들어 우리에게 들려주시는 메시지가 바로 이것입니다. "야곱아, 내가 너를 택했다. 내가 택했기 때문에 너는 예수를 알고 예수로 말미암아 거듭나 내 자녀로 성장하여 완성될 것이다. 내가 택하지 않은 에서는 자기 자신을 의지하여 살면서 자신이 전부인 줄로 아는 미련한 자리에 머무를 것이다. 이것이 에서가 받는 저주이다."

일한 것 없이 하나님께 의로 여기심을 받는

그런데 야곱처럼 택함받은 우리는 하나님의 자녀라는 특권을 누리며 살기보다 그렇지 않을 때가 더 많은 것 같습니다. 이런 자신의 모습 때문에 하나님의 사랑에 대해서도 자주 의심합니다. 신자를 넘어지게 하는 가장 큰 유혹이 바로 이런 생각입니다. 신앙생활을 잘하다가도 한두 번 무너지면 이런 생각이 듭니다. '내가 이런데도 하나님이 계속 나를 사랑해 주실까. 내가 봐도 이렇게 한심한데 과연 하나님이 나를 끝까지 인도해 주실까' 하는 의심 말입니다. 이런 의심을 불식해 줄 말씀이 시편 32편에 나옵니다. "허물의 사함을 받고 자신의 죄가 가려진 자는 복이 있도다 마음에 간사함이 없고 여호와께 정죄를 당하지 아니하는 자는 복이 있도다"(시 32:1-2). 이 말씀을 깊이 새겨 두어야 합니다. 로마서 4장에서는 사도 바울이 이 말씀을 인용하여 그 뜻을 풀어 주고 있습니다.

> 일하는 자에게는 그 삯이 은혜로 여겨지지 아니하고 보수로 여겨지거니와 일을 아니할지라도 경건하지 아니한 자를 의롭다 하시는 이를 믿는 자에게는 그의 믿음을 의로 여기시나니 일한 것이 없이 하나님께 의로 여기심을 받는 사람의 복에 대하여 다윗이 말한 바 불법이 사함을 받고 죄가 가리어짐을 받는 사람들은 복이 있고 주께서 그 죄를 인정하지 아니하실 사람은 복이 있도다 함과 같으니라 (롬 4:4-8)

예수를 믿는 일이 얼마나 복된 것인지 지금으로서는 다 이해할 수 없을 것입니다. 나중에 천국에 가야 온전히 이해하게 될 것입니다. 지금 우리는 이 일을 다 이해하지 못하는데, 그중에서도 가장 이해하지 못하는 것이 바로 구원입니다. 우리가 구원을 얻은 것은 우리가 무엇을 해서가 아닙니다. 우리의 선함이 우리를 구원할 수 없습니다. 우리가 구원을 얻은 것은 하나님이 우리의 불법을 먼저 사해 주셔서 우리가 예수 믿는 사람으로 인도받았기 때문입니다. 예수를 믿어서 구원을 얻은 것이 아니라 구원을 얻어서 예수를 믿게 된 것입니다. 자기 아들을 보내기까지 하여 우리를 구원하신 하나님이 우리가 좀 넘어졌다고 해서 그냥 버리시겠습니까?

이를테면, 고아원에서 한 아이를 양자로 데려왔다고 해 봅시다. 비록 자기가 낳지는 않았으나 자기 자식으로 잘 키워 보려고 입양한 것입니다. 어느 날 집에 돌아가는 길에 보니 이 아이가 진흙 구덩이에서 엉망진창인 채 놀고 있습니다. 온통 진흙투성이인데다 더럽기 짝이 없어 데려와 말끔히 씻겨 주었습니다. 그런데 다음 날 보니 아이가 또 밖에서 흙장난을 하느라 진흙 범벅입니다. 그러면 더럽다는 이유로 아이를 내다 버리겠습니까? 이제 와서 버릴 것이라면 아예 처음부터 양자로 삼지도 않았을 것입니다. 버려진 아이를 자기 자녀로 삼은 큰일을 해냈는데 흙이 좀 묻으면 어떻습니까? 다시 씻겨 주어야 한들 뭐가 그리 힘들겠습니까?

이 대목을 우리는 잘 받아들이지 못합니다. 죄인인 우리가 구원받은 일이야말로 엄청난 기적이요 가장 큰 변화입니다. 그런데도 우리는 자신이 얼마나 큰 죄인이었는지를 곧잘 잊어버려서 구원 얻은 후에 저지른 잘못만 크게 생각합니다. 구원 얻은 이후에 저지른 잘못은 구원 얻기 전과 견주어 보면 비교할 수 없이 작은데도 말입니다. 원래 내가 어떤 존재였는지는 잊고 당장 눈앞에 저지른 죄만 심각하게 여기는 것입니다. 그렇게 자신의 죄를 직면하게 되면 면목이 없다고 느껴 "더 이상 하나님의 이름을 욕되게 하지 말자. 이렇게 위선자로 살지 말고 하나님 앞에 솔직해지자"라고 결단하기에 이릅니다. 그래서 어떤 이는 교회를 떠나기도 합니다. '이렇게 죄를 짓고 살면서 예수 믿는다고 하다니' 하며 자책하다가 보따리를 싸서 나가 버립니다. 하나님 앞에 떳떳할 수 있을 만큼 훌륭해져서 돌아오겠다며 교회도 가지 않고 집에서 근신하겠다는 것입니다.

하지만 이처럼 어리석은 생각은 없습니다. 이는 은혜가 무엇인지 모르기 때문에 하는 생각입니다. 은혜가 무엇인지 똑바로 알아야 합니다. 우리는 태어나기도 전에, 우리가 무슨 일을 행하기도 전에 하나님의 택하심을 따라 그분의 자녀로 부름받았습니다. 그래서 우리에게 거듭남도 있고 감격도 있었던 것입니다. 우리의 운명은 이미 결정되었습니다. 얻어맞으면서 가느냐, 칭찬받으면서 가느냐 하는 차이가 있을 뿐입니다. 어떻게든 결국 갈 것입니다.

우리에게는 이제 도망갈 방법이 없습니다. 말을 안 들으면 한 대 더 맞고 돌아오게 될 것입니다. 택함받았기 때문입니다. 우리의 운명이 우리 손에 달려 있지 않습니다. 어느 누가 방해해도 우리의 운명이 바뀌지 않습니다. 우리는 결국 목적지에 도착하고 말 것입니다. 하나님은 신실하신 분이기 때문입니다. 하나님은 한번 시작하신 일을 절대로 포기하지 않으시기에 그 무엇도 그분이 하시는 일을 방해하지 못합니다. 이를 알았으면 두렵고 떨리는 마음으로 구원을 이루어 가야 합니다.

하나님이 우리를 택하셨다는 사실이 얼마나 큰 은혜인지 모릅니다. 우리의 실수와 부족함이 우리의 운명을 뒤집을 수 없다는 사실을 기억하십시오. 우리는 늘 실수합니다. 하지만 실수해도 언제든 돌아갈 수 있습니다. 실수가 아무것도 아니라는 뜻이 아닙니다. 실수를 안 하면 더 좋습니다. 그러나 우리는 실수 없이 완벽하게 해낼 수 있는 존재가 아닙니다. 실수한 횟수보다 돌이킨 횟수가 한 번 더 많으면 됩니다. 괜찮습니다. 7전 8기, 8전 9기면 됩니다. 120전이라도 121기면 됩니다. 여기에 신앙생활의 여유와 보람이 있습니다.

인간은 대단한 존재가 아닙니다. 교회에 나와 보면 모두가 그럴듯한 얼굴을 하고 있어서 '나만 이렇게 엉망이구나' 하며 기가 죽지만, 사실 누구나 다 똑같습니다. 차마 말을 안 하고 있을 뿐입니다. 우리는 매일 넘어집니다. 그러나 넘어지는 것보다 한 번 더 일으키시는 하나님의 손길이 있어 우리는 더 이상 좌절하지 않습니다.

　신앙생활에서 제일 몹쓸 병이 좌절입니다. 자포자기하는 것이 가장 나쁩니다. 하나님은 포기하시지 않습니다. 하나님이 우리를 포기하시지 않는 한, 우리는 자기 인생을 포기할 권리가 없습니다. 예수를 믿는다는 말은 더 이상 자신을 의지하여 살지 않는다는 말입니다. 우리는 교만할 수도 없는 사람이지만, 좌절할 권리도 빼앗긴 사람입니다. 우리는 우리 것이 아니기 때문입니다. 그런데도 "나는 이제 다 틀렸어"라고 말한다면 잘난 척에 불과합니다. 하나님이 불쾌해하십니다. 우리 인생이 우리 것인 줄 아십니까? 우리는 자기 인생이 끝났다거나 우리 자신을 포기한다는 말을 할 수 없는 존재가 되었습니다. 이 사실이 우리에게 위로가 되고 힘이 되어 이 아름다운 일을 시작하신 하나님 앞에 더 많이 무릎 꿇을 수 있기 바랍니다. 하나님이 포기하시지 않는 인생이라는 사실을 아는 데서 오는 자신감과 담대함으로 더욱 든든히 서 가기 바랍니다.

너를 이끌어 이 땅으로
돌아오게 할지라

07

10 야곱이 브엘세바에서 떠나 하란으로 향하여 가더니 11 한 곳에 이르러는 해가 진지라 거기서 유숙하려고 그 곳의 한 돌을 가져다가 베개로 삼고 거기 누워 자더니 12 꿈에 본즉 사닥다리가 땅 위에 서 있는데 그 꼭대기가 하늘에 닿았고 또 본즉 하나님의 사자들이 그 위에서 오르락내리락 하고 13 또 본즉 여호와께서 그 위에 서서 이르시되 나는 여호와니 너의 조부 아브라함의 하나님이요 이삭의 하나님이라 네가 누워 있는 땅을 내가 너와 네 자손에게 주리니 14 네 자손이 땅의 티끌 같이 되어 네가 서쪽과 동쪽과 북쪽과 남쪽으로 퍼져나갈지며 땅의 모든 족속이 너와 네 자손으로 말미암아 복을 받으리라 15 내가 너와 함께 있어 네가 어디로 가든지 너를 지키며 너를 이끌어 이 땅으로 돌아오게 할지라 내가 네게 허락한 것을 다 이루기까지 너를 떠나지 아니하리라 하신지라 (창 28:10-15)

◆◆◆ 앞 장에서 우리는 야곱이 태어나기 전에 이미 하나님의 선택을 받았고, 이후 그의 전 인생이 하나님의 의도와 계획 가운데 인도받게 되었다는 이야기를 살펴보았습니다. 이는 비단 야곱만이 아니라 택함을 받은 모든 신자의 이야기라는 점 역시 확인하였습니다.

이번 장에서는 '벧엘 사건'을 다룹니다. 하나님의 인도하심에 대해 인간은 어떻게 반응하는가, 그리고 그 반응에 따라 하나님은 계획하신 바를 어떻게 다 이루시는가에 대해 살펴보고자 합니다.

꿈에 본즉 사닥다리가 땅 위에 서 있는데

벧엘 사건은 야곱의 생애와 신앙 여정을 이해할 수 있게 해 주는 대표적 사건입니다. 하나님이 야곱의 생애를 통해 말씀하시고 싶어 하는 내용이 이 사건에 잘 담겨 있습니다. 벧엘 사건의 대략은 이렇습니다. 야곱은 아버지를 속여 형 에서가 받을 복을 가로챕니다. 이 일로 에서가 야곱을 죽이려 하자 야곱은 외삼촌 라반의 집으로 도망칩니다. 라반이 사는 하란으로 가는 도중 어떤 곳에 이르러 돌베개를 하고 잠이 듭니다. 꿈에서 보니 사닥다리가 하늘에 닿아 있는데, 하나님의 사자들이 오르락내리락하고 그 위에는 하나님이 서 계십니다. 꿈에서 깨어난 야곱은 '여기 하나님이 계시는데도 내가 미처 몰랐구나' 하고 두려워하며 그곳을 벧엘 곧 '하나님의 집'이라고 이름 짓습니다.

벧엘 사건에서 눈여겨보아야 할 것은 야곱이 하나님이 계신 곳을 찾아 올라간 것이 아니라 야곱이 있는 곳으로 하나님이 친히 찾아 내려오셨다는 점입니다. 여기 사다리는 누가 놓은 것일까요? 야곱이 아니라 하나님이 놓으신 것입니다. 야곱을 만나기 위해 친히 사다리를 놓아 내려가신 하나님, 이것이 구원입니다. 이처럼 구원을 아름답게 묘사하고 있습니다. 우리가 하나님을 찾으러 올라가지 않고 하나님이 친히 내려오셨습니다. 구원은 언제나 이렇게 이루어집니다.

또 하나 생각할 점은 이것입니다. 꿈은 꾸는 것이 아니라 꾸이는 것이라는 점입니다. 꿈을 꾸고 싶은 대로 꾸는 사람은 없습니다. 꿈은 꾸이는 것입니다. 꿈을 원하는 내용으로 꿀 수 있다면 아마 영화관은 문을 닫아야 할 것입니다. 오늘 밤에는 〈벤허〉를 봐야지 하면 꿈에 찰턴 헤스턴이 나오고, 또 내일 밤에는 〈로마의 휴일〉을 봐야지 하면 꿈에 오드리 헵번이 나온다면 영화관은 없어도 될 것입니다. 원하는 대로 꿈을 꿀 수 있는 사람은 없습니다. 야곱도 하나님을 만나는 꿈을 꾸려고 해서 꾼 것이 아닙니다. 하나님을 만나는 꿈이 꾸인 것입니다. 생각지도 못한 꿈입니다. 꿈에 하나님이 야곱에게 내려오셨습니다. 하나님이 야곱을 찾아

오신 것입니다. 이것이 구원입니다.

나중에 요셉에 대해서 살펴볼 텐데 요셉이 꾼 꿈도 이런 관점에서 보아야 합니다. 어느 날 요셉은 이상한 꿈을 연거푸 꿉니다. 꿈에 요셉이 자기 형제들과 함께 곡식 단을 묶고 있는데, 열한 형제가 추수한 곡식 단들이 요셉이 추수한 곡식 단에게 절합니다. 또 다른 꿈에서는 해와 달과 열한 별이 요셉에게 절합니다. 요셉이 이런 꿈을 꾸었다고 해서 '요셉은 정말 남다르구나. 원대한 비전을 품고 사니까 이런 꿈을 꾸는구나'라고 생각하면 안 됩니다. 꿈은 꾸이는 것이지, 꾸는 사람이 마음대로 꿀 수 있는 것이 아니기 때문입니다.

너를 이끌어 이 땅으로 돌아오게 할지라

벧엘 사건에서 가장 흥미로운 대목은 아마 이 부분일 것입니다. 13절부터 봅시다.

> 또 본즉 여호와께서 그 위에 서서 이르시되 나는 여호와니 너의 조부 아브라함의 하나님이요 이삭의 하나님이라 네가 누워 있는 땅을 내가 너와 네 자손에게 주리니 네 자손이 땅의 티끌 같이 되어 네가 서쪽과 동쪽과 북쪽과 남쪽으

로 퍼져나갈지며 땅의 모든 족속이 너와 네 자손으로 말미암아 복을 받으리라 내가 너와 함께 있어 네가 어디로 가든지 너를 지키며 너를 이끌어 이 땅으로 돌아오게 할지라 내가 네게 허락한 것을 다 이루기까지 너를 떠나지 아니하리라 하신지라 (창 28:13-15)

아브라함에게 복을 약속하면서 주셨던 말씀과 거의 비슷합니다. 그런데 아브라함에게 하신 약속에는 없는 말씀이 여기 들어 있습니다. 15절을 보십시오. "내가 너와 함께 있어 네가 어디로 가든지 너를 지키며 너를 이끌어 이 땅으로 돌아오게 할지라 내가 네게 허락한 것을 다 이루기까지 너를 떠나지 아니하리라 하신지라." 이 구절에서 어느 대목이 가장 눈에 들어옵니까? '내가 너와 함께 있어', '네가 어디로 가든지 너를 지키며', '너를 이끌어 이 땅으로 돌아오게 할지라', '내가 네게 허락한 것을 다 이루기까지', '너를 떠나지 아니하리라.' 모두 다 좋은 구절이지만 하나님이 특별히 야곱의 생애를 우리에게 펼쳐 보이시면서 주려는 메시지와 가장 잘 들어맞는 구절은 '너를 이끌어 이 땅으로 돌아오게 할지라'라는 말씀입니다.

야곱의 생애를 추적하다 보면 여러 의문이 듭니다. '하나님은 야곱을 택하셨으면서도 왜 처음부터 그를 장자로 태어나게 하시지 않았을까? 그랬다면 야곱이 형에게서 장자의 명분을 얻으려고 애쓰지 않아도 되었을 텐데, 그리고 이왕 야곱으로 장자의 명분을 얻게 하실 거라면 그의 인생을 평탄하게 해 주실 것이지, 왜 생명의 위협까지 느끼며 도망 다니는 삶을 살게 하셨을까? 도망 다니게 해 놓고서는 꿈에 나타나 만나 주신 일은 또 무엇인가?' 우리는 이런 점이 이해가 안 갑니다.

무엇보다 가장 이해가 안 가는 대목은 앞서 살펴본 이 구절입니다. '너를 이끌어 이 땅으로 돌아오게 할지라.' 하나님이 야곱과 함께하여 그가 어디로 가든지 지키고 이끌어 결국 다시 이 땅으로 돌아오게 할 것이라면 무엇 때문에 지금은 가도록 놓아두시는가, 하는 것입니다. 어차피 그에게 가나안 땅을 줄 것이라면 왜 굳이 하란으로 가게 두시고는 "너를 이끌어 이 땅으로 돌아오게 할지라"라고 하시는 것일까요?

우리는 성경을 대할 때 '성경은 전부 지당한 말씀이겠지'라는 전제를 깔고 생각 없이 기계적으로 읽을 때가 많습니다. 대충 읽고 그저 '아멘'만 되뇌고 끝입니다. 그래서 이 구절, '너를 이끌어 이 땅으로 돌아오게 할지라'를 읽을 때도 별 생각이 없습니다. 성경을 읽을 때 흔히 하는 실수입니다. 성경은 생각하면서 읽어야 합니다. 그래야 말씀에 담긴 메시지를 깊이 깨달을 수 있습니다.

'너를 이끌어 이 땅으로 돌아오게 할지라.' 야곱은 결국 이 땅으로 돌아올 것입니다. 그러나 돌아오기까지 얼마나 힘든 인생을 보내야 했는지 모릅니다. 그는 형을 속인 일로 하란까지 도망

갈 수밖에 없었는데, 그곳에서 부인을 넷이나 거느린 채 살아야 했습니다. 부인 넷을 둔다는 것은 당시 문화에서는 복 받은 증거로 볼 수 있을지 모르지만, 성경은 이 일을 복되다고 보지 않습니다. 야곱은 네 명의 아내 때문에 고민도 많이 하고 곤란한 일도 자주 겪습니다. 힘든 하루 일과를 마치고 집에 돌아와도 자기가 제일 좋아하는 아내와 함께 있을 수도 없습니다. 서로 먼저 야곱을 차지하겠다며 부인들이 서로 다퉜기 때문입니다. 이러니 집이 스위트 홈일 리가 없습니다. 자식들도 속을 썩입니다. 장남 르우벤은 자기 서모(庶母) 빌하와 관계를 맺어 야곱을 번민하게 했습니다. 다른 아들들은 자기 형제를 팔아넘기기까지 합니다. 야곱은 밖에 나가도 고달프고 집에 들어와도 고달픕니다. 이것이 야곱의 인생입니다.

　게다가 야곱의 생애는 도망하는 일로 채워져 있습니다. 형이 두려워 피신해 있던 하란에서도 외삼촌과 생긴 불화 때문에 떠나게 됩니다. 도망쳤던 원래의 자리로 다시 도망칠 수밖에 없게 된 것입니다. 고향으로 다시 돌아갈 때에는 형이 자기를 죽이지는 않을까 하며 전전긍긍했습니다. 말년에는 약속의 땅이 아닌 낯선 땅 애굽에 거주해야 했습니다. 애굽 왕 바로 앞에 서서 '내 나이가 얼마 못 되니 우리 조상의 나그네 길의 연조에 미치지 못하나 험악한 세월을 보내었나이다'(창 47:9)라고 한 고백이 그의 인생을 압축하여 말해 줍니다. 야곱은 왜 이렇게 힘든 삶을 살아야 했을까요.

험악한 세월을 보내었나이다

예수를 믿는 사람과 믿지 않는 사람 중 어느 쪽 인생살이가 더 편할까요? 백이면 백, 안 믿는 사람들이 더 편하게 삽니다. 왜냐하면 이들은 《톰 소여의 모험》에 나오는 허클베리 핀처럼 살기 때문입니다. 누가 허클베리 핀더러 일찍 일어나라고 깨우기를 합니까, 학교 가라고 들들 볶기를 합니까, 숙제했냐고 검사하기를 합니까? 아무도 그를 신경 쓰지 않습니다. 그러나 톰 소여는 다릅니다. 일찍 일어나라고, 양치질은 깨끗이 하는 거라고, 인사는 잘해야 한다고, 먹을 때는 쩝쩝거리지 말아야 한다고 들들 볶입니다.

예수 믿는 자의 삶도 이렇습니다. 하나님은 결코 우리 멋대로 살도록 내버려 두시지 않습니다. 그래서 신자의 인생은 고단합니다. 하나님이 우리를 놓아두지 않고 기르시기에 우리는 눈에 보이는 이 세상에서의 행복이 진정한 복이 아님을 깨닫게 됩니다. 이 경험이 계속 우리를 따라다닙니다. 그토록 갖고 싶어 했던 돈이 정작 중요한 것이 아님을, 그토록 부러워했던 명예가 별것 아니며 권력 또한 부질없다는 것을 확인하게 되는 과정이 신자의 인생입니다. 예수를 믿으면 만수무강에 만사형통하여 어떤 불행도 덮치지 않을 것 같은데, 사실 정반대입니다. 이런 신자의 삶을 가장 잘 드러내 주는 인물이 바로 야곱입니다.

야곱처럼 힘든 나그네의 삶을 거쳐 와야 비로소 우리는 이 썩어질 육체의 소욕을 내려놓고 영원을 준비하게 됩니다. 본인이 깨닫기까지는 백약이 무효입니다. 옆에서 아무리 이야기해도 자기가 직접 경험하기 전까지는 못 알아듣습니다. 그래서 하나님은 신자에게 이 과정을 겪게 하십니다.

야곱의 생애는 고단합니다. 그러나 복됩니다. 야곱은 자신이 뿌린 씨의 결과를 그가 아직 돌이킬 수 있을 때 마주하기 때문입니다. 더 이상 돌이킬 수 없을 때, 회개해도 늦을 때, 자신의 행위의 결국을 보게 되는 사람은 불행한 사람입니다. 그런 사람의 이야기가 누가복음 16장에 나옵니다. '거지 나사로와 부자 이야기'에 나오는 부자가 그런 사람입니다. 그는 평생 애쓰고 추구한 일의 결국이 무엇인지를 죽고 나서야 깨닫습니다. 그는 지옥에 가서야 저 멀리 천국에 있는 아브라함에게 애원합니다. "제발, 소원입니다. 제게는 형제가 다섯이나 있는데, 나사로를 제 아버지 집으로 보내어 그들만은 고통받는 이곳에 오지 않게 해 주십시오. 죽은 나사로가 살아나 경고한다면 그들이 들을 것입니다." 부자는 깨달았으나 때는 이미 늦었습니다. 돌이켜도 소용없는 때에 깨달은 것입니다.

예수 믿지 않는 사람들이 순탄하게 잘사는 것 같아 부럽습니까? 그들이 편안히 사는 것은 하나님이 그렇게 살도록 내버려 두시기 때문입니다. 하나님의 자녀가 아니기 때문입니다. 반면 우리 인생이 고달픈 것은 하나님이 당신의 자녀인 우리를 놓아두시지 않기 때문입니다. 하나님은 야곱의 인생에 간섭하십니다. 그가 돌이킬 수 있을 때에 돌이키도록 자기가 저지른 잘못을 생전에 직시하게 하신 것입니다.

하나님은 야곱으로 하여금 그가 저지른 잘못을 어떻게 직시하게 하셨을까요? 두 가지 예를 들어 보겠습니다. 창세기 27장에는 야곱이 형 에서가 받을 복을 가로챈 사건이 나옵니다. 아버지 이삭이 죽기 전에 에서에게 마지막으로 축복해 주려 한다는 것을 알게 된 야곱은 그 복을 가로채기 위하여 마치 자기가 에서인 것처럼 꾸밉니다. 에서는 원래 털이 많은 사람이고 야곱은 털이 없는 매끈매끈한 사람이라서 야곱이 에서의 행세를 하려면 털이 많아야 했습니다. 그래서 야곱은 손과 목덜미에 짐승의 가죽을 붙입니다. 27장 16절을 보면 "또 염소 새끼의 가죽을 그의 손과 목의 매끈매끈한 곳에 입히고"라고 해서 야곱이 염소의 가죽을 붙이고 아버지에게 갔다는 것을 알 수 있습니다. 야곱은 아버지 이삭을 속이기 위하여 염소 새끼의 가죽을 붙이고 들어간 것입니다. 이 일이 장차 어떤 모습으로 야곱에게 돌아오는지 다른 말씀을 하나 더 찾아봅시다.

창세기 37장입니다. 젊은 시절, 아버지 이삭을 속였던 야곱은 뒷날 자기 아들들에게 비슷한 일을 당합니다. 야곱의 아들들이 형제 요셉을 애굽의 상인들에게 팔아넘기고는 이 일을 감추기 위해 요셉의 옷에 짐승의 피를 묻혀 야곱에게 가져갑니다. 그러고는 "우리가 오다가 옷을 주웠는데 아무래도 요셉의 옷 같습니다"라고 말합니다. 피 묻은 옷이 요셉의 것임을 알아본 야곱은 요셉이 짐승에게 잡아먹혔다고 생각하며 이 일로 오랫동안 슬퍼합니다. 이때 형들이 요셉의 옷에 묻힌 피가 바로 염소의 피였습니다. 먼 옛날 아버지 이삭을 속이기 위해 야곱이 잡은 염소가 이번에는 야곱의 아들들이 야곱을 속이는 재료가 된 것입니다. 창세기 37장 29절부터 봅시다.

> ─── 르우벤이 돌아와 구덩이에 이르러 본즉 거기 요셉이 없는지라 옷을 찢고 아우들에게로 되돌아와서 이르되 아이가 없도다 나는 어디로 갈까 그들이 요셉의 옷을 가져다가 숫염소를 죽여 그 옷을 피에 적시고 그의 채색옷을 보내어 그의 아버지에게로 가지고 가서 이르기를 우리가 이것을 발견하였으니 아버지 아들의 옷인가 보소서 하매 (창 37:29-32)

야곱은 자기가 아버지 이삭을 속였던 방식으로 자식들에게 당합니다. 하지만 자기가 한 짓이 무엇인지, 자기가 뿌린 것이 무엇인지, 자기가 얻고자 했던 것이 무엇인지 그 실체를 더 늦기 전에 깨닫습니다. 이것이 복입니다. 하지만 야곱에게는 이런 경험이 뼈저린 아픔으로 와닿았을 것입니다. 그는 살면서 아프고 속상하고 마음이 찢어지고 머리가 터질 것 같은 고뇌에 빠진 적이 한두 번이 아니었을 것입니다. 그러나 이런 과정이 있었기에 야곱은 하나님의 사람으로 빚어져 갑니다.

야곱이 에서에게서 장자의 명분을 샀으니 이제 장자는 야곱인 셈입니다. 그런데도 야곱은 단 한 번도 이 권리를 누린 적이 없습니다. 창세기 33장에 가면, 야곱이 에서를 만나는 장면에서 흥미로운 대목이 나옵니다.

―― 야곱이 눈을 들어 보니 에서가 사백 명의 장정을 거느리고 오고 있는지라 그의 자식들을 나누어 레아와 라헬과 두 여종에게 맡기고 여종들과 그들의 자식들은 앞에 두고 레아와 그의 자식들은 다음에 두고 라헬과 요셉은 뒤에 두고 자기는 그들 앞에서 나아가되 몸을 일곱 번 땅에 굽히며 그의 형 에서에게 가까이 가니 에서가 달려와서 그를 맞이하여 안고 목을 어긋맞추어 그와 입맞추고 서로 우니라 에서가 눈을 들어 여인들과 자식들을 보고 묻되 너와 함께 한 이들은 누구냐 야곱이 이르되 하나님이 주의 종에게 은혜로 주신 자식들이니이다 (창 33:1-5)

야곱은 형에게 죽을 팔아 얻어 낸 장자의 명분을 정작 형 앞에서는 한 번도 사용해 보지 못합니다. 장자의 권리는커녕 형을 '주'라고 높이고 자신은 '주의 종'이라고 하여 한껏 낮춥니다. 동생 대접은 아예 기대하지도 않은 채 자신을 '종'이라고 스스로 깎아내리는 바람에 자식들마저 조카가 아니라 '종의 자식'이 되고 맙니다. 에서를 만나서는 머리를 일곱 번이나 땅에 굽힙니다. 이런 일을 통해 야곱은 점차 하나님의 사람으로 성숙해 갑니다.

네가 어디로 가든지 너를 지키며

하나님은 야곱이 하란에 도피하러 갔다 올 것 없이 바로 그에게 가나안 땅을 주실 수도 있었을 것입니다. 그러나 하나님의 목적은 야곱이 가나안 땅을 얻는 그 자체에 있지 않았습니다. 야곱이 그 땅을 소유할 수준의 사람이 되는 것, 이것이 하나님의 목적이었습니다. 그래서 하나님은 야곱에게 하란에서의 삶을 겪게 하신 것입니다. 이것을 잊지 않아야 합니다.

천국은 마치 신부가 신랑을 기다리며 단장하듯, 우리를 기다리고 있을 것입니다. 그런데 결혼식 날에 신부만 단장합니까? 그날은 신랑도 최고로 차려입고 나오는 법입니다. 하나님은 새 예루살렘이 온전히 성도의 기업이 되게 하시려고 신자를 새 예루살렘을 소유하고 누릴 만한 실력 있는 성도로 키워 내려고 하십니다. 천국이 신랑을 위하여 정성껏 단장한 신부같이 신자를 기다리고 있다면, 그 천국을 소유하여 거기서 영원히 살아갈 사람들을 하나님이 어찌 훈련하시지 않겠습니까? 이것이 야곱을 통해 주시는 메시지입니다.

"이 땅을 너와 네 자손에게 주겠다"라고 약속하신 하나님은 야곱으로 하여금 그 땅을 소유할 수준의 사람으로 만들어 가고자 하십니다. 말하자면 하란으로 유학을 보내신 셈입니다. 그렇다고 하란에 가서 하나님이 낸 시험에 합격해야 땅을 주고 그렇지 않으면 주지 않겠다, 이런 뜻은 아닙니다. 당락에 따라 보상이 달라지는 그런 과정이 아닙니다. 하나님은 하란에서의 훈련을 통해 야곱을 하나님의 사람으로 한껏 성장시키셔서 다시 이곳으로 돌아오게 하실 것입니다.

시험과 훈련 중 어느 것이 더 어려울까요? 얼핏 생각하면 시험이 더 어려운 것 같지만 그래도 시험은 합격 아니면 불합격입니다. 끝이 있습니다. 그러나 훈련은 끝이 보이지 않습니다. 될 때까지 하는 것이 훈련이기 때문입니다. 끝이 없습니다. 마라톤 완수를 목표로 세우면 이를 달성할 때까지 훈련은 계속 연장됩니다. 두 달, 석 달, 넉 달이 흘러도 될 때까지 하는 것이 훈련입니다.

하나님이 우리에게 "내가 너를 이끌어 이 땅에 돌아오게 하겠다"라고 말씀하셨다면 긴장해야 합니다. 하나님에게는 '흐지 부지'라는 단어가 없습니다. 될 때까지 훈련하시고야 말 것입니다. 될 때까지 잠도 안 재울 것이고 휴가나 외출도 당연히 없을 것입니다. 벧엘 사건에서 하나님이 야곱에게 하신 약속이 바로 이것입니다.

우리는 대충 넘어가 주면 안 되겠냐고 하나님에게 따집니다. 어려운 일을 겪으면 하나님, 그냥 말로 하시지 왜 때리십니까, 왜 꼭 아프게 하셔서 울게 하십니까, 이래 봬도 저도 배운 사람인데 좋게 말로 하시지, 라고 불평합니다. 그런데 말로 해서 들을 것 같았으면 하나님이 왜 때리셨겠습니까?

여기서 기억할 것은 하나님이 우리를 사랑하신다는 사실입니다. 성경이 말하는 사랑은 정열이나 감정이 아닙니다. 그보다 훨씬 높습니다. 사랑이란 능력이고 수준입니다. 하나님은 당신이 사랑하는 자들을 당신과 서로 사랑을 주고받는 수준에 이르게 하고야 말겠다는 의지와 이 의지대로 일을 이루시는 열심을 가지고 계십니다. 사랑은 굴복을 요구하지 않습니다. 굴복을 요구하는 것은 강도입니다. 권총을 겨눈 채 "너를 다른 사람에게는 못 주겠다. 나랑 결혼해 주면 안 쏠 것이고 안 해 주면 쏠 것이다" 이렇게 하는 것은 사랑이 아닙니다. 강탈입니다. 사랑이란 내가 상대방을 좋아하는 만큼 상대방도 이해관계나 위협을 떠나 인격적 차원에서 기꺼이 나를 좋아해 주기를 기대하는 마음입니다. 그러니 하나님이 인간을 사랑하신다는 말을 가볍게 생각하지 마십시오.

하나님이 우리를 붙잡아 놓고 천국과 지옥을 보여 주신 후에 어느 쪽을 택할 것인지 물으시면 훨씬 쉬울 것입니다. 간혹 이렇게 말하는 사람들을 본 적 있을 것입니다. 신앙생활하기에는 구약시대가 지금보다 훨씬 쉬웠을 것이라고 말입니다. 구약시대에는 주일날 교회에 안 가고 골프 치러 다니면 곧바로 땅이 쫙 갈라질 테니 '아, 이러면 안 되겠구나' 하고 쉽게 돌이킬 수 있을 것이라고 생각하는 것입니다. 하지만 지금은 하나님이 그런 방식으로는 역사하시지 않아 불평하는 것입니다. 간혹 '내가 이러면 안 되지'라고 생각하면서 주일날 골프 치러 갔는데, 홀인원을 하는 일이 일어나기도 합니다. 그럴 때면 당황하는데, 아마 하나님이 벌을 안 주셔서 그런 것 같습니다. 그런데 이런 생각에는 우리가 간과하고 있는 점이 하나 있습니다. 하나님은 우리를 형벌의 차원에서 대하기를 원하시지 않는다는 사실입니다. 하나님은 오직 한 길만을 보여 주신 후 이 길 말고 다른 길로 가면 죽는다, 이렇게 하시지 않습니다. 모든 길을 펼쳐 보이신 후, 가고 싶거든 어디 한번 마음껏 가 보아라, 하고 다 열어 놓으십니다. 우리가 우리에게 허락된 자유의지로 하나님을 사랑하고 하나님에게 기꺼이 항복하는 길을 택할 때까지 기다려 주십니다. 이것이 하나님이 일하시는 방식입니다.

하나님이 우리를 항복시킬 때에는 어떻게 하십니까? 하나님을 찾지 않고 우리 눈에 좋은 대로 갔던 길이 결국 어떤 길인가를 우리에게 보여 주십시오. 그래서 우리로 늦기 전에 돌이키게 하십니다. 돈을 좇아 살아온 사람에게는 돈의 결국이 얼마나 허망한가를 보이십니다. 자기 권력만 믿고 제멋대로 구는 사람에게는 권력의 열매가 얼마나 쓴가를 보여 주십니다. 그렇게 하여 우리가 의지할 대상은 세상에 있지 않다는 것을 깨달아 포기하게끔 하시는 것입니다. 그렇게 하나님은 우리를 항복시켜 인도하십니다.

믿지 않는 사람 중에는 죽는 날까지 고통이나 아픔이 뭔지도 모른 채 사는 사람들이 많은데, 믿는 사람 중에는 고달픈 인생을 사는 이들이 참 많습니다. 그러나 바로 그런 아픔 때문에 예수를 믿게 되는 것입니다. 어느 쪽이 더 복되다고 생각합니까? 성경은 이렇게 이야기합니다. "또한 만일 네 오른손이 너로 실족하게 하거든 찍어 내버리라 네 백체 중 하나가 없어지고 온 몸이 지옥에 던져지지 않는 것이 유익하니라"(마 5:30). 팔이 하나 잘린 채 예수를 알게 되는 것이 온전한 몸으로 지옥에 가는 것보다 훨씬 낫습니다. 온전한 몸으로 지옥에 가면 훨씬 여러 군데가 뜨겁습니다.

그런데 우리는 언제나 자기 고통을 기준으로 아우성칩니다. 우리의 기준은 언제나 고통입니다. 그리고 고통스럽지 않을 때는 하나님 앞에 임금 행세를 하며 군림하려 듭니다. 어떻게 해야 자기 인생이 잘 풀릴 것인지 보고해 달라고 당당히 요구하기까지 합니다. 한 해가 시작될 무렵이면 목사에게는 '길흉화복 예측 담당관'이라는 역할이 추가됩니다. 올해는 하나님이 어떤 좋은 길로 인도하여 자신을 만족시켜 줄 것인지 알려 달라고 요구합니다. 그러나 우리는 하나님에게 이런 요구를 할 수 없습니다.

우리는 하나님의 목적과 계획 가운데 그저 묵묵히 인도받아야 마땅합니다. 올 한 해 하나님이 우리에게 어떤 일을 준비하시고 있는지 우리는 알지 못합니다. 우리가 아는 것은 단 하나, 그는 선하시고 의로우시며 나를 사랑하신다는 것뿐입니다. 이 사실이 우리로 답 없는 현실을 견디게 합니다. 무슨 일이 벌어져도 결국 나에게 복이며 모든 것이 합력하여 선을 이룰 것이라는 말씀을 잊지 않아야 합니다. 신자의 인생은 이를 얼마큼 아느냐의 싸움입니다.

그래서 야곱의 인생이 괴롭습니다. 야곱은 이것을 알아듣는 데에 굉장히 오랜 시간이 걸립니다. 그런데 저는 야곱이 척 알아듣지 못해 마음이 놓입니다. 만약 야곱이 바로 알아들었으면 우리는 할 말이 없을 것입니다. 하나님이 "야곱은 매만 들면 벌써 빌었는데, 너는 스무 대를 맞고도 아직 정신 못 차리고 있느냐"라고 하신다면 우리가 무슨 변명을 할 수 있겠습니까. 그런데 야곱처럼 맞고 또 맞아도 깨닫지 못하는 사람이 있어서 그나마 숨통이 트입니다. 우리가 감사할 수밖에 없는 것은 하나님이 당신을 설명하실 때에 '나는 야곱의 하나님이다'라고 즐겨 말씀하신다는 사실 때문입니다.

우리 인생은 야곱에 비하면 좀 나은 것 같습니다. 야곱의 인생이 우리에게 위로가 되는 이유입니다. 이것이 벧엘 사건입니다. 벧엘은 하나님이 나와 함께하시는 곳이며 하나님이 계시는 집입니다. 이 집은 영광과 완성 속에만 있지 않습니다. 완성을 향해 가는 과정, 곧 고통과 좌절 속에도 있습니다. 하나님이 우리를 붙잡아 약속의 땅에 다시 돌아오게 하기까지 결단코 우리를 놓지 않으실 것입니다. 정말 감사한 일입니다.

내가 네게 허락한 것을 다 이루기까지

하나님은 그냥 넘어가시는 법이 없습니다. 무슨 일이든 하나님은 그냥 눈감아 주시지 않습니다. 한 푼이라도 남김없이 깊게 하십니다. 정말 무섭습니다. 왜 그렇게 하실까요? 그만큼 우리를 온전하게 만들고야 말겠다는 의지와 열심을 가지고 계신 것입니다. 산상수훈이 말하는 수준까지는 이를 수 없다고 생각하는 우리에게 하나님은 거기까지 다다르도록 초대하십니다. 우리도 이런 안목을 가져야 합니다. 하나님은 봐주시는 법이 없습니다. 어떻게 보면 너무 지나치시다, 그렇게까지 지독하게 하실 필요가 있는가, 하는 생각이 들지만 우리를 그만큼 온전하게 만들어 가실 것임을 알기에 감사할 수밖에 없습니다. 그렇게 야곱이 인도받았고 지금 우리도 야곱처럼 이 길을 걷고 있습니다.

야곱을 불러 그를 이스라엘로 바꾸어 주신 하나님을 보며 우리가 감사하는 것은 현재 우리가 걷고 있는 믿음의 여정이 지금 막 하란을 향해 길을 떠난 야곱의 여정과 비슷하기 때문입니다. 벧엘은 야곱의 인생 여정의 끝이 아니라 시작입니다. 그는 벧엘에서 시작하여 하란까지 이십 년 동안 내내 고생합니다. 그리고 다시 돌아와 '얍복 나루 사건'까지 겪습니다. 이후에도 그는 딸 디나가 참혹한 일을 겪는 것도 감당하며, 사랑하는 아들 요셉을 잃어버리는 아픔까지 겪게 됩니다. 말년에는 기근 때문에 남의 나라인 애굽까지 내려가게 됩니다. 종착지에 다다르기까지 어떤 길을 걷게 하실지 우리는 아직 모릅니다. 그러나 하나님이 야곱을 빚어 가셔서 그가 말년에 담대한 믿음의 자리에 이른다는 사실을 보며 용기를 얻습니다.

앞에서 우리는 에서에게 일곱 번이나 엎드려 절하던 야곱을 보았습니다. 이런 야곱이 말년에는 어떤 모습으로 달라져 있는지 봅시다. 창세기 47장을 보면, 요셉이 총리가 되어 아버지 야곱을 애굽으로 불러들이는 일이 나옵니다. 여기서 요셉이 아버지를 바로에게 소개하는 장면이 나오는데, 참 재미있습니다. 7절을 봅시다. "요셉이 자기 아버지 야곱을 인도하여 바로 앞에 서게 하니 야곱이 바로에게 축복하매."

우리는 이 대목을 대충 읽고 넘어가지만 여기 나온 바로가 어떤 존재인지 한번 생각해 봅시다. 바로는 오늘날 전 세계 권력자들의 힘을 합친 것보다 더 막강한 권력을 가진 사람입니다. 당시 천하를 호령하는 최고 왕국의 권력자인 것입니다. 그런데 지금 누가 누구를 축복하고 있습니까? 야곱은 남의 나라에 식객으로 온 주제에 바로를 만나자 그를 축복합니다. 바로가 기가 막혔는지 이렇게 묻습니다. "네 나이가 얼마냐." 야곱이 답합니다. "내 나그네 길의 세월이 백삼십 년이니이다 내 나이가 얼마 못 되니 우리 조상의 나그네 길의 연조에 미치지 못하나 험악한 세월을 보내었나이다." 야곱은 다시 바로에게 축복한 후 그 자리를 뜹니다. 얼마나 담대해졌는지 모릅니다.

자기 형 에서를 만나 일곱 번이나 머리를 조아리며 "주의 종 야곱이니이다"라고 했던 그 야곱이 말년에는 당당하게 바로를 축복하는 경지까지 이른 것입니다. 천하의 바로도 야곱에게는 그리 중요한 사람이 아니었던 것입니다. 야곱이 이 자리까지 인도함을 받습니다. 그처럼 소심했던 야곱이 이렇게 담대한 야곱으로 바뀌게 된 이유가 무엇이었을까요? 바로 앞에서 당당하게 그를 축복해 줄 수 있게 된 야곱의 영적 안목은 이제껏 걸어온 세월 동안 하나님이 그를 인도하시고 항복시키시는 과정에서 길러진 것입니다. 야곱은 이 자리까지 부름받아 온 것입니다.

어찌 보면 우리는 무엇을 감사해야 할지 무엇을 걱정해야 할지 잘 모르며 사는 것 같습니다. 정작 감사해야 할 것은 몰라보고 쓸데없는 일만 걱정합니다. 우리 신앙을 다시 한번 하나님 앞에서 점검해 볼 필요가 있습니다. 야곱의 생애를 읽으며 감사한 마음이 드는 것은 그의 생애가 바로 우리와 방불한 삶이기 때문입니다. 마침내 하나님은 야곱을 이스라엘로 변화시키시듯, 우리에게서도 "하나님, 하나님 같은 분은 없습니다. 제가 하나님을 사랑합니다"라는, 마음에서 우러나오는 고백을 받아 내고야 마실 것입니다. 야곱에게 역사하신 하나님의 일하심과 인도하심을 기억하며 더욱 힘 있게 신앙의 발걸음을 내딛는 복된 신자가 되기 바랍니다.

네가 하나님과 겨루어
이겼음이니라

08

24 야곱은 홀로 남았더니 어떤 사람이 날이 새도록 야곱과 씨름하다가 25 자기가 야곱을 이기지 못함을 보고 그가 야곱의 허벅지 관절을 치매 야곱의 허벅지 관절이 그 사람과 씨름할 때에 어긋났더라 26 그가 이르되 날이 새려하니 나로 가게 하라 야곱이 이르되 당신이 내게 축복하지 아니하면 가게 하지 아니하겠나이다 27 그 사람이 그에게 이르되 네 이름이 무엇이냐 그가 이르되 야곱이니이다 28 그가 이르되 네 이름을 다시는 야곱이라 부를 것이 아니요 이스라엘이라 부를 것이니 이는 네가 하나님과 및 사람들과 겨루어 이겼음이니라 29 야곱이 청하여 이르되 당신의 이름을 알려주소서 그 사람이 이르되 어찌하여 내 이름을 묻느냐 하고 거기서 야곱에게 축복한지라 (창 32:24-29)

◆ ◆ ◆ 야곱의 인생을 통해 성경이 말하고 싶은 메시지가 가장 잘 담겨 있는 사건이 '얍복 나루 사건'이라고 할 수 있습니다. 누군가 제게 성경에서 가장 인상 깊은 사건이 무엇인지 묻는다면 얍복 나루 사건이라고 답하겠습니다. 제게는 갈보리 사건보다도 얍복 나루 사건이 더 절실하게 와닿았습니다. 믿음의 가정에서 태어나 자라 온 저는 과거를 회상해 보면 기억 속에 언제나 교회가 있었습니다. 그러기에 주일학교 시절부터 늘 들어 온 갈보리 사건은 제게 그리 크게 부각되지 않았습니다. 제게 고민과 갈등을 가져다 준 문제는 예수를 믿고 난 다음에 어떻게 살아야 하는지에 대한 것이었습니다. 이런 배경 때문인지 제 설교의 초점은 구원의 감격보다는 구원 얻은 이후의 삶에 더 맞춰져 왔습니다. 본문의 얍복 나루 사건은 신자가 구원 얻은 이후에 어떻게 살아야 하는지에 대해 깊이 생각할 거리를 줍니다.

어떤 사람이 야곱과 씨름하다가

제가 들어 본 얍복 나루 사건에 대한 설교는 대개 이런 식이었습니다. "야곱은 하나님이 복을 주실 때까지 하나님의 옷자락을 붙들고 늘어졌습니다. 하나님은 야곱에게 복을 허락하지 않을 수 없었을 것입니다. 하나님에게는 무척 아끼는 바지가 하나 있는데, 지금 야곱이 그 바짓자락을 힘껏 붙들고 늘어져 있습니다. 하나님은 이 바지가 찢어지는 걸 원하시지 않기 때문에 바지가 찢어지기 전에 기도를 들어주십니다." 얍복 나루 사건을 이렇게 풀어낸 설교에 감동을 받아 저도 기도를 참 많이 했습니다. 그런데 남다른 열심을 갖고 매달려 보았지만 기도 응답이 없었습니다. 그래서 '이게 어찌 된 일인가' 하는 의심이 일었습니다. 다행히 이 사건의 핵심은 '하나님에게 간절히 매달리면 결국 복을 받는다'라는 메시지가 아니라는 것을 깨닫게 되어 의심은 사라지게 되었습니다. 이런 식의 설교가 무조건 틀렸다고 이야기하려는 것이 아닙니다. 그것은 일면 옳은 설교일 수 있지만, 사건의 핵심을 제대로 짚어 낸 설교는 아닐 것입니다.

그렇다면 얍복 나루 사건이 말하고자 하는 바는 무엇일까요? 이것은 어떤 사건이기에 야곱의 생애에서 중대한 사건으로 자리매김하고 있는 것일까요? 이 사건에서 먼저 눈여겨볼 대목은 이것입니다. 형 에서를 만나는 일이 두려운 야곱은 전 재산과 가족을 여러 떼로 나누어 앞서 보낸 후 홀로 남습니다. 그때 어떤 사람이 나타나 야곱을 붙잡고 씨름합니다. 24절을 보면 "야곱은 홀로 남았더니 어떤 사람이 날이 새도록 야곱과 씨름하다가"라고 되어 있습니다. 우리는 쉽게 이 씨름이 기도일 것이라 생각합니다. 야곱이 하나님의 사자를 붙잡고 '당신이 내게 축복하지 아니하면 가게 하지 아니하겠나이다'(창 32:26)라고 간청한 것 때문에 그렇게 속단하는 것입니다. 그렇게 본다면 이 사건은 '야곱이 하나님에게 매달려 복을 달라고 간절히 기도했더니 결국 복을 받아 냈다'라는 메시지로 요약될 수 있을 것입니다. 흔히 생각하듯 이 씨름이 정말 기도일까요?

이 씨름이 기도이려면 누가 씨름을 걸어야 맞습니까? 야곱입니까, 하나님입니까? 야곱이어야 말이 됩니다. 그런데 24절에서 보듯, 이 씨름을 시작한 이는 야곱이 아니라 '어떤 사람'입니다. 어떤 사람 곧 하나님의 사자가 씨름을 걸어온 것입니다. 이 씨름을 기도로 보기 어려운 이유 중 하나입니다.

또 이 씨름의 승부가 누구에 의해 판가름 나는가를 봅시다. 야곱에게 씨름을 걸었던 사람은 날이 새도록 씨름했지만 자기가 야곱을 이기지 못하자 야곱의 허벅지 관절을 칩니다. '자기가 야곱을 이기지 못함을 보고 그가 야곱의 허벅지 관절을 치매 야곱의 허벅지 관절이 그 사람과 씨름할 때에 어긋났더라 그가 이르되 날이 새려하니 나로 가게 하라'(창 32:25-26). 씨름을 걸었던 사람은 자기 쪽 패색이 짙자 야곱을 떠나가려고 했던 것입니다. 이런 사실로 미루어 이 사건은 야곱이 하나님에게 요구 조건이 있어 기를 쓰고 매달리더니 결국 복을 받아 내더라는 이야기가 아니라는 것을 알 수 있습니다. 오히려 이 사건은 야곱에게 요구할 것이 있던 하나님이 그에게 씨름을 걸었으나 일이 의도대로 풀리지 않자 안 되겠다는 판정을 내리고서 야곱을 떠나가려고 했던 사건이라고 보는 편이 더 타당합니다.

야곱은 자기와 씨름하던 사람이 가려고 하자 '당신이 내게 축복하지 아니하면 가게 하지 아니하겠나이다'(창 32:26)라고 말하며 그를 붙잡습니다. 씨름을 걸었던 사람이 이제 야곱을 놔두고 가려 하는데, 왜 야곱은 그 사람을 붙잡았을까요?

그가 야곱의 허벅지 관절을 치매

야곱에게 얍복 나루 사건은 어떤 의미를 지닌 일이었을까요? 야곱은 어머니 배 속에 있을 때부터 이미 하나님의 택하심을 받은 사람입니다. 앞 장에서도 말씀드렸듯, 야곱은 예수 그리스도의 필요성을 깨달은 사람이라고 할 수 있습니다. 그러나 그는 하나님 앞에 부름받았다는 것이 무슨 의미인지, 하나님의 자녀답게 사는 것이 무엇인지에 대해서는 아직 충분히 이해하고 있지 못합니다. 결론부터 말하면 야곱의 생애는 하나님을 알고 예수 그리스도의 필요성을 깨달았으면서도 하나님을 주인으로 모시지 않는 인생을 보여 주는 것이라 할 수 있습니다.

'예수 그리스도를 믿는다'라는 말에는 두 가지 고백이 함께 담겨 있습니다. 하나는 예수를 '구세주' 곧 '구원자'로 영접한다는 고백이고, 다른 하나는 예수를 '주님'으로 모신다는 고백입니다.

즉 예수 그리스도를 '주와 구원자'로 받아들인다는 말입니다. '주와 구원자'는 사도행전에 나온 사도들의 설교의 공통 주제입니다. '이 예수를 하나님이 주와 그리스도가 되게 하셨느니라'(행 2:36). '그를 오른손으로 높이사 임금과 구주로 삼으셨느니라'(행 5:31). 이런 구절들에서 보듯 예수님은 우리를 죄에서 구원하신 구세주일 뿐만 아니라 우리 삶을 인도하시는 주님이십니다.

예수를 구세주로 영접하는 일은 어찌 보면 간단한 것 같습니다. 우리를 죄에서 구원하신 분으로 예수님을 받아들이면 그만이기 때문입니다. 반면, 예수 그리스도를 주님으로 모시는 일은 그리 간단하지 않습니다. 전 생애가 걸립니다. 많은 신자들이 예수 그리스도로 말미암아 구원을 얻는다는 점에는 동의하면서도 여전히 자기 인생의 주인은 자기라고 생각하여 하나님에게 이래라저래라 하면서 살고 싶어 합니다. 이런 태도는 야곱의 생애 곳곳에 드러나는데, 특히 극적으로 드러난 사건이 바로 얍복 나루 사건입니다.

야곱은 하나님을 아는 사람인데도 자기 인생을 하나님과 관계없이 자기 각본대로 끌고 갑니다. 야곱에게 하나님은 축구나 농구에서 어시스트해 주는 분에 불과한 것입니다. 이를테면 축구장에서 자기가 득점하기 좋은 위치에 서 있을 테니 하나님더러 크로스패스하라고 고함을 지르는 것과 같습니다. 하나님이 얼른 공을 넘겨주면 자기가 알아서 차 넣을 테니 그저 패스나 잘 해달라고 하나님에게 지시하는 것입니다. 그런데 하나님을 이런 식으로 대우했다가는 골대에 머리를 몇 번 찧고서야 정신을 차리게 될 것입니다. 야곱이 겪은 얍복 나루 사건도 바로 이런 일입니다.

하나님은 당신이 우리에게 고작 어시스트나 하는 정도에 머무는 것을 용납하시지 않습니다. 이것을 알게 하시려고 우리 인생에 고단하고 답답한 일이 일어나는지 모릅니다. '이상하다. 나는 하나님의 일에 열심을 내며 살고 있는데, 왜 하나님은 내 문제를 해결해 주시지 않을까. 하나님이 살짝 패스만 해 주시면 쉽게 골을 넣을 텐데, 왜 도와주시지 않을까'라며 의아해합니다. 아직도 하나님을 내 인생의 보조자쯤으로 여기는 것입니다. 그러나 하나님은 우리 인생의 보조자로 만족하시지 않습니다. 하나님이 욕심 많은 우리와 타협해 버리시면 우리 신앙은 무너지고 말 것이기 때문입니다. 그래서 하나님은 우리 바람대로 공을 패스해 주시지 않고 우리가 보기에 자꾸 이상한 것만 던져 주시는 것입니다. 공이 아니라 수박을 던져 준다고나 할까요. 동그랗게 보여 공인 줄 알고 헤딩했더니 수박이 깨져 골도 못 넣고 축구장을 청소해야 하는 번거로운 일만 생깁니다. 하나님은 당신의 자존심 때문이 아니라 우리의 유익을 위해 그렇게 하시는 것입니다.

야곱은 생애 내내 하나님을 자기 종으로 거느리고 다닙니다. 형에게서 장자의 명분을 빼앗을 때에도, 아버지를 속여 형이 받아야 할 복을 가로챌 때에도 그는 자기 마음대로 행동했습니다.

이렇게 제멋대로 행동하는 야곱을 하나님은 묵묵히 보고 계셨습니다. 그러다가 하나님은 야곱의 이런 모든 행위를 쓸모없게 하십니다. 야곱은 자기 바람대로 장자의 명분을 빼앗고 아버지에게서 형이 받을 복을 가로채지만 그 후에 어떤 일이 일어납니까? 야곱은 하란으로 도망쳐야 했습니다. 도망간 하란에서는 행복했을까요? 그렇지 않았습니다. 야곱은 자기가 정말 좋아했던 라헬을 아내로 삼고자 했지만, 하나님은 레아와 여종들까지 덤으로 붙여 주십니다. 사실 덤이 아니라 혹을 붙인 격이라서 야곱은 몇 곱절 더 고단한 인생을 삽니다. 집에 들어가는 것이 지옥입니다. 일을 마치고 돌아오면 부인 넷이 문 앞에서 기다리고 있다가 서로 야곱을 차지하겠다고 다툽니다.

도망간 하란에서 야곱은 여러 꾀를 내어 큰 부자가 되지만 외삼촌 라반과 생긴 불화로 말미암아 거기서도 살 수 없게 됩니다. 야곱은 가족과 가축을 이끌고 외삼촌 집에서 나옵니다. 큰 부자가 되었으니 위풍당당하게 금의환향이라도 하는 것일까요? 그렇지 않습니다. 야곱은 귀향하는 길 내내 벌벌 떱니다. 형 에서가 부하를 사백 명이나 거느리고 자기를 만나려 한다는 소식을 듣자 간담이 서늘해집니다. 그래서 자기 일행과 가축을 두 떼로 나누어 혹시 있을지 모를 형의 공격으로부터 재산을 조금이라도 지킬 계획을 세웁니다. 나중에 형을 만나게 되었을 때에도 그 앞에 나아가 일곱 번이나 절하며 목숨을 보전하려고 애를 씁니다. 심지어 형을

'주'라고까지 부르며 자신은 '종'이라고 한껏 낮춥니다. "주여, 저는 주의 종입니다." 장자의 명분을 빼앗는 것으로 시작된 그의 모든 노력이 고개를 땅에 박은 채 형에게 자신을 '종'이라고 조아리는 굴욕으로 귀결된 것입니다. 그 처지가 참 딱합니다.

야곱의 이런 딱한 처지는 얍복 나루 사건에서 절정에 달합니다. 목숨이 경각에 달렸다고 판단한 야곱은 에서의 마음을 누그러뜨릴 방법을 고심하다가 형에게 줄 선물을 여러 떼로 나누어 하인에게 먼저 딸려 보냅니다. 만일 에서가 물으면 "이것은 주의 종 야곱이 자기 주 에서에게 보내는 예물입니다"라고 말하도록 종들에게 지시합니다. 그렇게 선물을 보내고 또 보내고 맨 나중에 아내와 자식마저 앞세운 다음 이제 야곱은 강 이쪽에 홀로 남습니다. 이런 꼴인데도 야곱은 아직 자기 인생이 자기 손에 달려 있다고 생각합니다. 전부를 잃은 최후 순간까지도 자기 인생의 주인을 자기로 착각하고 있는 것입니다.

이제 하나님이 개입하려고 직접 내려오십니다. "야곱아, 아직도 네 인생의 주인이 너라고 생각하느냐. 네 인생의 주인은 바로 나다. 너의 생사화복을 주관하는 이는 네가 아니라 나 하나님이다." 이것을 야곱에게 확인시키려고 하나님이 친히 내려와 이 씨름을 거신 것입니다. 그래도 야곱은 내 인생은 나의 것이라며 자기가 주인이라고 고집스럽게 버팁니다. 그러자 하나님은 최후 선언을 하십니다. "이래도 너는 끝까지 지지 않고 네 마음대로 하고 싶어 하는구나. 그럼, 어디 너 혼자 잘 살아 봐라"라고 한 후 떠나시려고 합니다. 이것이 25절에 담긴 의미입니다. "자기가 야곱을 이기지 못함을 보고 그가 야곱의 허벅지 관절을 치매 야곱의 허벅지 관절이 그 사람과 씨름할 때에 어긋났더라"(창 32:25). 이렇게 하나님이 몸소 찾아오셨는데도 인간은 쉽게 항복하지 않더라는 이야기가 바로 얍복 나루 사건입니다. 하나님의 사자는 자기가 야곱을 이길 수 없음을 알고는 야곱의 허벅지 관절을 칩니다. "내가 떠나면 너는 끝이다"라는 최후 경고가 내려진 것입니다.

그제야 야곱이 알아듣습니다. 마침내 야곱이 무릎을 꿇은 것입니다. 자기 인생의 주인이 자신이 아니라는 사실을 비로소 받아들이고 하나님을 붙듭니다. 26절에 나온 '당신이 내게 축복하지 아니하면 가게 하지 아니하겠나이다'라는 말이 무슨 뜻일까요? 우리는 이 말을 대개 "봐라. 야곱이 이렇게 간청하고 애원하여 마침내 복을 받아 내지 않았느냐" 하는 의미로 읽고는 이 사건을 '끈질긴 기도로 얻어 낸 복'이라는 교훈으로 성급하게 마무리합니다. 그러나 야곱의 말은 결코 그런 의미가 아닙니다. 야곱은 '당신이 내게 축복하지 아니하면 가게 하지 아니하겠나이다'라는 말로 하나님에게 항복을 선언하고 있는 것입니다. 드디어 야곱이 하나님에게 항복하는 자리에 이른 것입니다. 하나님의 마지막 경고를 듣고는 비로소 도와 달라고 하나님을 붙잡습니다. 자기 인생의 주인이 하나님이라는 사실을 이제야 깨달은 것입니다.

네 이름이 무엇이냐

그러자 비로소 하나님이 물으십니다. 네 이름이 무엇이냐. 이 질문은 야곱의 본질을 꿰뚫어 보는 질문이라 할 수 있습니다. 하나님은 야곱의 인생이 야곱에게 달려 있지 않고 하나님 손에 있다는 것을 알게 하려고 그에게 내려오셨습니다. 지금껏 하나님은 야곱의 인생에 개입하여 계속 이것을 말씀해 오셨는데도 그는 항복하지 않았습니다. 때로는 직접 간섭하셔서 알려 주셨지만 야곱은 듣지 않았습니다. 하나님은 끝까지 고집부리는 야곱을 이제 한 대 치시고 떠나가려고 합니다. 그제야 야곱이 알아듣습니다. 비로소 하나님이 하시는 말씀을 알아들었기에 이제 하나님에게 복을 달라고 하는 것입니다.

복을 달라고 간청하는 야곱에게 하나님은 물으십니다. 네 이름이 무엇이냐. 야곱에게 이름을 묻다니 이는 쉽게 꺼낼 수 있는 질문이 아닙니다. "네 이름이 무엇이냐." "야곱이니이다." '야곱'이란 이름의 뜻은 '약탈자'입니다. 사기꾼, 강도라는 뜻이 담겨 있습니다. 하나님이 야곱에게 확실히 해 두시려는 것은 이것입니다. "네 이름이 무엇이냐. 너는 약탈자가 아니냐. 그런데 왜 복을 달라고 구하느냐. 강도는 남에게 부탁하는 자가 아니지 않느냐."

강도는 남에게 부탁하거나 애원하지 않습니다. 막무가내로 들이대어 빼앗아 가는 자가 강도입니다. 야곱은 그 이름이 지닌 뜻대로 약탈하는 인생을 살아왔습니다. 야곱은 하나님을 아는 사람이었지만, 자기 인생을 하나님이 인도해 주시기를 구하지는 않았습니다. 그는 약탈자, 강도처럼 살아왔습니다. 약탈자는 자신이 원하는 바를 힘으로 얻어 내는 사람입니다. 자기 인생의 주인이 자기입니다. 이런 사람이 이제 하나님의 사자를 붙들고 축복해 달라고 구한 것입니다.

축복해 달라는 것은 남에게 도움을 청하는 행위인데, 약탈자인 야곱이 지금 이렇게 애원하고 있습니다. 이런 야곱에게 하나님은 그의 이름을 물으셔서 그가 원래 어떤 존재인지 알게 하십니다. 너는 약탈자이면서 왜 나에게 복을 달라고 애원하느냐, 너는 남에게 도움을 청하는 사람이 아니지 않느냐, 원하는 것이 있으면 언제나 네 손으로 빼앗아야 직성이 풀렸던 사람이 아니냐, 이런 의미를 담아 하나님은 야곱의 이름을 물었던 것입니다.

그는 "야곱이니이다"라고 답합니다. 뻔뻔스럽지 않고서야 자기 이름을 "나는 약탈자입니다"라고 말할 수는 없을 것입니다. 그런데 지금 야곱은 "나는 약탈자입니다. 강도입니다"라고 말하고 있는 셈입니다.

"나는 강도입니다"와 같은 고백은 간증 자리에서 흔히 들을 수 있는 이야기입니다. 교회에서 간증을 나누는 모습을 보면 참 재미있습니다. 간증하는 사람은 대개 옛날에 자기가 얼마나 못된 사람이었는지를 이야기하는데, 이런 어두운 이야기를 다들 웃으면서 듣습니다. 이 광경은 제삼자에게 아주 희한해 보일 것입니다. 개중에는 사람을 때렸다는 이야기도 있고 헌금을 훔쳐 달아났다는 이야기도 있는데, 듣는 이들은 박수하며 웃거나 감격하여 웁니다. 말하는 쪽은 차마 입에 담을 수 없는 범행 현장을 낱낱이 묘사하고 있는데, 청중은 이런 생생한 범죄 사실을 들으며 중간중간 "아멘"이라고 응수하며 박수까지 치니 이상스러운 일입니다. 그러나 신자들은 이것을 이상하게 여기지 않습니다. 왜냐하면 간증하는 사람이 이미 회개했다는 것을 알기 때문입니다.

얍복 나루 사건에서 야곱이 자기 이름, 곧 약탈자로 살았던 자기 인생을 이야기하는 것이 바로 이와 같습니다. "네 이름이 무엇이냐." "강도입니다." 이미 자기가 어떤 사람인가를 깨달은 야곱은 더 이상 어찌할 수 없을 만큼 한껏 낮춘 채 이 고백을 꺼내 놓고 있는 것입니다.

이런 고백을 한 야곱에게 어떤 복이 내려집니까? 그의 이름이 바뀝니다. '야곱'에서 '이스라엘'로 이름이 바뀝니다. '이스라엘'이란 이름은 '하나님과 겨루어 이겼다'라는 뜻입니다. '약탈자'에서 '하나님과 겨루어 이긴 사람'으로 바뀐 것입니다. 하나님과 겨루어 이겼다니 이는 무슨 뜻일까요?

야곱은 하나님을 손쉽게 이긴 것이 아닙니다. 그는 허벅지 관절이 부러지는 아픔을 겪었습니다. 그냥 손쉽게 이긴 것이라면 야곱은 복을 받을 수도, '이스라엘'이라는 새 이름을 받을 수도 없었을 것입니다. 그가 이겼다는 것은 무슨 뜻일까요? 그가 드디어 하나님과 더불어 사는, 하나님의 사람으로 복을 얻어 내는 일에 승리했다는 뜻입니다. 얍복 나루에서 야곱에게 씨름을 건 하나님의 사자는 자기가 야곱을 이기지 못함을 보자 떠나려고 했습니다. 그런데 야곱이 그럴 수는 없다고, 즉 하나님 없이는 살 수 없다고 항복한 것입니다. 그렇다면 '하나님과 겨루어 이겼다'라는 말은 우리가 흔히 생각하는 것과는 다른 차원의 승리를 의미하고 있음이 분명합니다.

가게 하지 아니하겠나이다

야곱의 생애 목표는 '어떻게 복을 얻어 낼 것인가' 하는 것이었습니다. 그는 자기 힘으로 복을 얻어 내려고 했고 하나님을 그저 이 일에 도움을 주는 보조자 정도로 여겼습니다. 하란에서 외삼촌 라반의 일을 돌보던 야곱의 모습을 떠올려 봅시다. 오랫동안 라반을 위해 일했던 야곱이 이제 고향으로 돌아가겠다고 하자, 라반이 만류합니다. 야곱 덕분에 복을 받아 재산이 늘어나자 라반은 그를 보내기 싫었던 것입니다. 그러자 야곱은 이런 제안을 합니다. 야곱이 돌보는 라반의 가축 중에서 얼룩진 것과 점 있는 것은 자기의 소유로 하겠다는 제안입니다. 라반은 이에 동의하지만, 실은 속임수를 써서 얼룩진 것과 점 있는 것을 미리 빼돌립니다. 그런데 하나님의 도우심으로 얼룩지고 점 있는 양과 염소가 많아지게 되어 야곱은 큰 떼를 거느리게 됩니다. 이렇듯 야곱의 인생에는 늘 그를 돕는 하나님의 손길이 있었습니다. 하나님이 도와주신 것입니다.

이처럼 하나님은 우리도 도와주십니다. 우리 인생에 하나님의 도움이 미치지 않는 곳은 없습니다. 하지만 기억할 점이 있습니다. 하나님은 보조자로서 우리를 도와주시는 것이 아니라는 점입니다. 하나님을 이렇게 이해한다면 정말 큰일입니다. 하나님이 우리를 도와주시는 것은 우리가 당신의 자녀이기 때문입니다. 하나님은 우리를 지키시고 인도하시고 우리 삶을 보장해 주십니다. 그런 하나님이시기에 시편에서 보듯 하나님은 우리의 산성이요 방패이며 영원한 구원의 반석이라고 찬송할 수 있는 것입니다. 시편이 노래하는 하나님은 그저 우리의 소원을 이루어 주는 알라딘의 요술 램프 속 요정 같은 존재가 아닙니다.

하나님을 믿는다고 하면서 아직도 인생이 자기 손에 달려 있다고 생각한다면, 조만간 우리는 얍복 나루에서 하나님이 걸어오시는 씨름을 마주해야 할 것입니다. 이것은 틀림없는 사실입니다. 어떤 경우에도 하나님은 당신이 주인이 아닌 기독교 신앙을 신자에게 허락하신 적이 없습니다. 하나님은 당신을 주인으로 인정하도록 우리에게 강요하시는 분이 아니지만, 그렇다고 하나님의 주인 되심을 양보하시지도 않습니다. 여기에 하나님의 하나님 되심의 신비가 있습니다.

앞 장에서 언급했듯, 하나님은 우리가 공포와 두려움 때문에 할 수 없이 하나님 앞에 굴복하는 것을 원하시지 않습니다. 하나님은 우리가 사랑과 존경에서 우러나오는 항복을 바치기를 원하십니다. 그래서 야곱이 걸었던 것 같은 긴 여정을 허락하시는 것입니다. 우리는 긴 세월이 지나며 여러 일들을 겪고 나서야 하나님이 어떤 분인가를 비로소 알게 됩니다.

우리는 신실한 이들이 어려움에 처하는 경우를 주변에서 자주 보곤 합니다. 이럴 때 신앙생활에서 혼란을 겪습니다. 그동안 열심히 신앙생활하며 바르게 살아왔고 잘못한 일도 별로 없는 것 같은데 덜커덕 어려움에 빠집니다. 왜 이런 삶을 살게 되는지 도무지 이해할 수 없는 경우가 우리 인생에는 많이 있습니다. 그래서 많은 신자들이 하나님은 도대체 어떤 분인지 모르겠다, 내가 무엇을 잘못했기에 이런 일을 허락하시는가, 내게 무엇을 원하시기에 이렇게 하신단 말인가, 하고 묻게 됩니다. 또 내가 잘 사는 꼴이 배 아프신가, 내가 꼭 고통을 겪어야만 하나님 속이 후련하시겠는가, 하는 뒤틀린 생각마저 드는 때도 있습니다. 그러나 하나님은 결코 그런 분이 아닙니다. 이런 일들을 겪으며 알게 되는 것은 바로 우리 자신의 참모습입니다. 얍복 나루 사건이 말해 주는 바가 바로 이것입니다. 하나님을 안다고 하지만 아직 하나님을 인생의 주인으로는 모시고 살지 않는 우리 모습이 선명히 드러나 있습니다. 창세기 32장 3절 이하를 봅시다.

> 야곱이 세일 땅 에돔 들에 있는 형 에서에게로 자기보다 앞서 사자들을 보내며 그들에게 명령하여 이르되 너희는 내 주 에서에게 이같이 말하라 주의 종 야곱이 이같이 말하기를 내가 라반과 함께 거류하며 지금까지 머물러 있었사오며 내게 소와 나귀와 양 떼와 노비가 있으므로 사람을 보내어 내 주께 알리고 내 주께 은혜 받기를 원하나이다 하라 하였더니 사자들이 야곱에게 돌아와 이르되 우리가 주인의 형 에서에게 이른즉 그가 사백 명을 거느리고 주인을 만나려고 오더이다 (창 32:3-6)

이제 야곱은 하란에서의 오랜 객지 생활을 접고 고향으로 돌아가고자 합니다. 야곱은 자기 종들을 에서에게 먼저 보내어 그간 자신의 형편과 자기가 돌아간다는 기별을 전합니다. 야곱의 종들이 에서를 마주친 후, 야곱에게 보고합니다. "주인님의 형님이 부하 사백 명을 거느리고 주인님을 만나러 나오고 있습니다." 상황 보고를 받은 야곱은 이제는 다 끝났구나, 여태껏 형님이 그 일을 잊지 않고 있었구나, 하는 두려움에 휩싸입니다. 야곱은 꾀를 내어 조치를 취하고는 하나님에게 기도합니다.

────── 야곱이 심히 두렵고 답답하여 자기와 함께 한 동행자와 양과 소와 낙타를 두 떼로 나누고 이르되 에서가 와서 한 떼를 치면 남은 한 떼는 피하리라 하고 야곱이 또 이르되 내 조부 아브라함의 하나님, 내 아버지 이삭의 하나님 여호와여 주께서 전에 내게 명하시기를 네 고향, 네 족속에게로 돌아가라 내가 네게 은혜를 베풀리라 하셨나이다 나는 주께서 주의 종에게 베푸신 모든 은총과 모든 진실하심을 조금도 감당할 수 없사오나 내가 내 지팡이만 가지고 이 요단을 건넜더니 지금은 두 떼나 이루었나이다 내가 주께 간구하오니 내 형의 손에서, 에서의 손에서 나를 건져내시옵소서 내가 그를 두려워함은 그가 와서 나와 내 처자들을 칠까 겁이 나기 때문이니이다 주께서 말씀하시기를 내가 반드시 네게 은혜를 베풀어 네 씨로 바다의 셀 수 없는 모래와 같이 많게 하리라 하셨나이다 (창 32:7-12)

야곱의 기도를 들으면 두 가지 생각이 듭니다. 하나는 야곱이 기도를 참 괜찮게 하는구나 하는 생각이고, 다른 하나는 야곱은 정말 뻔뻔한 사람이구나 하는 생각입니다. 절박한 상황에 몰리면 사람은 올바르고 그럴싸한 기도를 곧잘 합니다. 지당하고 옳은 기도를 하면 정말 그럴듯해 보이지만, 그 기도가 아직 진짜 자기 기도는 아닙니다.

야곱의 기도를 봅시다. '내 조부 아브라함의 하나님, 내 아버지 이삭의 하나님'이라고 하여 족보까지 언급하며 기도하고 있습니다. 또 '여호와여 주께서 전에 내게 명하시기를 네 고향, 네 족속에게로 돌아가라 내가 네게 은혜를 베풀리라 하셨나이다'라고 하여 자기가 지금 이런 상황에 처하게 된 것이 하나님이 하라는 대로 했기 때문이라고 말하고 있습니다. 여기 나온 야곱의 기도는 "하나님, 하나님이 저더러 고향으로 돌아가라고 하시지 않았습니까? 제가 돌아가고 싶어서 갔습니까? 하나님이 가라고 해서 간 것입니다"라고 말하는 셈입니다. 꼭 이럴 때 하나님을 갖다 붙입니다. 하나님이 가라고 해서 간 것이지 자기가 원해서 돌아간 것은 아니라고 선을 긋습니다. 야곱은 하나님의 약속도 언급합니다. "하나님이 약속하시지 않았습니까? 제 자손을 하늘의 별같게, 바다의 모래 같게 해 주겠다고 하시지 않았습니까. 그래 놓고 이제 와서 저를 죽게 두시면 어떡합니까?"라는 부르짖음입니다. 구구절절 옳은 기도이지만, 야곱은 지금 어떤 모습으로 서 있습니까? 하나님이 도전해 온 씨름에 항복하지 않은 채, 얍복 나루에 버티고 서 있습니다. 하나님에게 멋진 기도를 드리면서도 막상 하나님이 걸어온 씨름에는 지지 않으려는 야곱의 모순은 우리 자신에게서도 늘 발견되는 모습입니다.

유려한 신앙고백을 했다고 해서 자신이 고백한 수준에 와 있다고 생각하면 오산입니다. 인간은 그렇게 쉽게 항복하는 존재가 아닙니다. 인간은 생각보다 더 악질이고, 우리가 악질이라고 여기는 것보다 더 지독한 존재입니다. 인생을 살면 살수록 더 수긍하게 되는 대목입니다. '이제 다시는 그런 죄를 안 지을 것 같다' 하는 생각을 삼십 번쯤 하고 난 후에도 '정말 이제 다시는 안 그럴 것 같다'가 아니라 '나는 아마도 또 그럴 것 같다'라는 생각이 드는 존재가 바로 인간입니다. 야곱이 그런 존재이며 우리 역시 그런 존재입니다.

지독한 열심, 맹렬한 사랑

압복 나루 사건을 통해 발견하게 되는 은혜가 바로 여기에 있습니다. 야곱을 찾아와 씨름하시고 허벅지 관절을 부러뜨리기까지 하시는 하나님의 손길을 보십시오. 그것은 분노나 포기가 아닙니다. 심판은 더더욱 아닙니다. 그것은 사랑입니다. 이렇게까지 하시는 것은 사랑 때문입니다.

    성경에서 가장 고집이 센 사람은 아마 야곱이 아닐까 생각합니다. 우리 같으면 야곱보다는 조금 더 빨리 항복했을 것 같습니다. 성경에서 고집불통의 대명사로 불리는 사람이 바로 야곱인데, 이런 야곱마저 하나님이 마침내 항복시키더라는 이야기가 압복 나루 사건입니다. 그러니 우리는 더 말할 것도 없습니다. 야곱을 얍복 나루에 세우시고야 마는 하나님, 마침내 야곱을 항복시키고야 마는 하나님을 보십시오.

도무지 하나님에게 항복하지 않고 제 뜻대로 아등바등 살려는 야곱에게 하나님은 씨름을 걸어오셨습니다. 씨름을 걸어도 야곱이 물러서지 않고 고집을 부리자 이번에는 어떻게 하십니까? 허벅지 관절을 부러뜨리십니다. 만일 야곱이 허벅지 관절이 부러지고 나서도 계속 말을 안 들었다면 하나님은 어떻게 하셨을까요? 아마 머리털을 몽땅 뽑아 버리셨을지도 모릅니다. 하나님은 언제까지 그렇게 하셨을까요? 마침내 야곱이 완전히 항복할 때까지 그렇게 하셨을 것입니다.

예수를 믿어 받는 복이 이것입니다. 하나님은 절대로 우리를 놓지 않으신다는 사실입니다. 이 사실은 복이면서 동시에 경고입니다. 하나님은 절대로 그냥 넘어가시지 않습니다. 우리에게도 그리하실 것입니다. 그러니 이제 우리에게 다른 길은 없다고 생각해야 합니다.

하나님은 당신이 택하신 자녀를 결코 포기하지 않으십니다. 이 일을 잘 드러내 주는 가장 큰 증거가 무엇입니까? 하나님은 당신의 독생자 예수 그리스도를 갈보리 십자가에 못 박아 죽이시기까지 우리를 사랑하셨습니다. 그 지독한 열심을 헤아릴 수 있겠습니까. 이런 하나님이 우리 다리 하나쯤 못 부러뜨리시겠습니까. 자기 아들 예수 그리스도를 십자가에 매달고야 마신 하나님이심을 기억하십시오. 우리는 두려워해야 합니다. 공포를 조성하려고 꺼낸 이야기가 아닙니다. 여기 하나님의 지독한 사랑에 대한 이야기가 있습니다. 기어코 이루시고야 마는 하나님의 맹렬한 열심에 대한 이야기입니다. 그러니 하루라도 빨리 항복하십시오.

신자가 반드시 인정해야 할 내용이 있습니다. 예수 믿는 자에게는 더 이상 절망이 없다는 것입니다. 신자에게 절망이란 없습니다. 이제 나는 끝이다, 하나님이 나 같은 사람까지 돌아보실까, 이런 생각만큼 하나님을 모욕하는 말은 없습니다. 당신의 아들을 십자가에 못 박기까지 하신 하나님입니다. 하나님이 용서하시지 못할 죄란 없습니다. 하나님은 그 어떤 것을 감수하고서라도 우리를 당신의 자녀답게 만드실 것입니다. 그런 집념과 열심을 가지신 분입니다.

얍복 나루에 선 야곱이 아니라 얍복 나루에 야곱을 세우시고야 마는 하나님을 보아야 합니다. 이 하나님의 열심을 안다면 감사가 나올 수밖에 없습니다. 우리는 하나님을 주인으로 섬기며 사는 훈련을 기꺼이 받겠다고 결심해야 하는 자리로 초대받았습니다. 우리의 구원자만이 아니라 우리 삶의 주인이 되기를 원하시는 하나님이 우리에게 찾아오셔서 씨름을 걸어오셨습니다. 이 열심 앞에 기꺼이 항복하는 복된 인생이 되기 바랍니다.

야곱의 전능자의 손을
힘입음이라

09

22 요셉은 무성한 가지 곧 샘 곁의 무성한 가지라 그 가지가 담을 넘었도다 **23** 활쏘는 자가 그를 학대하며 적개심을 가지고 그를 쏘았으나 **24** 요셉의 활은 도리어 굳세며 그의 팔은 힘이 있으니 이는 야곱의 전능자 이스라엘의 반석인 목자의 손을 힘입음이라 **25** 네 아버지의 하나님께로 말미암나니 그가 너를 도우실 것이요 전능자로 말미암나니 그가 네게 복을 주실 것이라 위로 하늘의 복과 아래로 깊은 샘의 복과 젖먹이는 복과 태의 복이리로다 **26** 네 아버지의 축복이 내 선조의 축복보다 나아서 영원한 산이 한 없음 같이 이 축복이 요셉의 머리로 돌아오며 그 형제 중 뛰어난 자의 정수리로 돌아오리로다 (창 49:22-26)

♦♦♦ 이번 장에서는 야곱의 말년을 다룹니다. 지금까지 우리는 야곱의 생애를 그 시작부터 추적해 오면서 하나님이 야곱을 당신의 손으로 고치시고 빚어 가시는 과정을 살펴보았습니다. 야곱의 생애를 잘 이해할 수 있게 해 주는 사건을 들라고 하면, 벧엘 사건과 얍복 나루 사건을 꼽을 수 있을 것입니다. 형 에서를 피하여 도망가던 야곱에게 하나님이 꿈으로 나타나 그에게 복을 약속하신 일이 벧엘 사건입니다. 또 형 에서에게서 도망해 잘 살아 보려 했으나 결국 형 앞에 두려움으로 다시 서야 했던 야곱에게 하나님이 씨름을 걸어와 그의 이름을 바꾸어 항복하게 하신 일이 얍복 나루 사건입니다. 파란만장했던 야곱의 삶도 이제 황혼에 이르렀습니다. 하나님의 손길을 통해 야곱은 어떤 사람으로 변화되었을까요? 성경의 위인들에게서 발견될 것이라 기대했던 빛나는 결실과는 다른, 독특한 결실이 야곱에게서 맺힙니다. 하나님이 야곱으로 여러 과정을 겪게 하신 다음 그에게 어떤 결실을 이루셨는지 확인해 봅시다.

네 아버지의 하나님께로 말미암나니

창세기 49장에는 죽음을 앞둔 야곱이 아들들을 불러 놓고 그들이 장차 겪을 일들을 일러 주는 장면이 나옵니다. 야곱은 아들 한 사람 한 사람의 장래를 예언하며 그들에게 복을 빌어 주는데, 이 대목에서 야곱의 변화된 모습이 엿보입니다.

본문 말씀은 야곱이 요셉을 축복하는 장면입니다. 22절부터 읽어 봅시다. '요셉은 무성한 가지 곧 샘 곁의 무성한 가지라 그 가지가 담을 넘었도다 활쏘는 자가 그를 학대하며 적개심을 가지고 그를 쏘았으나 요셉의 활은 도리어 굳세며 그의 팔은 힘이 있으니.' 야곱은 요셉을 샘 곁의 무성한 가지에 비유합니다. 얼마나 무성하게 잘 자랐는지 가지가 담장을 넘었다고 합니다. 활쏘는 자들이 요셉의 무성함을 보자 적개심을 품고 그를 향해 활을 쏘지만, 적의를 품고 쏜 그들의 활보다 요셉이 쏜 활이 도리어 굳세다고 합니다. 야곱은 요셉의 활이 굳세며 그의 팔이 힘 있는 이유를 이렇게 언급합니다. "요셉의 활은 도리어 굳세며 그의 팔은 힘이 있으니 이는 야곱의 전능자 이스라엘의 반석인 목자의 손을 힘입음이라"(창 49:24). 야곱의 전능자요 반석이신 하나님이 함께하셔서 그렇다는 것입니다. 이 대목이 참 흥미롭습니다.

야곱은 요셉의 강함이 누구로 말미암은 것이라고 말합니까? 요셉의 강함은 전능자의 손을 힘입었기 때문이라고 합니다. 그런데 이 전능자를 누구의 전능자라고 표현하였습니까? '야곱의 전능자'라고 하였습니다. 야곱이 요셉을 축복하면서 자기 이름을 여기 집어넣은 것입니다.

이와 비슷한 표현이 계속 이어집니다. 25절의 '네 아버지의 하나님께로 말미암나니'에서도 단순히 '하나님께로 말미암나니'라고 하지 않고 '네 아버지의 하나님'이라고 덧붙입니다. 여기서 '네 아버지'가 누구입니까? 화자인 야곱 자신입니다. 자신의 이름을 여기 넣다니 좀 낯간지럽게 여겨지기도 합니다. 요셉을 축복하는 자리에서 야곱은 복을 빌어 주는 한마디 한마디에 이런 표현을 담고 있는 것입니다. 또 26절에 보면, '네 아버지의 축복이 내 선조의 축복보다 나아서'라고 다시 한 번 강조하며 요셉에 대한 축복을 마무리합니다. 복을 빌어 주는 말 곳곳에 자신의 이름을 언급한 것을 보니 야곱은 자부심이 대단한 사람 같아 보입니다.

네 아버지의 축복이 내 선조의 축복보다 나아서

26절의 '네 아버지의 축복이 내 선조의 축복보다 나아서 영원한 산이 한 없음 같이 이 축복이 요셉의 머리로 돌아오며'라는 구절을 음미해 봅시다. 여기서 야곱은 자기가 받은 복을 자기 선조들이 받은 복과 비교하고 있습니다. 야곱의 선조가 누구입니까? 아브라함과 이삭입니다. 그렇다면 이 구절은 야곱의 축복을 아브라함과 이삭의 축복에 비교하고 있는 셈입니다. '야곱 대 아브라함과 이삭'이라고 하면 어느 쪽이 더 셀까요? 아브라함 하나만 놓고 보아도 야곱보다는 훨씬 나을 것 같은데, 야곱은 '네 아버지의 축복이 내 선조의 축복보다 나아서'라고 말하고 있습니다. 야곱은 어떤 사람으로 변화되었기에 이런 축복을 할 수 있게 된 것일까요?

이름이 암시하듯 야곱은 약탈자입니다. 약탈자는 원하는 것이 있으면 수단과 방법을 가리지 않고 빼앗는 사람입니다. 이처럼 야곱은 자기 힘과 꾀로 살아온 야심찬 정력가입니다. 그러면 '네 아버지의 축복이 내 선조의 축복보다 나아서'라는 야곱의 말에는 자수성가한 야심가의 자신감이 들어 있는 것일까요? 그렇지 않습니다. 요셉을 축복하면서 한 이 말에는 오히려 달라진 야곱의 간증이 들어 있습니다.

자칫 염치없는 자기 과시로 비칠 수 있는 야곱의 말을 살펴보면, 복을 베푸는 주체는 늘 '야곱의 전능자'나 '네 아버지의 하나님'으로 되어 있습니다. 한 번도 '나 야곱'이 주체가 된 적이 없습니다. 야곱은 일을 이루는 주체를 자신이 아닌 하나님으로 인정하고 있는 것입니다. 주체가 하나님인 것과 주체가 자기 자신인 것은 어떻게 다를까요? 이 차이에 대해서는 뒤에서 자세히 살펴보겠습니다. 여하튼 야곱은 이 둘의 차이를 알기에 '네 아버지의 축복이 내 선조의 축복보다 나아서'라고 말한 것입니다. 이 말은 '내가 내 선조보다 더 잘났다'고 하는 자랑이 담긴 표현이 아닙니다. 이 대목을 이해하지 못하면 야곱이 요셉을 축복하는 내용을 잘못 이해하게 됩니다.

어떤 문제를 두고 이야기할 때는 자기가 잘 아는 분야라야 상대에게 큰소리칠 수 있는 법입니다. 음악 이야기가 나오면 저는 우리 교회 성가대 지휘자에게 명함도 못 내밉니다. 제가 이래 봬도 음악을 꽤 아는 사람인데 말입니다. 저는 고교 시절 관악대에서 수자폰까지 불어 본 사람입니다. 수자폰은 어깨에 매고 부는 큰 악기인데, 햇빛을 받으면 번쩍번쩍 빛이 나 제법 그럴듯해 보입니다. 그래서 관악대가 행진할 때에는 이 수자폰이 꼭 빠지지 않습니다. 앞에서는 기다란 트롬본이 뽐내 주고, 뒤에서는 커다란 수자폰이 번쩍거리며 받쳐 줘야 제대로 된 관악대 행진이라 할 수 있습니다. 바로 그 수자폰을 다룬 사람이 접니다. 이 정도면 제법 음악성이 있다고 할 수 있습니다. 하지만 저는 성가대 지휘자만 만나면 잔뜩 움츠러들어 음악 이야기를 꺼낼 수가 없습니다. 모르는 사람 앞에서야 마음껏 뽐낼 수 있지만, 전문가 앞에서는 꼬리를 내릴 수밖에 없기 때문입니다.

'네 아버지의 축복이 내 선조의 축복보다 나아서'라는 말을 이런 시각에서 생각해 봅시다. 이 말이, 복은 사람에게서 말미암지 않고 하나님에게서 말미암는다는 사실에 기초한 고백이라면, 지금 야곱은 '누가 더 잘났느냐' 하는 관점이 아니라 '누가 하나님을 더 잘 아느냐' 하는 차원에서 말하고 있는 것입니다. 그러니 이 구절은 야곱이 자기 선조인 아브라함과 이삭보다 더 잘났고 훌륭하다는 자랑이 아니라, 자기가 선조 아브라함과 이삭보다 하나님을 더 잘 안다는 고백인 셈입니다. 결국 '네 아버지가 내 선조보다 하나님을 더 잘 안다'고 하는 고백인데, 이런 고백 역시 야곱이 자기 신앙의 우월함을 자랑하는 표현같이 느껴질 수 있습니다. 그러나 그렇지 않습니다. 왜 그렇지 않은지 그 이유를 살펴보면 이 고백이 얼마나 희망을 주는 이야기인가 알게 될 것입니다.

야곱은 아브라함이나 이삭보다 자기가 하나님을 더 잘 안다는 고백을 어떻게 할 수 있었을까요? 그것은 야곱이 아브라함이나 이삭보다 하나님에게 매를 더 많이 맞아 봤기 때문입니다. 이런 고통스러운 경험을 통해 야곱은 하나님을 더 깊이 알 수 있게 된 것입니다. 하나님은 야곱의 일생에 함께하셔서 그를, 당신을 아는 일에 이만큼 자신 있는 자로 만들어 내셨습니다. 그래서 이 고백은 자신의 남다름을 자랑하는 허세가 아니라 아픔의 시간을 겪어 낸 야곱의 간증인 것입니다.

하나님이 사람을 평생 훈련하시고 연단하시는 목적이 무엇일까요? 그 목적은 하나님이 누구신가를 알게 하는 데 있습니다. 우리가 손에 무엇을 얼마나 쥐고 사는지, 우리가 남한테 얼마나 극진한 대접을 받고 사는지에 대해 하나님은 별 관심이 없으십니다. 하나님의 관심은 우리가 하나님을 얼마큼 아는가에 있습니다.

하나님을 아는 일에 매가 반드시 필요한 것은 아닙니다. 말로 해서 알아듣는 사람도 있습니다. 물론 대부분은 말로 하면 잘 못 알아듣지만 말입니다. 야곱 역시 그런 사람이었습니다. 야곱은 매를 많이 맞았습니다. 그런데 그만큼 더 생생하게 하나님을 경험하게 되었습니다. 징계만큼 하나님을 더 확실히 알게 해 주는 경험도 없기 때문입니다. 야곱은 이 일의 증인이며 '네 아버지의 축복이 내 선조의 축복보다 나아서'라는 표현은 그의 고통스러운 경험을 통해 결실된 고백인 것입니다.

벧엘에 올라가 거기 거주하고

지금껏 우리는 야곱의 인생을 추적해 왔습니다. 야곱은 어떤 사람으로 태어났는가, 그는 어떤 복이 약속된 사람인가, 그럼에도 그는 어떻게 자기 고집대로 살아왔는가, 그 결과 자기가 뿌린 씨를 어떻게 거두었는가, 하는 질문에 대해 생각해 보았습니다. 야곱은 형에게서 장자의 명분을 빼앗은 후 어떤 일을 겪습니까? 그는 형 에서를 '나의 주'라고 부르며 자신을 형의 종으로까지 낮추는 굴욕을 경험합니다. 그가 아버지를 속이기 위해 염소 가죽을 팔과 목에 감고 들어가 복을 가로챈 일을 나중에 하나님이 이떻게 갚으셨습니까? 야곱은 자기 아버지처럼 자식들에게 당합니다. 야곱의 아들들은 야곱이 가장 사랑하는 아들 요셉을 팔아넘긴 후 이 일을 감추려 짐승이 요셉을 해친 것처럼 꾸밉니다. 그들은 요셉의 옷에 염소의 피를 묻혀 야곱을 속입니다. 이런 가슴 아픈 일을 겪으며 야곱은 먼 옛날 자기가 아버지를 속였던 일을 떠올렸을 것입니다.

어디 그뿐입니까? 야곱은 아버지의 축복을 받았으나 에서의 복수가 두려워 외삼촌 라반이 있는 밧단아람으로 도망쳐야 했습니다. 거기서는 평안히 살았을까요? 그렇지 않습니다. 야곱을 기다리고 있는 것은 평탄한 삶이 아니었습니다. 야곱은 외삼촌을 의지하여 살았으나 외삼촌은 야곱을 여러 번 속입니다. 야곱은 사랑하는 여인 라헬을 얻으려고 칠 년이나 무보수로 일했지만, 외삼촌의 계략으로 원하지 않던 레아까지 떠안게 되어 십사 년을 돈 한 푼 못 받고 일합니다. 그래도 야곱은 최선을 다해 재산을 모아 보지만 외삼촌의 속임수와 질시를 견뎌야 했습니다. 피난을 간 곳 역시 결코 안전지대가 아니었던 것입니다. 도망간 곳에서마저 다시 도망쳐야 했으니 이제 어디로 가야 할까요? 야곱은 고향으로 돌아가기로 합니다. 이 길 말고 달리 선택할 여지가 없기 때문입니다. 그런데 어렵게 결단하여 귀향길에 들어선 야곱을 마중 나온 것은 장정 사백 명을 이끌고 오는 살기등등한 형 에서입니다. 사면초가의 공포에 질린 야곱은 얍복 나루에 홀로 섭니다. 거기서 야곱은 하나님을 만나 이스라엘로 이름이 바뀝니다.

야곱이 이스라엘로 바뀌었으니 이것으로 야곱의 고통은 끝난 것일까요? 그렇지 않습니다. 창세기 34장을 보면, 비참한 사건이 기록되어 있습니다. "레아가 야곱에게 낳은 딸 디나가 그 땅의 딸들을 보러 나갔더니 히위 족속 중 하몰의 아들 그 땅의 추장 세겜이 그를 보고 끌어들여 강간하여 욕되게 하고"(창 34:1-2). 이 사건으로 레아의 아들들이 몹시 분개하여 세겜 성의 모든 남자들을 죽여 버립니다. 야곱은 딸을 걱정할 틈이 없습니다. 이 상황을 어찌 수습해야 할지 큰 두려움에 빠진 채 아들들에게 말합니다. "우리는 이방에서 온 사람들인데 이곳 원주민과 원수가 되었으니 어쩌면 좋단 말인가!"

'디나 사건'은 왜 일어나게 되었을까요? 추정해 볼 수 있는 단서가 35장에 나옵니다. 비참한 사건을 겪느라 피폐해진 야곱에게 하나님이 명령하신 내용을 통해 이 사건의 이유를 짐작해 볼 수 있을 것입니다. "하나님이 야곱에게 이르시되 일어나 벧엘로 올라가서 거기 거주하며 네가 네 형 에서의 낯을 피하여 도망하던 때에 네게 나타났던 하나님께 거기서 제단을 쌓으라 하신지라"(창 35:1). 하나님이 야곱에게 벧엘로 올라가서 거기 거주하고 형 에서로부터 도망하던 때에 나타났던 하나님에게 거기서 제단을 쌓으라고 명하십니다. 하나님이 명령하신 것은 두 가지입니다. 하나는 벧엘로 가서 거기 거주하라는 명령이고, 다른 하나는 벧엘에서 제단을 쌓으라는 명령입니다. 왜 하나님은 이때 야곱에게 이런 명령을 내리셨을까요? 디나 사건이 일어나기 전에 어떤 일이 있었던 것일까요? 33장 17절 이하를 봅시다.

——— 야곱은 숙곳에 이르러 자기를 위하여 집을 짓고 그의 가축을 위하여 우릿간을 지었으므로 그 땅 이름을 숙곳이라 부르더라 야곱이 밧단아람에서부터 평안히 가나안 땅 세겜 성읍에 이르러 그 성읍 앞에 장막을 치고 그가 장막을 친 밭을 세겜의 아버지 하몰의 아들들의 손에서 백 크시타에 샀으며 거기에 제단을 쌓고 그 이름을 엘엘로헤이스라엘이라 불렀더라 (창 33:17-20)

야곱이 밧단아람에서부터 '평안히' 가나안 땅에 돌아왔다고 기록되어 있습니다. 야곱의 무사 귀환을 보니 전에 그가 도망치는 길에 다다른 벧엘에서 하나님에게 서원했던 내용이 떠오릅니다. 창세기 28장 20절입니다.

　　——— 야곱이 서원하여 이르되 하나님이 나와 함께 계셔서 내가 가는 이 길에서 나를 지키시고 먹을 떡과 입을 옷을 주시어 내가 평안히 아버지 집으로 돌아가게 하시오면 여호와께서 나의 하나님이 되실 것이요 내가 기둥으로 세운 이 돌이 하나님의 집이 될 것이요 하나님께서 내게 주신 모든 것에서 십분의 일을 내가 반드시 하나님께 드리겠나이다 하였더라 (창 28:20-22)

야곱은 하나님에게 이렇게 서원하였습니다. "하나님께서 저와 함께 계시고 제가 가는 이 길에서 저를 지켜 주시고 먹을 것과 입을 것을 주시고 제가 평안하게 아버지 집으로 돌아가게 해 주시면 여호와를 하나님으로 모실 것입니다. 제가 기둥으로 세운 이 돌이 하나님의 집이 될 것이며, 하나님이 저에게 주신 모든 것에서 열의 하나를 하나님에게 드리겠습니다." 그런데 지금 야곱은 하나님의 집, 벧엘에 있지 않고 세겜에 거하고 있습니다. 가나안에 평안히 이르렀으면서도 벧엘로 올라가 하나님을 섬기고 있지 않은 것입니다.

너희 중에 있는 이방 신상들을 버리고

야곱의 생애를 대하면서 드는 생각은 '야곱은 정말 지독하게도 하나님 말씀을 안 들었구나' 하는 생각입니다. 그런데 이런 모습은 비단 야곱에게만 있는 것이 아닙니다. 인간이 얼마나 자기 좋을 대로 행동하고 자기 편한 대로 생각하는 존재인가 깨닫게 됩니다.

성경은 의인은 없나니 하나도 없다고 합니다. 인간이 죄인이라는 사실 앞에 결코 항복하고 싶어 하지 않는 우리를 적나라하게 드러내는 말씀입니다. 지금 우리가 그럴듯한 얼굴로 다닐 수 있는 것은 아직 우리의 죄악이 폭로될 기회가 없었기 때문입니다. 성경은 인간을 향해 '너희는 열린 무덤이다'라고 지적합니다. 무덤 속에 있는 것은 시체 썩은 물뿐입니다. 단지 우리가 이 사실을 외면하고 있는 것입니다. '도대체 이 사람은 왜 이랬을까?' 하며 야곱만 한심스럽게 여길 일이 아닙니다.

우리가 다른 사람을 답답해하는 것처럼, 다른 사람도 우리를 답답해한다는 사실을 생각해 본 적 있습니까? 우리는 상대방 때문에 답답해서 경련을 일으킵니다. 그러나 상대방 역시 나 때문에 답답해서 이미 숨넘어간 지 오랜 줄 알아야 합니다. 자기만 가장 억울하고 원통할 것이라는 착각을 버리십시오. 우리 모두 마찬가지인 사람들입니다.

이처럼 야곱의 생애는 인간의 본성을 적나라하게 잘 드러내 주고 있습니다. 야곱은 가나안까지 '평안히' 왔고 지금 그는 가나안 땅 세겜에 거하고 있습니다. 야곱은 바라던 대로 고향에 돌아왔으니 이제는 걱정할 일이 없어 보입니다. 그런데 근심할 것 없어 보이는 야곱의 안일한 삶에 어느 날 하나님이 평지풍파를 일으키십니다. 더 이상 성가실 일이 없어 안이하게 살고 있는 야곱에게 하나님이 가장 무서운 사건으로 잠을 깨우시는 것입니다. 그런데 야곱은 아직 사태의 심각성을 파악하지 못한 것 같습니다. 세겜에서 벌어진 이 일을 겪으면서도 야곱은 지금 하나님이 얼마나 중대하게 개입하시는지 제대로 깨닫지 못하고 있습니다.

그러자 하나님이 야곱에게 강하게 말씀하십니다. 발뺌할 수 없도록 말씀으로 쐐기를 박으십니다. 앞에서 보았듯 하나님은 야곱에게 벧엘로 가서 거주하고 하나님 앞에 제단을 쌓으라고 하십니다. 아마 야곱은 하나님의 이 명령을 듣고서야 비로소 자기가 겪은 사건의 전모를 이해하게 된 것 같습니다. 이렇게 생각할 수 있는 실마리가 35장 2절에 나옵니다. '디나 사건' 이후 야곱이 가족들에게 명하는 장면입니다. "야곱이 이에 자기 집안 사람과 자기와 함께 한 모든 자에게 이르되 너희 중에 있는 이방 신상들을 버리고 자신을 정결하게 하고 너희들의 의복을 바꾸어 입으라." 이 구절로 미루어 야곱은 자기 가족들이 우상을 섬기고 있다는 사실을 알았던 것으로 짐작해 볼 수 있습니다.

우리로서는 얼른 상상이 가지 않습니다. 야곱은 하나님을 아는 사람인데, 어떻게 그의 가족이 우상을 섬길 수 있다는 말입니까? 설령 가족들은 우상을 섬겼다고 합시다. 그런데 이를 알고도 야곱이 그냥 두었다는 말입니까? 야곱은 그랬던 것으로 보입니다. 참으로 못난 사람입니다. 그러나 이것이 야곱만의 모습일까요? 야곱은 우리와 조금도 다를 바 없는 사람입니다. 우리는 이렇게 낱낱이 파헤쳐진 야곱의 실체를 볼 때면 손가락질하며 길길이 날뛰면서도, 우리 자신이 이런 야곱과 별반 다를 게 없다는 사실 앞에서는 항복할 마음이 별로 없는 것 같습니다. 아닌 척하고 앉아 외면하고 있을 뿐입니다.

우상이, 야곱의 가족이 섬긴 이방 신상처럼 보이는 형상으로

만 존재할 것이라고 생각하지 마십시오. 보이지 않는 우상을 우리가 얼마나 많이 섬기고 사는지 모릅니다. 보이지 않으니 우상이라는 인식도 미처 하지 못한 채 말입니다. 물론 우리는 하나님을 믿고 삽니다. 그런데 가만 살펴보면, 하나님을 가운데 두고 살 뿐 오른편에는 재물이라는 우상을, 왼편에는 권세라는 우상을 모시고 삽니다. 이것도 모자라 게으름과 자존심이라는 우상까지 반려동물처럼 애지중지하며 데리고 삽니다.

우상이란 다른 게 아닙니다. 우리와 하나님 사이의 온전한 관계를 조금이라도 방해하는 것이면 전부 우상입니다. 우리의 우상은 무엇보다도 우리 자신입니다. 우리에게는 자존심, 자기만족이 언제나 최우선입니다. 우리는 어떤 일에 가장 크게 분노합니까? 손해 보는 일, 고통당하는 일, 그리고 우리를 귀찮게 하는 일만큼 분노하게 하는 것이 없습니다. 우리는 자신의 이해관계가 걸린 일에 가장 예민합니다. 그러나 우리 자신이 지은 죄에 대해서는 결코 분노하지 않습니다. 우리는 그런 족속입니다.

야곱의 하나님, 나의 하나님

창세기 35장에서 보듯 야곱은 하나님의 강한 명령을 듣고 나서야 인간이 어떤 존재인지 비로소 이해하게 됩니다. 그리고 이런 깨달음 뒤에 그제야 창세기 49장에 나온 고백을 할 수 있게 됩니다. "모든 복의 근원은 하나님이다. 그분만이 우리에게 복을 주실 수 있다. 이 하나님을 가장 잘 안다고 외칠 수 있는 사람이 누구인가? 그것은 바로 나다." 이는 야곱이 바르게 잘 살았기 때문에 나온 고백이 아닙니다. 그가 하나님을 만족시켜드렸기 때문에 나온 고백도 아닙니다. 역경과 고통의 시간을 거치며 이르게 된 고백입니다.

야곱은 말년에 드디어 이렇게 담대히 외치게 됩니다. "나의 하나님, 이 못난 자를 이끌어 여기까지 인도하신 하나님!" 하나님에 대해 이보다 더 생생한 묘사가 어디 있겠습니까? 이것이 야곱의 고백이라는 점 때문에 하나님의 은혜로우심이 더욱 잘 드러납니다.

아브라함이 '나의 하나님'이라고 부르는 소리를 들으면 우리는 기가 죽지만, 우리보다 훨씬 못해 보이는 야곱이 감히 '나의 하나님'이라고 부르는 소리를 들으면 우리는 큰 위로를 받습니다. 야곱이 서슴지 않고 '나의 하나님'이라고 부를 수 있는 하나님이라면, 우리의 실수, 바보짓, 못난 행실 때문에 우리를 외면하실 하나님이 아니라는 것은 너무나 명백하지 않습니까? 이것이 '네 아버지의 축복이 내 선조의 축복보다 낫다'라는 야곱의 고백에 담긴 확신인 것입니다.

우리가 신앙생활하면서 자주 하는 잘못된 생각이 있다면 그것은 '나는 그래도 낫다'라는 안심일 것입니다. 우리 신앙의 맨 밑바닥까지 파헤쳐 보면, '나도 부족하기는 하지만 그래도 저 사람보다는 낫다'라는 생각이 깔려 있습니다. 이런 안일한 우월감을 발견했다면, 우리는 소스라쳐 놀라야 합니다. 교회 안의 비리를 보며 "아니, 교회에서 어떻게 그런 일이 있을 수 있단 말인가?" 하고 의아해하지 마십시오. 어떤 일이라도 있을 수 있습니다. 세상에서 일어나는 일, 아니 세상에서 일어나는 일보다 더 심한 일이 교회 안에 있을 수 있습니다.

누군가 에베레스트 산을 정복했다고 하면 왜 모두가 함께 기뻐하는지 아십니까? 그것은 등정에 성공한 한 개인의 쾌거이면서 동시에 '인간'이라는 이름으로 모두가 함께 누릴 쾌거이기 때문입니다. 이런 일에 기쁨으로 동참하면서 나도 그런 자랑스러운 인간 중 하나라는 사실로 안도하려는 것입니다. 한편, 우리 중 누가 극악무도한 짓을 하면 그 사람을 '인간'이라는 종족에서 가려내어 '짐승'처럼 취급합니다. '나는 그런 밑바닥 인생과는 다르다. 나는 아무리 상황이 안 좋아도 결코 그런 짓은 저지르지 않는다' 하는 생각에서 '인간'이라는 공통분모를 그 사람과 공유하기를 거부하는 것입니다.

신자도 마찬가지입니다. 우리 마음속을 들여다보면 '나도 물론 부족한 사람이다. 그런데 아무리 그래도 나는 저 정도는 아니다'라고 하는 이상한 생각이 자리 잡고 있습니다. 신앙생활도 그런 마음으로 합니다. 신자인데도 못된 짓을 저지를 수 있는지 묻는 이들이 종종 있습니다. 물론 있습니다. 인간은 우리가 상상하는 그 어떤 악한 일보다 더한 짓을 저지를 수 있으며, 신자라고 해서 예외는 아닙니다. 교회도 마찬가지여서 어떤 성직자도 비켜 갈 수 없습니다. 죄의 무서운 본성이 여기에 있습니다. 인간은 누구나 그런 존재입니다. 그럼에도 우리가 이 자리에 모여 하나님을 아버지라고 부를 수 있는 것은 우리 죄악보다 훨씬 더 깊고 크고 무한한 하나님의 사랑과 은혜가 그 모든 악을 근원부터 해결하며 죄인을 고치시고 다듬어 가시기 때문입니다.

파란만장한 삶을 지나 이제 말년에 다다른 야곱의 생애를 통해 우리가 가져야 할 태도는 '그래도 나는 야곱보다는 낫지'라고 하는 안도감이 아닙니다. 오히려 '야곱이 나의 하나님이라고 외칠 수 있는 분이 우리 하나님이라면 왜 나라고 그렇게 외칠 수 없겠는가' 하는 담대함을 얻어야 할 것입니다. 우리가 담대할 수 있는 근거는 우리 자신에게 있지 않습니다. 이런 존재를 이끌어 주시는 하나님의 사랑에 그 근거가 있습니다.

구약성경에서 엘리야가 무릎 사이에 머리를 넣고 기도한 장면을 본 적이 있을 것입니다. 그렇다면 우리는 땅을 파고 머리를 더 깊이 파묻고 기도해도 부족할 것입니다. 그럼에도 우리가 담대히 고개를 들어 찬양하며 떳떳이 이 자리에 나올 수 있는 이유가 있습니다. '나의 하나님!'이라고 떳떳이 외칠 수 있게 야곱을 용납하신 하나님이 우리도 초대하셨다는 사실 때문입니다. 이 사실 앞에 우리가 담대함을 얻는 것입니다.

살다 보면 누군가 곁에 와서 "이봐, 네가 그러고도 예수 믿는다고 할 수 있어?"라고 하며 옆구리를 쿡쿡 찌르는 일이 있을 것입니다. 그때 우리는 당당히 대답해야 합니다. "그러니까 믿지!" 그러면 상대방도 지지 않고 "야, 예수 안 믿는 사람도 너같이 굴지는 않더라" 하고 핀잔을 줄 것입니다. 그러면 다시 이렇게 당당히 말하십시오. "그러니까 그 사람은 예수가 필요 없고 나 같은 사람에게 예수가 필요한 거지." 이것이 신자의 배짱입니다.

우리는 어디를 가든지 상대방을 축복해 줄 수 있습니다. '나 정도는 되니까 너를 축복해 줄 수 있다'라는 우월함에서가 아니라 '나같이 못난 자도 구원하시고 용서하시고 인도하시다니. 하나님의 은혜를 나보다 많이 깨달은 사람은 아마 없을 것이다' 하는 하나님의 자비와 긍휼에 근거한 담대함이 있기 때문입니다. 은혜를 잊고 거듭 엉망으로 살아도 다시 돌아와 '하나님 아버지'라고 부르면 하나님은 다시 만나 주시기에 우리는 더 이상 할 말이 없습니다. 그래서 야곱이 했던 '나의 하나님으로 말미암는 복이 너에게 있기 원한다'라는 축복이 우리 속에 가득 차 언제라도 튀어나오는 것입니다. 이런 자리에 서 있다는 사실만으로 우리는 자랑과 기쁨이 넘치며 두둑한 배짱이 생깁니다. 이것이 성경이 야곱의 생애를 기록한 이유입니다.

오늘 하나님 앞에서 마음껏 울 수 있고 그분의 품에 안길 수 있는 것이 우리의 자랑이요 복입니다. 여전히 마음에 불안과 초조가 있다면 모든 것을 자신을 기준으로 생각하기 때문입니다. 나 자신을 포기할 수밖에 없다는 사실을 빨리 발견하십시오. 하나님의 은혜와 긍휼의 깊이를 제대로 이해하여 말년의 야곱처럼 담대한 믿음, 당당한 배짱, 끊임없는 감사 속에 거하기 바랍니다.

+ 야곱 +

야곱이라는 이름은 '약탈자'라는 뜻입니다. 필요가 있으면 힘으로 빼앗는 자, 누구의 도움도 보호도 없는 존재, 즉 고아인 셈입니다. 하나님은 야곱에게 말씀하십니다. 다시는 너를 고아라고 생각지 말라. 너는 내 아들이다. 그것이 이스라엘입니다. 하나님은 이스라엘이라는 이름을 이런 뜻으로 주십니다. 자식 이기는 부모가 어디 있느냐. 자식에게 기꺼이 져 주시는 아버지의 마음, 고집 센 야곱의 허벅지를 치시는 아버지의 사랑, 이스라엘이라는 새 이름에는 이런 하나님의 열심과 성의가 새겨져 있습니다.

ABRAHAM/
JACOB/
JOSEPH/
MOSES/
JOB/
DAVID/
ELIJAH/
PETER/
PAUL

요셉

모세

욥

다윗

엘리야

그의 말씀이 그를
단련하였도다

10

16 그가 또 그 땅에 기근이 들게 하사 그들이 의지하고 있는 양식을 다 끊으셨도다 17 그가 한 사람을 앞서 보내셨음이여 요셉이 종으로 팔렸도다 18 그의 발은 차꼬를 차고 그의 몸은 쇠사슬에 매였으니 19 곧 여호와의 말씀이 응할 때까지라 그의 말씀이 그를 단련하였도다 20 왕이 사람을 보내어 그를 석방함이여 뭇 백성의 통치자가 그를 자유롭게 하였도다 21 그를 그의 집의 주관자로 삼아 그의 모든 소유를 관리하게 하고 22 그의 뜻대로 모든 신하를 다스리며 그의 지혜로 장로들을 교훈하게 하였도다 (시 105:16-22)

◆ ◆ ◆ 시편 105편은 하나님이 이스라엘 백성을 어떻게 다루셨는지 노래하고 있습니다. 아브라함 때부터 가나안 입성 때까지의 이스라엘 역사를 되돌아보며 하나님의 일하심을 찬양하는 시입니다. 그 가운데 16절에서 22절은 요셉에 대한 이야기를 담고 있습니다. 이번 장에서는 성경이 요셉을 통해 말하고자 하는 바가 무엇인지 살펴보려고 합니다.

요셉은 삼십 세에 애굽의 총리가 됩니다. 왕 아래에서 정사를 돌보는 통치의 총 책임자가 된 것입니다. 당시 애굽이 얼마나 큰 나라였는지 생각해 보면 그의 자리가 얼마나 대단한 것인지 짐작할 수 있을 것입니다. 그간 어떤 삶을 살아왔기에 요셉은 나이 삼십에 이런 엄청난 자리에 오른 것일까요?

요셉은 야곱이 사랑했던 아내 라헬이 낳은 첫 아들이어서 그의 사랑을 듬뿍 받고 자랍니다. 그렇게 야곱이 요셉을 유독 편애하자 요셉의 형들은 시샘이 나서 그를 팔아 버립니다. 애굽으로 팔려간 요셉은 바로의 신하인 시위대장 보디발의 종이 됩니다. 보디발은 요셉을 신임하여 집안 모든 일을 전부 그에게 맡깁니다. 억울하게 팔려간 요셉의 형편이 이제 좀 나아지나 했더니 그는 무고를 당해 옥에 갇히고 맙니다. 힘들고 억울한 일의 연속입니다.

요셉이 그 어려운 시절을 어떻게 견뎌 낼 수 있었는지에 대해 이렇게 풀어낸 설교를 들어 본 적 있을 것입니다. "요셉은 열일곱 살 무렵에 기이한 꿈을 연달아 꿉니다. 꿈에 요셉이 들에서 형들과 곡식단을 묶는데 그가 묶은 단이 우뚝 서고 형들의 단이 둘러서서 절을 합니다. 또 다른 꿈에서는 해와 달과 열한 별이 요셉에게 절합니다. 요셉이 이 두 가지 꿈을 마음에 품고 끝까지 붙들며 어려운 시절을 인내했더니 후에 애굽 총리가 된 것입니다. 그러니 우리도 비전을 품고 끝까지 인내합시다." 그간 교회에서 요셉은 비전을 품고 신앙으로 어려움을 극복한 입지전적 인물로 소개되어 왔습니다.

어린 시절에 꾼 꿈을 비전으로 붙들어 여러 어려움을 헤쳐 나갔다는 요셉의 이야기를 들을 때면 저는 늘 기가 죽었습니다. 아브라함이나 모세 같은 성경 속 위인들의 이야기가 나올 때도 마찬가지였습니다. '아브라함은 하나님에게 자기 아들까지 바쳤다. 십일조도 아까워 벌벌 떠는 나에 비하면 그는 얼마나 대단한 믿음을 지녔는가. 요셉은 가장 비참하고 억울한 자리에서도 하나님만 바라보며 인내하여 마침내 역경을 극복하였다. 요즘 내가 끙끙대는 고민 따위와는 비할 수 없는 어려움 속에서도 승리하다니 그는 정말 훌륭한 신앙인이다. 모세는 또 어떤가. 애굽의 왕자였으나 그 모든 지위와 영화를 헌신짝처럼 버리고 하나님을 따랐다. 나 같으면 그런 지위와 부귀영화를 쉽게 버릴 수 없었을 텐데' 하는 생각이 들었습니다. 성경의 위인들은 우리와는 차원이 다른 사람들 같았습니다.

우리도 요셉처럼 되고 싶어 '비전을 품고 인내하자', '비전을 품으면 역경은 극복될 수 있다'라는 구호로 마음을 다잡아 보기도 하지만 도대체 어떻게 해야 요셉처럼 될 수 있을까요? 비슷한 수준은 되어야 흉내라도 내 볼 것 아닙니까. 키가 어느 정도는 비슷해야 농구 시합도 같이 해 볼 수 있는 것입니다. 2m 15cm의 장신들만 포진해 있는 프로팀하고 1m 70cm들만 모인 아마추어팀이 어떻게 겨뤄 볼 수 있겠습니까? 제아무리 뛴들 프로팀의 어깨에도 못 미칠 텐데 말입니다.

성경의 위인들에 비하면 우리는 아마추어 같습니다. 우리도 그들처럼 흔들리지 않는 신앙을 갖고 싶지만 쉽지 않습니다. 잘 안되는 이유가 무엇일까요. 이 질문에 답하기 전에 사실 생각해 볼 더 근본적인 질문이 있습니다. 과연 성경의 위인들이 우리와 정말 다른 존재일까, 하는 질문입니다. 성경의 위인으로 가장 많이 손꼽히는 요셉을 통해 이 문제를 살펴봅시다.

여호와께서 요셉과 함께 하심이라

요셉의 이야기는 창세기 37장부터 나옵니다.

———— 야곱의 족보는 이러하니라 요셉이 십칠 세의 소년

으로서 그의 형들과 함께 양을 칠 때에 그의 아버지의 아내들 빌하와 실바의 아들들과 더불어 함께 있었더니 그가 그들의 잘못을 아버지에게 말하더라 요셉은 노년에 얻은 아들이므로 이스라엘이 여러 아들들보다 그를 더 사랑하므로 그를 위하여 채색옷을 지었더니 그의 형들이 아버지가 형들보다 그를 더 사랑함을 보고 그를 미워하여 그에게 편안하게 말할 수 없었더라 (창 37:2-4)

요셉이 자기가 꾼 기이한 꿈 이야기를 형들에게 전할 때의 분위기가 이러했습니다. 가뜩이나 눈엣가시인 요셉이 이상한 꿈 이야기마저 들려주자 형들은 그를 더 미워하게 됩니다. 요셉의 형들은 그를 죽이기로 뜻을 모았지만 르우벤과 유다의 만류로 그를 미디안 상인들에게 팔아넘기는 선에서 이 일을 마무리합니다. 팔려 간 요셉은 바로의 신하인 시위대장 보디발에게 넘겨집니다.

창세기 39장을 보면 시위대장의 집에 팔려 간 요셉의 이야기가 이어지는데, 이런 내용입니다. 하나님이 요셉과 함께하시자 요셉은 보디발의 신임을 얻습니다. 요셉을 흡족히 여긴 시위대장은 집과 소유 전부를 그에게 맡깁니다. 억울하게 팔려 간 요셉은 이제 좀 평탄한 삶을 살게 될까요? 그렇지 않습니다. 다른 억울한 일이 요셉을 기다리고 있습니다. 성경은 요셉의 용모가 빼어나고 아름다웠다고 묘사하는데, 이 요셉을 보디발의 아내가 가만 놔두지 않고 날마다 유혹합니다. 요셉은 하나님 앞에 죄지을 수 없다며 단호히 뿌리치지만, 유혹을 거절한 대가로 그가 얻은 것은 억울한 옥살이였습니다. 요셉에게 거부당한 것이 분한 보디발의 아내가 마치 요셉이 그녀를 유혹한 것처럼 상황을 꾸며 요셉을 무고하였기 때문입니다. 39장 19절 이하를 봅시다.

> 그의 주인이 자기 아내가 자기에게 이르기를 당신의 종이 내게 이같이 행하였다 하는 말을 듣고 심히 노한지라 이에 요셉의 주인이 그를 잡아 옥에 가두니 그 옥은 왕의 죄수를 가두는 곳이었더라 요셉이 옥에 갇혔으나 여호와께서 요셉과 함께 하시고 그에게 인자를 더하사 간수장에게 은혜를 받게 하시매 간수장이 옥중 죄수를 다 요셉의 손에 맡기므로 그 제반 사무를 요셉이 처리하고 간수장은 그의 손에 맡긴 것을 무엇이든지 살펴보지 아니하였으니 이는 여호와께서 요셉과 함께 하심이라 여호와께서 그를 범사에 형통하게 하셨더라 (창 39:19-23)

요셉은 보디발 아내의 무고로 옥에 갇히게 됩니다. 그런데 거기서도 요셉은 신임을 얻습니다. 하나님이 요셉과 함께하시며 그를 사랑하셔서 간수장에게 은혜를 입게 하신 것입니다. 그런데 가만히 살펴보면 좀 의아스러운 데가 있습니다. 보디발의 신임을 얻는 장면이나 간수장의 신임을 얻는 장면에서 요셉이 처한 상황을 설명해 주는 반복되는 문구가 있습니다.

― 여호와께서 요셉과 함께 하시므로 그가 형통한 자가 되어 그의 주인 애굽 사람의 집에 있으니 그의 주인이 여호와께서 그와 함께 하심을 보며 또 여호와께서 그의 범사에 형통하게 하심을 보았더라 (창 39:2-3)

― 여호와께서 요셉과 함께 하시고 그에게 인자를 더하사 간수장에게 은혜를 받게 하시매 간수장이 옥중 죄수를 다 요셉의 손에 맡기므로 그 제반 사무를 요셉이 처리하고 간수장은 그의 손에 맡긴 것을 무엇이든지 살펴보지 아니하였으니 이는 여호와께서 요셉과 함께 하심이라 여호와께서 그를 범사에 형통하게 하셨더라 (창 39:21-23)

이런 말씀을 읽으면 우리는 얼른 이렇게 생각합니다. '요셉은 믿음이 좋으니 만나는 일마다 하나님이 다 형통하게 해 주시는구나' 하고 말입니다. 그래서 요셉이 시위대장 보디발의 집에 종으로 팔려간 일도, 억울하게 옥에 갇힌 일도 다 하나님이 형통하게 해 주신 결과라고 여깁니다. 하지만 그렇지 않습니다. 하나님이 형통하게 해 주신 것은 종으로 팔려 간 다음, 그리고 요셉이 옥에 갇힌 다음이었습니다.

마치 이런 것과 같습니다. "아무 일도 없이 건강했는데, 갑자기 맹장염에 걸렸다. 그러나 맹장 수술을 받을 때 형통하게 하사 빨리 아물게 하셨다" 또는 "어느 날 길을 가다가 가로수에 얼굴을 부딪쳐 이가 몽땅 빠졌다. 그러나 치료를 받을 때 하나님이 형통하게 하사 틀니가 잘 맞게 하셨다"라는 간증과 같습니다. 요셉에게 임한 형통은 바로 이런 것이었습니다.

성경은 지당한 말씀이니 따지지 말고 읽어야 한다는 잘못된 고정관념이 있어서인지 우리는 요셉의 이야기가 우리 기대와 다르게 흘러가는데도 깨닫지 못합니다. 형들의 음모로 애굽에 팔려 간 일이나 억울한 무고를 당해 옥에 갇힌 일은 정말 원통한 상황인데도 이것을 하나님이 주신 형통이라고 오해합니다. 아무리 안 좋은 일도 요셉이 당했다고 하면 당연히 형통한 일일 것이라고 여기기 때문입니다. 또한 우리는 요셉의 결말을 미리 알고 있어서인지 요셉의 상황이 이상하게 꼬였다가 풀려나가는데도 별로 주의를 기울이지 않습니다.

또 하나 우리가 오해하는 점은 요셉이 보디발의 집에서 종으로 살았을 때나 무고를 당해 옥에 갇혀 지냈을 때 평안했을 것이라고 넘겨짚는 것입니다. 이런 우리의 기대와 달리 요셉은 조금도 평안하지 않았습니다. 이렇게 단정할 수 있는 이유를 이제 살펴보겠습니다.

그의 발은 차꼬를 차고

본문 말씀 시편 105편으로 돌아가 봅시다. 요셉에 대한 이야기가 여기 등장합니다. 18절을 보면 "그의 발은 차꼬를 차고 그의 몸은 쇠사슬에 매였으니"라고 합니다. 옥에 갇힌 요셉의 상태를 묘사해 주는 구절입니다. 요셉이 보디발의 종으로 살았던 시간과 옥살이한 세월을 합하면 십여 년 정도 될 것이라고 짐작해 볼 수 있습니다. 창세기 37장에 따르면 요셉이 형들의 미움을 사 애굽에 팔려 간 나이가 십칠 세라고 추정해 볼 수 있고, 이어 41장에는 요셉이 바로 왕 앞에 섰을 때 삼십 세라고 했으니 그 사이에 십삼 년이라는 기간이 있습니다. 이로 미루어 요셉은 대략 십여 년의 기간을 고통 속에서 보냈을 것이라고 추정해 볼 수 있습니다.

그런데 우리는 요셉이 그 긴 세월 동안 얼마나 고통스러워했을까에 대해서는 잘 생각하지 않습니다. 그래서 시편 105편에 나온 "그의 발은 차꼬를 차고 그의 몸은 쇠사슬에 매였으니 곧 여호와의 말씀이 응할 때까지라 그의 말씀이 그를 단련하였도다"라는 말씀을 대할 때에도 별 생각 없이 읽습니다. '그의 말씀이 그를 단련하였도다'라는 구절을 '요셉은 하나님의 말씀을 붙들었기에 믿음으로 인내할 수 있었다'라는 뜻으로 읽어 버립니다. 옥에 갇혀 있느라 몸은 좀 힘들었을지라도 마음만은 평안했을 것이다, 그는 믿음이 워낙 좋은 사람이었기 때문에 인내하는 일은 그다지 고통스럽지 않았을 것이다, 어린 시절에 꾼 꿈을 비전으로 붙들었기 때문에 너끈히 역경을 이겨 내고 승리했을 것이라고 지레짐작하는 것입니다. 우리가 들어 온 대부분의 설교도 그러했습니다.

그러나 성경은 요셉이 이 모든 난관을 믿음으로 이겨 냈다고 말하고 있지 않습니다. 시편은 여호와의 말씀이 응할 때까지 요셉의 발에는 차꼬가 채워져 있었고 몸은 쇠사슬에 매여 있었다고 말합니다. 여호와의 말씀이 요셉을 단련하고 있기 때문입니다. 하나님은 요셉을 훈련하고 계셨던 것입니다. 훈련은 고단한 법입니다. 웃으면서 넉넉하게 받을 수 있는 훈련이란 없습니다. 요셉의 생애를 성경이 말하고자 하는 대로 따라가 보면 그는 할 수 없이 버텼다고 이해하는 편이 훨씬 자연스럽습니다. 어린 시절 요셉은 엄청난 꿈을 연달아 꾸었는데도 그를 기다리고 있는 것은 가시밭길이었습니다. 자기가 꾸고 싶어 꾼 꿈도 아니었는데, 그런 거창한 꿈 뒤로 험한 일들이 기다리고 있었던 것입니다. 시쳇말로 요셉은 참 미치고 환장했을 것입니다. 도무지 이해가 안 되는 길로 끌려가니 말입니다. 이 길에서 요셉이 할 수 있었던 일은 그저 울고 한숨 쉬고 비명 지르는 것밖에는 없었을 것입니다. 요셉은 할 수 없어서 버텨 낸 것입니다. 버티는 것 말고는 방법이 없어서 견딘 것입니다.

영화(榮華)의 상징, 요셉

앞서 아브라함이나 야곱에서 보았듯, 신앙의 위인이라 불리는 사람들은 처음부터 믿음의 사람으로 태어난 것이 아닙니다. 우리는 아브라함이 하나님을 모르는 백지상태에서 하나님을 아는 자리로 어떻게 인도받았는가를 여러 차례에 걸쳐 살펴보았습니다. 요셉도 마찬가지입니다. 성경이 어떤 인물의 생애를 소개할 때는 그럴 만한 이유가 있습니다. 아브라함은 하나님의 부르심과 믿음이 무엇인지를 잘 드러내 주는 인물이고, 이삭은 하나님이 관념적으로 일하시지 않고 구체적으로 일하신다는 것을 상징해 주는 인물이라고 할 수 있습니다. 구원 얻은 이후 하나님 앞에 성화(聖化)되어 가는 존재를 야곱의 생애가 상징해 준다면, 요셉은 영화(榮華)의 상징으로 제시되어 있습니다. 인간의 실수와 잘못이 훈련을 통해 고쳐지는 과정을 성화라고 한다면, 영화는 성화 너머의 자리, 곧 저지른 잘못이 없어도 온전한 성품으로 성장하고 성숙하도록 훈련으로 연단되는 과정을 말합니다.

이런 면에서 야곱은 성화의 상징으로 제시되어 있습니다. 성화란 거룩하게 되는 것을 의미하는데, 여기에는 신자의 연약함이 다듬어지는 과정도 포함됩니다. 수술을 통해 나쁜 것이 도려내지는 과정과 비슷합니다. 야곱과 요셉의 차이가 여기 있습니다. 야곱이 당한 어려움은 자기 잘못으로 말미암은 대가였습니다. 그의 생애는 자기가 저지른 잘못이 도려내지는 고통스러운 수술의 연속이라 할 수 있습니다. 반면, 요셉의 생애는 자기가 저지른 잘못이 없음에도 고난의 길로 인도되어 마침내 온전한 인격으로 연단받는 과정을 상징한다고 할 수 있습니다. 특히 요셉의 생애를 통해 성경이 전하고자 하는 메시지를 유념해 둘 필요가 있습니다. 어려운 일이 닥치면 우리는 이런 생각을 제일 먼저 하기 때문입니다. '내가 무엇을 잘못했을까?' 그러나 이런 반성이 언제나 해결책이 되는 것은 아닙니다. 이것을 가르치려고 성경에 욥기가 기록된 것입니다.

  욥은 잘못한 일이 없는데도 고난을 겪습니다. 욥의 소식을 듣고 찾아온 친구들이 욥에게 한 조언은 우리가 흔히 하는 생각과 별로 다르지 않습니다. "네가 잘못한 게 없는데 왜 이런 일이 생기겠느냐? 너 자신을 돌아보고 회개해라." 욥은 대답합니다. "나는 잘못한 게 없다. 잘못한 게 없는데 무엇을 회개하란 말이냐." 친구들의 힐난이 이어집니다. "너는 지금 하나님을 모독하고 있다. 네가 잘못하지도 않았는데 하나님이 너한테 벌을 내리시겠느냐?" 욥은 다시 반복합니다. "내가 왜 이런 일을 겪어야 하는지 진짜 모르겠다. 나는 정말 잘못한 것이 없다. 왜 나에게 이런 일이 생겼는지 하나님을 만나 물어보고 싶다." 욥과 세 친구의 긴 대화 끝에 마침내 하나님이 나타나셔서 판정을 내리십니다. 욥과 세 친구 중, 하나님은 욥의 손을 들어 주십니다. 그제야 욥은, 하나님은 사람의 잘잘못을 가리는 일 그 너머를 계획하시고 있다는 사실을 깨닫습니다. 이것이 욥기의 놀라운 교훈입니다.

그런데 이런 교훈이 요셉을 본보기로 하여 창세기에 이미 제시되어 있었던 것입니다. 성경에는 요셉의 어린 시절에 대한 언급이 별로 없습니다. 요셉의 잘잘못을 가려내어 그것을 요셉의 고난이나 축복의 이유로 삼지 않겠다는 듯, 요셉의 생애는 처음부터 환난을 당하는 것으로 시작합니다. 자기가 저지른 잘못으로 고난을 겪는 야곱과 대비됩니다.

그의 몸은 쇠사슬에 매였으니

신자가 되면 그동안 저지른 모든 잘못과 세상을 사랑하는 습관이 도려내지기 위해 먼저 하나님에게 불려 가 두들겨 맞는 일이 일어납니다. 우리가 자녀를 키울 때에 매를 들기도 하고 꾸짖기도 해서 나쁜 습관을 버리게 하는 것과 마찬가지입니다. 그러나 이것이 교육의 전부는 아닙니다. 이것은 교육의 소극적 목적에 불과합니다. 교육에는 훨씬 더 적극적이고 긍정적인 목적이 남아 있는데, 바로 이것이 교육을 하는 진짜 이유입니다.

마찬가지로 죽음의 자리에 있던 우리를 꺼내 놓은 것, 이것이 구원의 전부는 아닙니다. 구원은 훨씬 적극적인 것입니다. 이를

테면 어떤 조각가가 길을 걷다 모닥불 속에서 타고 있는 나무를 발견했다고 해 봅시다. '저 나무로 멋진 작품을 만들어야겠다'라고 생각했다면, 그가 맨 처음 할 일은 불 속에서 잘 타고 있는 나무를 꺼내는 일일 것입니다. 일단 꺼내고 봐야 합니다. 하지만 꺼낸 것으로 끝이 아닙니다. 불에서 꺼내진 나무는 일단 신이 날 것입니다. "할렐루야! 이제 나는 구원 얻었네. 영벌의 자리에서 나왔으니 더 이상 불탈 일이 없네. 이제는 저 모닥불에 들어가 다른 나무를 꺼내 오리라." 그러나 불 속에서 나온 것은 시작일 뿐입니다. 죄의 상태에서 꺼내졌으나 그 사실을 안 것, 곧 구원의 확신이 구원의 전부는 아니라는 말입니다.

'꺼내기'는 멋진 작품을 만들기 위한 가장 기초적인 작업일 뿐입니다. 나무의 처지에서 보자면 불에서 이제 막 구조된 상태가 제일 행복할 것입니다. 불에서 나왔으니 뜨겁지도 않고 마음껏 바람을 쐴 수 있어 참 좋습니다. 하지만 이렇게 바람 쐬며 쉴 수 있는 시간은 그리 길지 않습니다. 멋진 조각품이 되기 위한 험난한 과정이 바로 기다리고 있기 때문입니다. 불에서 꺼내진 나무는 조각가의 손에 붙들려 매일 수난을 겪습니다. 톱으로 켜이는가 하면 끌로 홈이 패입니다. 이것으로 끝인가 싶어 안도하면, 조각가가 다시 와서 사포로 세게 문지릅니다. 불 속에 있을 때는 뜨거움만 견디면 그만이었는데, 나와 보니 온갖 고통이 기다리고 있습니다. 차라리 불 속에 있었을 때가 오히려 속 편했던 것 같습니다.

예수 믿는 사람들이 가장 행복한 시기는 아마 구원 얻고 나서 이삼 년 정도일 것입니다. 그 기간이 지나면 더 이상 달콤한 시간은 없습니다. 구원을 막 얻은 자는 영적 어린아이라서 오줌을 지려도 하나님이 얼른 기저귀를 갈아 주실 뿐 절대 때리시지 않습니다. 갓난아기 때는 아이가 무슨 짓을 해도 절대 시비를 가리지 않습니다. 운다고 야단치지도 않습니다. 야단치는 의미를 아이가 이해하지 못하기 때문입니다. 하지만 아이가 성장해 가면 상황은 달라집니다. 더 이상 부드러운 이유식은 없고 단단한 음식과 훈계뿐입니다. 간혹 매를 맞을 때도 있습니다.

우리는 구원 얻은 이후에 받아야 하는 훈련에 대한 이해가 부족한 편입니다. 구원 얻은 이후의 과정, 곧 신자의 성장이나 성숙에 대해 잘 몰라서 그렇습니다. 편히 살아 보겠다는 생각은 당장 내려놓는 편이 좋을 것입니다. 예수 믿으면 편히 살게 되는 것이 아니라 훨씬 고달픕니다.

이런 훈련 과정을 대표하는 이가 바로 요셉입니다. "너희는 잘못해서 고난을 겪는 것이 아니라 하나님이 목적하신 멋진 작품으로 완성되기 위해 훈련받는 것이다. 이 복된 자리에 초대받은 사실을 기억하여라. 요셉이 초대받아 어떤 길로 인도되며 어떻게 훈련받았는지 생각해 보아라." 성경은 우리도 요셉처럼 이 길로 초대받았다고 말씀합니다.

요셉은 왜 이런 일을 겪어야 하는지 도무지 알지 못한 채 달리 방법이 없어서 견디고 있었습니다. 역사적 자료에 의하면 요셉이 갇혔던 당시 애굽 감옥은 지하 토굴이었을 것이라고 합니다. 영화 〈벤허〉에서 벤허의 누이와 어머니가 갇혔던 지하 토굴을 떠올려 보십시오. 일 년 내내 햇빛 한 번 안 들어오는 곳입니다. 요셉은 그런 곳에서 긴 세월을 갇혀 지내야 했습니다. 아무 잘못도 없이 말입니다. 그의 발은 차꼬를 차고 그의 몸은 쇠사슬에 매였다는 것이 그런 것입니다.

쇠사슬에 매여 요셉은 거기서 무엇을 할 수 있었을까요? 아마 한동안 울분을 삭이느라 머리로 벽을 찧고 있었을 것입니다. 발은 차꼬에 상하고 몸은 쇠사슬에 매여 있는데 무엇을 할 수 있었겠습니까? 그런데도 우리는 '아니다. 요셉은 우리와 다르다. 그는 믿음으로 이겨 냈을 것이다' 하고 생각합니다. 하지만 그렇지 않습니다. 요셉은 괴로워하며 많이 울부짖고 아우성쳤을 것입니다. 이에 대한 단서가 성경에 나옵니다. 앞서 살펴본 시편 105편 18절의 "그의 발은 차꼬를 차고 그의 몸은 쇠사슬에 매였으니"에서 '몸'이라는 글자 옆에 각주 표시가 되어 있습니다. 각주를 찾아보면 "히, 혼(魂)"이라고 되어 있는데, 히브리어 원어로 '혼'이라는 표기입니다. 곧 몸이 아니라 혼이 쇠사슬에 매였다는 것입니다. 요셉은 지금 혼비백산(魂飛魄散)한 것입니다. 홀딱 넋이 빠져 있습니다.

요셉은 혼이 쇠사슬에 매여 있어 정신이 하나도 없습니다. 혼이 어디에 자리하고 있는지 모르겠지만, 만약 머리에 있다면 '쇠사슬이 요셉의 머리를 꿰뚫고' 있는 것입니다. 소는 코만 꿰어 놔도 꼼짝 못합니다. 심지어 어린아이가 끌어도 끌려갑니다. 사람은 어떻게 해야 하나님 손에 붙들려 가게 될까요? 혼이 쇠사슬에 매여 있어야 하나님을 따라가게 될 것입니다.

하나님의 인도하심에 대해 인간이 동의하고 순종한 적은 없습니다. 인간을 과대평가하지 마십시오. 인간은 악하고 게으르고 변덕이 심합니다. 하나님이 우리를 훈련하실 때에는 막다른 골목에 몰아넣습니다. 우리는 절대로 순순히 훈련받지 않기 때문입니다. 도장 가게에서 도장 파는 작업을 본 적 있을 것입니다. 도장을 팔 때 맨 처음 하는 일은 도장으로 쓸 나무토막을 확실하게 고정해 놓는 일입니다. 칼로 조각해도 절대 흔들거리지 않도록 붙잡아 매는 것입니다.

인간은 더 이상 꼼짝달싹할 수 없는 곳에 몰려야 비로소 훈련을 받습니다. 교회에서 자주 듣게 되는 간증도 이런 것입니다. "제가 잘 먹고 잘 살 때는 골프 치고 놀러 다녔거든요. 어느 날인가 골프를 하는데 허리가 삐끗하더라고요. 저는 별로 대수롭지 않게 생각했는데 병원에 가니 수술해야 한다고 합디다. 그런데 막상 수술하려고 보니 심장이 나빠서 마취할 수가 없대요. 그렇다고 그냥 놔두면 허리를 영영 못 쓰게 된다고 하니 눈앞이 캄캄

했습니다. 방법이 없어 천장만 보고 누웠는데 누구라도 붙잡아야 살 것 같았습니다. 부처님, 산신령님, 다 붙잡았는데 아무 일도 안 일어나는 거예요. 그때 번쩍 스치는 생각이 제 마누라가 믿던 하나님이었어요. 하나님, 하나님이라는 분이 살아 계시다면 어떻게 좀 해 보십시오. 그랬더니 감쪽같이 병이 낫지 뭡니까. 할렐루야!" 이런 식으로 교회에 나오게 된 사람이 많을 것입니다. 병이 낫는 체험을 한 것을 보니 믿음이 굉장히 좋은 것 같지만 이제 겨우 신앙의 눈을 떴을 뿐입니다.

병이 낫고 나면 언제 그랬냐는 듯 입을 싹 씻습니다. 삼 개월이면 원래 모습으로 되돌아갑니다. 인간은 원래 그런 존재입니다. 그러자 다음에는 허리가 아니라 목이 나갑니다. 목은 더 위험합니다. 그러자 이번에는 "하나님, 제가 잘못했다는 것 압니다. 이번만 고쳐 주시면 다시는 절대 안 그러겠습니다." 이번에는 응답되는 데 시간이 더 걸립니다. 회개했다고 곧장 원하는 응답이 오는 것이 아니라 "하나님, 회개했는데도 정말 안 오실 거예요?"라고 아우성쳐야 겨우 응답이 옵니다. 그다음에는 고난도의 과정이 기다리고 있습니다. "하나님, 왜 아직도 응답을 안 주시는 거예요? 그러시면 정말 안 믿을 기예요! 하나님, 기껏 계시다고 인정해 드렸더니 응답이 고작 이거예요?"라고 악악거리는데도 응답이 없습니다. 이제 "휴, 하나님이 알아서 하십시오. 저도 모르겠습니다. 볶아 잡수시든지 삶아 잡수시든지 맘대로 하십시오"

하고 자포자기하는 단계에까지 옵니다. 바로 이 자리까지 내몰린 사람이 요셉입니다. 요셉은 한두 번 얻어터진 정도가 아닙니다. 악도 써보고 더 이상 견딜 수 없는 비참한 길을 걷다가 드디어 그의 혼(魂)이 하나님에게 완전히 붙잡혀 버리게 된 것입니다.

어찌 징계하지 않는 아들이 있으리요

요셉이 겪은 고난이 어떤 의미인지 히브리서의 설명을 따라가 봅시다. 히브리서 12장 1절입니다.

——— 이러므로 우리에게 구름 같이 둘러싼 허다한 증인들이 있으니 모든 무거운 것과 얽매이기 쉬운 죄를 벗어 버리고 인내로써 우리 앞에 당한 경주를 하며 믿음의 주요 또 온전하게 하시는 이인 예수를 바라보자 그는 그 앞에 있는 기쁨을 위하여 십자가를 참으사 부끄러움을 개의치 아니하시더니 하나님 보좌 우편에 앉으셨느니라 너희가 피곤하여 낙심하지 않기 위하여 죄인들이 이같이 자기에게 거역한 일을 참으신 이를 생각하라 너희가 죄와 싸우되 아직 피흘리기까지는 대항하지 아니하고 또 아들들에게 권하는 것 같이 너희에게 권면하신 말씀도 잊었도다 일렀으되 내 아들아 주의 징계하심을

경히 여기지 말며 그에게 꾸지람을 받을 때에 낙심하지 말라 주께서 그 사랑하시는 자를 징계하시고 그가 받아들이시는 아들마다 채찍질하심이라 하였으니 너희가 참음은 징계를 받기 위함이라 하나님이 아들과 같이 너희를 대우하시나니 어찌 아버지가 징계하지 않는 아들이 있으리요 징계는 다 받는 것이거늘 너희에게 없으면 사생자요 친아들이 아니니라 또 우리 육신의 아버지가 우리를 징계하여도 공경하였거든 하물며 모든 영의 아버지께 더욱 복종하며 살려 하지 않겠느냐 그들은 잠시 자기의 뜻대로 우리를 징계하였거니와 오직 하나님은 우리의 유익을 위하여 그의 거룩하심에 참여하게 하시느니라 무릇 징계가 당시에는 즐거워 보이지 않고 슬퍼 보이나 후에 그로 말미암아 연단 받은 자들은 의와 평강의 열매를 맺느니라 그러므로 피곤한 손과 연약한 무릎을 일으켜 세우고 너희 발을 위하여 곧은 길을 만들어 저는 다리로 하여금 어그러지지 않고 고침을 받게 하라 (히 12:1-13)

이 말씀의 주제를 가장 잘 드러내 주는 인물이 바로 요셉일 것입니다. 여기에 반복하여 등장하는 '징계'리는 단어를 살펴봅시다. 이 말의 원뜻은 '자녀 만들기'입니다. '징계'라는 단어 대신에 '자녀 만들기'를 넣어서 7절부터 읽어 보면 이해가 훨씬 쉬울 것입니다. '너희가 참음은 자녀로 만들어지기 위함이라 하나님이 아들과 같이 너희를 대우하시나니 어찌 아버지가 자녀로 훈련하지 않는 아들이 있으리요 자녀가 되는 훈련은 다 받는 것이거늘 너희에게 없으면 사생자요 참 아들이 아니니라 또 우리 육신의 아버지가 우리를 자녀로 훈련하여도 공경하였거든 하물며 모든 영의 아버지께 더욱 복종하며 살려 하지 않겠느냐.'

자녀는 낳아 놓으면 다가 아닙니다. 자녀는 낳은 것에서 시작입니다. 자녀가 자라나는 모습을 보면 그 부모의 수준이 드러납니다. 자식을 보면 부모를 압니다. 부모가 바라고 원하는 자리까지 자라도록 부모는 자녀를 길러 내고 가르쳐 좋은 인격과 성품을 갖추게 해야 합니다. 이 일을 위해 매를 들기도 하고 상을 주기도 합니다. 이것이 징계라는 말에 담긴 뜻입니다.

하나님도 우리를 훈련하십니다. 하나님이 우리에게 하시려는 일은 잘못에 대한 징계가 아닙니다. 우리가 천 원어치 잘못했다고 해서 우리에게 천 원어치 배상하라고 요구하시지 않습니다. 하나님은 우리가 신령한 수준에 이르도록 우리를 당신의 자녀로 길러 내십니다. 우리를 훈련하셔서 우리로 신의 성품에 참여하는 자가 되게 하십니다. 그 자리에 이를 때까지 우리는 훈련받아야 합니다.

그래서 성경은 우리에게 이렇게 경고합니다. 히브리서 12장 5절입니다. "또 아들들에게 권하는 것 같이 너희에게 권면하신 말씀도 잊었도다 일렀으되 내 아들아 주의 징계하심을 경히 여기지 말며 그에게 꾸지람을 받을 때에 낙심하지 말라." 주님이 징계하실 때 우리에게서 나타나는 반응 두 가지를 언급하고 있습니다. 하나는 주님의 징계를 가볍게 여기는 것이고 다른 하나는 낙심해 버리는 것입니다.

주님의 징계를 가볍게 여기는 태도란 이런 것입니다. 인생을 살아가는 동안 하나님은 우리에게 채찍을 가하십니다. 우리가 잘못해서 얻어맞는 매도 있지만 하나님이 원하시는 수준까지 가기 위해 맞는 매도 있습니다. 이렇게 훈련받는 것이 너무 고단하여 우리는 종종 이렇게 말하곤 합니다. "주님, 이렇게는 너무 힘듭니다. 차라리 죽기 5초 전에 종을 쳐 주십시오. 그때까지 마음 편히 살다가 종소리가 들리면 바로 회개하여 하늘나라에서 주님 얼굴을 뵙겠습니다." 주님의 징계를, 우리가 맘 편히 사는 것을 가로막는 방해물 정도로 여기는 것입니다.

사람은 얻어맞으면 이렇게 대꾸합니다. "하나님, 말로 하셔도 알아들었을 텐데 꼭 이런 식으로 하시깁니까? 뭐, 제가 지금 기분이 나쁘다는 게 아니라 말로 하셔도 제가 오죽 잘할까 봐서요. 저도 회개해서 좋긴 좋지만, 이래 봬도 많이 배운 사람인데 얻어맞으니 자존심이 상하네요." 이렇게 푸념하면 하나님은 "그래, 그동안 쭉 말로 했다. 오죽했으면 너를 패겠느냐"라고 말씀하십니다. 하나님은 당신의 자녀를 언제까지 징계하실까요? 행실이 고쳐질 때까지, 쓴 뿌리가 뽑힐 때까지 하십니다. 이것을 잊지 마십시오. 하나님과 우리 중 누가 더 고집이 셀까요? 하나님이십니다. 그러니 하나님과 고집으로 대결할 생각은 아예 하지 말기 바랍니다. 하나님의 별명은 '영원하신 하나님'입니다. 그러니 고집도 하나님의 성품처럼 영원할 것입니다.

주님의 징계에 대한 우리의 또 다른 반응은 낙심입니다. 주기도문에 나온 '우리를 시험에 들게 하지 마시옵고'(마 6:13)에서 말하는 시험에는 이런 것이 있습니다. 예수 믿는 사람의 형편과 예수 믿지 않는 사람의 형편이 다르지 않다는 데서 오는 허탈감이 바로 그것입니다. 우리는 우리 형편이 좀 더 평탄하고 좋아야 하지 않은가 하고 생각하는데, 성경은 그렇지 않다고 여러 곳에서 말씀하고 있습니다. "하나님, 이 원수들이 떵떵거리며 사는데 왜 가만두십니까? 불의한 자들이 의로운 자들을 괴롭히고 있는데도 그냥 놔두십니까?"

우리 생각에는 하나님 편에 선 자가 복을 받아야 마땅할 것 같습니다. 하나님 편에 선 자들이 하나님을 대적하는 자들을 혼내 주어야 정의로울 것 같습니다. 아니, 혼내 주지는 못하더라도 우리가 최소한의 보호라도 받아야 하는 것 아닐까요? 그런데 그들이 우리와 섞여 살며 오히려 우리를 못살게 굽니다. 이스라엘 역사가 바로 이런 사실로 점철되어 있습니다. 이스라엘 민족이 이방 민족을 친 적이 더 많습니까, 이방 민족이 이스라엘을 친 적이 더 많습니까? 블레셋, 모압, 미디안, 아람, 앗수르, 헬라, 로마까지 이스라엘은 이들에게 수도 없이 얻어터졌습니다. 시편 73편을 보면 옛날에도 많은 신자들이 이 문제로 얼마나 고민했는지 알 수 있습니다.

> 하나님이 참으로 이스라엘 중 마음이 정결한 자에게 선을 행하시나 나는 거의 넘어질 뻔하였고 나의 걸음이 미끄러질 뻔하였으니 이는 내가 악인의 형통함을 보고 오만한 자를 질투하였음이로다 그들은 죽을 때에도 고통이 없고 그 힘이 강건하며 사람들이 당하는 고난이 그들에게는 없고 사람들이 당하는 재앙도 그들에게는 없나니 그러므로 교만이 그들의 목걸이요 강포가 그들의 옷이며 살쪘으로 그들의 눈이 솟아나며 그들의 소득은 마음의 소원보다 많으며 그들은 능욕하며 악하게 말하며 높은 데서 거만하게 말하며 그들의 입은 하늘에 두고 그들의 혀는 땅에 두루 다니도다 (시 73:1-9)

얼마나 약이 올랐으면 이런 시를 썼겠습니까? 악인은 죽을 때도 고통이 없습니다. 평생 편하게 살았으니 죽을 때라도 고통 속에 죽든지 아니면 그들의 시체라도 들짐승에게 뜯어 먹힌다든지 구더기가 슬어서 흉한 몰골로 나뒹굴어야 마땅할 것 같은데, 악인은 죽을 때도 깨끗한 수의를 입은 채 잘 짜인 관에 눕습니다. 그러니 속이 뒤집어집니다. 악인들은 다른 사람이 다 겪는 고난도

재난도 피해 가고 일생을 편안하게 삽니다. 교만이 그들의 목걸이이고 강포가 그들이 입는 옷이며 그들은 살이 찐 거만한 모습으로 눈을 치켜뜨고 다닙니다. 이 시 곳곳에서 지은이의 분노가 느껴집니다. 그는 살면서 이런 일이 가장 힘들었던 모양입니다. 그런데 히브리서는 이런 상황에서 낙심하지 말라고 합니다. 우리만 징계를 받고 악인은 평탄하게 지내는 꼴을 보더라도 낙심하지 말라고 권면하고 있습니다.

이 시는 불평하고 분노하는 것으로 마치게 될까요? 그렇지 않습니다. 시인은 처음에는 악인의 형통한 모습에 분노하고 질투하였으나 성소에 들어가 비로소 그들의 종말을 깨닫게 됩니다. 그들은 하나님의 징계, 곧 자녀 만들기의 대상이 아니었던 것입니다. 자녀가 아니기에 훈련받을 필요가 없었던 것입니다. 하나님이 우리를 징계하실 때에 낙심하지 말라고 한 히브리서 말씀에는 이런 이유가 있었던 것입니다. 하나님이 징계하시는 것은 우리가 하나님의 자녀이기 때문이고 자녀를 향한 원대한 목적이 있기 때문입니다. 하나님은 당신의 자녀를 신의 성품에 참여한 자로 만들 것을 목적하셨습니다. 징계가 없는 사람들은 그들을 향한 하나님의 목적도 없습니다. 비록 징계가 아프더라도 이 길로 부름받은 이상 묵묵히 견뎌야 하는 이유입니다.

피곤한 손과 연약한 무릎을 일으켜 세우고

하나님이 우리에게 고통을 겪게 하실 때 우리가 할 수 있는 것은 아무것도 없습니다. 그저 울고 한숨짓고 비명 지르는 것 말고는 없습니다. 다만 견딜 뿐입니다. 그런데 우리는 눈물과 한숨으로 견디는 자기 모습이 못마땅합니다. 고난에도 끄떡하지 않고 아무렇지 않은 듯 웃으며 넘기고 싶기 때문입니다. 우리를 넘어뜨리려는 사탄의 계교 중 가장 성공적인 술책이 있는데, 그것은 비명을 지르면 패배했다고 여기게 하는 체념입니다. 비명을 지르고 우는 것은 타협하지 않았다는 증거인데, 우리는 자꾸 이 점을 놓칩니다. 타협하면 울 필요도, 비명 지를 일도 없습니다. 아이를 병원에 데려가 주사를 맞히려고 하면 아이는 자지러지게 웁니다. 주사를 안 놓으면 울 이유가 없습니다. 주사를 맞으니 우는 것입니다.

우리가 받게 될 훈련이 '땅 짚고 헤엄치기' 같은 간단한 것일 거라고 기대하지 마십시오. 믿음이 있으면 마취한 것처럼 통증을 못 느끼게 될 것이라고 착각하지 마십시오. 누구든 신앙만 있다면 넉넉히 웃으며 인내할 수 있으리라고 생각합니까? 그렇지 않습니다. 사실 무지무지하게 아픕니다. 비명이 잇새에서 저절로 새어 나올 것입니다. 하지만 그것은 훈련을 받기 때문에 나오는 비명인 것입니다. 신앙생활을 하면 한숨도 갈등도 고민도 없을 것이라는 권면은 순 사기입니다. 우리가 고민하고 갈등하고 의심하는 것은 우리가 하나님의 손에 붙들려 있기 때문입니다.

왜 의심이 일고 갈등이 생깁니까? 믿음의 길을 걷고 있기 때문입니다. 살아 있기에 배고픔을 느끼고 갈증을 느끼는 것과 마찬가지입니다. 속지 마십시오. 죽으면 배고픔도, 갈증도 느끼지 못하는 법입니다. 그런데도 우리는 신앙생활을 아직 완벽하게 해내지 못해서 의심하고 갈등한다고 생각합니다.

아직 우리는 요셉이 앉은 총리의 자리에 와 있지 않습니다. 우리는 지금 어디쯤 걷고 있을까요? 각자 다를 것입니다. 미디안 상인에게 팔려 낙타 꼬리에 묶인 채 터벅터벅 걷는 중인지, 보디발의 집에서 고되게 종노릇하는 처지인지, 아니면 누군가의 달콤한 유혹을 뿌리쳐야 하는 상황인지, 혹은 억울하게 옥살이를 하는 상황인지 저마다 다를 것입니다. 지금 편안하다고 너무 좋아하지 마십시오. 조금 후에 옥에 갇히는 억울한 일이 생길지 모릅니다. 우리는 자기가 어디쯤 서 있는지 알지도 못한 채 총리 자리에 앉아 있는 요셉과만 견주려는 경향이 있습니다. 어리석은 생각입니다.

아브라함의 생애를 대할 때도 마찬가지입니다. "아브라함은 주저하지 않았다. 이삭을 바치라고 했을 때 부인과 의논하지도 않고 군소리 한마디 없이 새벽부터 일어나 아들을 바치러 갔다. 그런데 우리의 신앙생활에는 얼마나 불평이 많은가?" 그러나 잘 생각해 보십시오. 지금 우리는 견줄 만하지 않은 것을 서로 비교하고 있습니다. 물론 목표인 것은 맞습니다. 아브라함이 도달한 자리까지 우리 모두 가야 합니다. 아니 하나님이 우리를 그 자리까지 이끄실 것입니다. 어느 날 하나님이 "네 자식을 바쳐라"라고 말씀하실 때 "네"라고 기꺼이 대답할 수 있는 자리까지 하나님이 우리를 끌고 가실 것입니다. 하지만 지금의 우리와 이삭을 바친 아브라함을 단순 비교하는 것은 난센스입니다. 마치 초등학교 2학년 학생과 수학과 교수에게 미적분 문제를 낸 후 둘의 답안지를 비교해 보는 것과 같습니다. 목표 지점까지 단숨에 갈 수 없습니다. 하나님이 시간을 주시고 과정을 주십니다. 그리고 그 과정을 겪는 동안 어느덧 그 자리에 걸맞은 사람이 되도록 훈련하십니다. 이 일에는 시간이 걸립니다. 이것이 신자의 인생입니다.

이러므로 우리 앞에 허다한 증인들이 있으니

히브리서 12장으로 다시 돌아가 좀 더 넓은 안목으로 이 문제를 살펴봅시다. 12장 바로 앞은 그 유명한 믿음 장(章)입니다. 잘 알려진 장이라서 그런지 우리는 이 믿음 장을 너무 쉽게 읽어 내는 반면 믿음 장이 기록된 이유는 잘 생각하지 않는 경향이 있습니다. 이렇게 한번 생각해 봅시다. 히브리서 11장은 12장을 이야기하기 위한 도입으로 기록된 것일 수 있다는 생각입니다. "여기 믿음의 길을 걸어간 사람들이 있다. 이들은 이 세상을 훈련장처럼 여겼기에 다른 사람이 잘 먹고 잘 사는 일에도 요동하지 않고 믿음으로 살아갔다. 고난 가운데 살아가지만 이 길이 복된 길인 줄 알고 걸어간 믿음의 사람들이 이렇게 무수히 있었다"라는 말씀을 하려고 11장에서 그 많은 믿음의 선진들을 먼저 예로 들어 놓은 것은 아닐까요.

12장 1절은 어떻게 시작합니까? '이러므로'로 시작합니다. '이러므로'는 앞에서 말한 이야기의 결론이 이제 나온다고 알려 주는 단어입니다. 12장의 '이러므로'는 11장인 믿음 장의 결론을 어디로 이끌고 있습니까?

> ——— 이러므로 우리에게 구름 같이 둘러싼 허다한 증인들이 있으니 모든 무거운 것과 얽매이기 쉬운 죄를 벗어 버리고 인내로써 우리 앞에 당한 경주를 하며 믿음의 주요 또 온전하게 하시는 이인 예수를 바라보자 그는 그 앞에 있는 기쁨을 위하여 십자가를 참으사 부끄러움을 개의치 아니하시더니 하나님 보좌 우편에 앉으셨느니라 (히 12:1-2)

예수님마저도 하나의 본보기로 언급되어 있습니다. 이 훈련 과정은 예수님도 예외가 아니었던 것입니다. 십자가라는 최악의 길을 걸어가셨으나 이 길로 하나님 보좌 우편까지 가셨습니다. 이것이 성경이 보여 주는 무시무시함입니다. 우리는 바로 이 길에 초대 받은 사람들입니다. 그러니 단단히 각오해야 할 것입니다. 하나님은 시작하신 일을 중간에 그만두시는 법이 없기 때문입니다. 예수님의 십자가를 떠올려 보면 이해가 될 것입니다.

두렵고 떨림으로 너희 구원을 이루라

시편 105편으로 다시 돌아와 봅시다. 21절을 보면, "그를 그의 집의 주관자로 삼아 그의 모든 소유를 관리하게 하고 그의 뜻대로 모든 신하를 다스리며 그의 지혜로 장로들을 교훈하게 하였도다"(시 105:21-22). 요셉을 총리라는 지위에 덜커덕 앉혀 놓은 것으로 끝이 아닙니다. 하나님이 누군가를 어떤 자리에 앉히셨다는 것은 그가 그 자리에 앉을 수준이 되어 있다는 뜻입니다. 이때 요셉의 나이가 삼십이었습니다. 삼십 세에 애굽 총리가 된 요셉의 실력이 얼마나 대단했는가 하면, 자기 뜻대로 모든 신하를 다스릴 정도였습니다. 여기서 모든 신하는 우리 식으로 말하면 장관에 해당할 것입니다. 요셉은 자기 마음대로 장관들을 임명하거나 해임하는 막강한 위치에 있었던 것입니다.

그런데 요셉은 다만 사람들을 좌지우지할 권력만 갖춘 것이 아닙니다. 백발의 장로들이 새파랗게 젊은 요셉한테 교훈을 얻습니다. 의견을 교환하는 정도가 아니라 교훈을 받습니다. 요셉의 지혜가 장로들의 지혜를 능가했다는 뜻입니다. 겨우 서른 살인 요셉이 어디서 이런 훈련을 받았을까요? 태어날 때부터 지닌 것일까요? 아닙니다. 처절한 종살이와 억울한 감옥살이에서 배운 것입니다.

예수를 믿고 나면 행복한 길보다는 고통스러운 길을 더 많이 걷게 됩니다. 그리고 고통스러운 길을 걸어 보아야 인생의 진정한 의미를 알게 됩니다. 특히 인간이 어떤 존재인지를 압니다. 편안할 때에는 무엇이 진정한 가치인지 잘 모릅니다. 그러니 사람들이 바보가 되는 것 같습니다. 개념이 없습니다. 월요일이면 한 주의 시작이라서 즐겁고 토요일이면 주말이라서 놀 것 천지입니다. 늘 즐겁고 유쾌한 날들이라서 미칠 지경입니다. 그러나 괴로운 나날에는 월요일도 괴롭고 토요일도 괴롭습니다. 이렇게 괴롭기만 한 인생이 대체 무엇일까 하는 생각이 듭니다. 여기서 인생의 의미를 알아 가게 됩니다. 우리가 진정 추구해야 할 가치가 무엇인지, 영원을 위해 준비해야 할 것이 무엇인지를 고민하게 됩니다. 바로 이 자리에 우리가 초대받은 것입니다.

사실, 우리 모두는 구원받기에 합당한 존재가 아닐 것입니다. 그럼에도 우리는 우리의 구원을 확신합니다. 우리를 불 속에서 꺼내신 분이 있다면 그분이 시작하신 일을 말릴 존재는 그 무엇도 없다는 사실 때문입니다. 하나님을 막을 수 있는 것은 없습니다. 사탄의 방해도 무용지물입니다. 하나님은 어떤 분이십니까? "하나님은 사람이 아니시니 거짓말을 하지 않으시고 인생이 아니시니 후회가 없으시도다 어찌 그 말씀하신 바를 행하지 않으시며 하신 말씀을 실행하지 않으시랴"(민 23:19). 하나님의 속성은 전부 그분의 '영원하심'과 관계있습니다. 바로 그 영원하신 하나님이 우리를 불에서 구해 내셨기에 우리는 우리의 구원을 확신할 수 있는 것입니다. 그런데 구원을 확신했다고 해서 전부가 아닙니다. 더 나아갈 길이 있습니다.

언제까지 가야 합니까? 우리의 구원이 완성될 때까지입니다. 영원하신 하나님이 시작하신 일이기에 그분이 완성하실 것 또한 우리가 압니다. 빌립보서에 나온 이 말씀을 마음에 새겨봅시다. "너희 안에서 착한 일을 시작하신 이가 그리스도 예수의 날까지 이루실 줄을 우리는 확신하노라"(빌 1:6). 이것이 성경의 약속입니다.

지금 걷고 있는 이 고통의 길이 복된 길이라는 사실에 감사하십시오. 이제 깨달았으니 인생을 좀 더 하나님의 인도하심에 비추어 살펴보십시오. 우리는 행복한 삶을 위해 부름받은 것이 아닙니다. 하나님 앞에 참된 신자로 살아가라고 부름받았습니다. 오늘 나에게 일어나는 모든 사건 속에서 고쳐져야 할 습관이 있고 버려야 할 욕심이 있고 자라가야 할 일이 있다는 사실을 기억하십시오. 이런 일에 늘 믿음과 확신과 웃음으로 대처할 수 있을 만큼 우리는 강하지 않습니다. 어떤 때는 정말 "아이고, 죽겠습니다"라는 비명이 나오고, 어떤 때에는 한숨이 절로 나옵니다.

하지만 늘 이렇게 기도하십시오. "하나님, 저는 제 앞길을 모른 채 기도할 수밖에 없으니 결재는 하나님 뜻대로 하십시오." 우리는 우리의 길을 모릅니다. 가 본 적이 없으니 모른 채로 기도할 수밖에 없습니다. 우리 중 누구도 알고 가는 사람은 없습니다. 그러니 우리의 기도는 참으로 미련할 수밖에 없습니다. 하지만 하나님은 우리더러 무슨 기도든지 하라고 하십니다. 결재는 하나님 뜻대로 하실 것이니 말입니다. 이것이 참으로 큰 은혜요, 축복입니다.

이런 복된 자리에 초대받았다는 사실에 감사하십시오. 그리고 근신하여 각자의 신앙 여정을 믿음으로 걸어가기 바랍니다. 이런 구절을 집에 붙여 두고 묵상하면 좋을 것입니다. 빌립보서 2장 12절 말씀입니다. "그러므로 나의 사랑하는 자들아 너희가 나 있을 때뿐 아니라 더욱 지금 나 없을 때에도 항상 복종하여 두렵고 떨림으로 너희 구원을 이루라"(빌 2:12). 바울이 구원을 아직 도달해야 할 목적지로 언급하고 있다는 점이 의미심장합니다. 항상 복종하여 두렵고 떨림으로 너희 구원을 이루라. 왜 이렇게 표현했을까요? 그다음 절에 나오듯 우리 안에서 행하시는 이는 하나님이기 때문입니다. 하나님은 우리를 불러 당신의 자녀로 손색

이 없도록 역사하시는 분입니다. 이 사실을 잊지 마십시오. 우리가 성숙한 신자가 되기까지 하나님이 당신의 고집을 꺾지 않으실 것을 생각하여 두렵고 떨림으로 구원을 이루어 가기 바랍니다.

+ 요셉 +

요셉의 인생은 수동태로 묘사됩니다. 꿈이 꾸이고, 팔리고, 갇히고, 풀려나고, 총리로 임명됩니다. 자기가 의도하지 않는 대로 펼쳐지는 자기 인생이 요셉에게는 당연히 고통스러웠을 것입니다. 그런데 나중에 보니 요셉을 팔아넘긴 형들이 그 일로 구원받고 요셉은 팔려 갔으나 그들에게 구원을 베푸는 자가 됩니다. 요셉은 자기 인생이 하나님의 기이한 섭리였다는 것을 나중에 깨닫고 그가 어려서 꾼 꿈을 이해하게 됩니다. 요셉의 인생을 주관하시는 하나님으로 말미암아 그의 인생은 수동태로 흘러갔지만, 그러했기에 의도하지 않은 반전을 경험하게 됩니다.

너희를 위하여 행하시는 구원을 보라

11

1 모세가 그의 장인 미디안 제사장 이드로의 양 떼를 치더니 그 떼를 광야 서쪽으로 인도하여 하나님의 산 호렙에 이르매 **2** 여호와의 사자가 떨기나무 가운데로부터 나오는 불꽃 안에서 그에게 나타나시니라 그가 보니 떨기나무에 불이 붙었으나 그 떨기나무가 사라지지 아니하는지라 **3** 이에 모세가 이르되 내가 돌이켜 가서 이 큰 광경을 보리라 떨기나무가 어찌하여 타지 아니하는고 하니 그 때에 **4** 여호와께서 그가 보려고 돌이켜 오는 것을 보신지라 하나님이 떨기나무 가운데서 그를 불러 이르시되 모세야 모세야 하시매 그가 이르되 내가 여기 있나이다 **5** 하나님이 이르시되 이리로 가까이 오지 말라 네가 선 곳은 거룩한 땅이니 네 발에서 신을 벗으라 (출 3:1-5)

◆◆◆ 이번 장에서는 모세에 대해 살펴보고자 합니다. 모세의 이름을 들으면 이스라엘 민족의 영웅, 위대한 지도자, 이런 단어가 떠오릅니다. 그간 모세에 대한 설교도 그의 카리스마와 능력에 대한 이야기가 대부분이었습니다. 범접할 수 없는 후광이 드리워진 것 같은 모세를 성경은 어떻게 그려 내고 있을까요. 성경이 말하는 대로 모세의 행적을 따라가 봅시다.

모세의 생애는 세 시기로 구분해 볼 수 있습니다. 그는 백이십 년을 살았는데, 처음 사십 년은 바로의 궁에서 왕자로, 그다음 사십 년은 미디안 땅에서 목자로, 마지막 사십 년은 이스라엘 백성의 지도자로 광야에서 백성과 함께합니다. 본문은 미디안 벌판에서 양을 치고 살던 팔십 세의 모세를 하나님이 부르시는 장면을 담고 있습니다.

하나님이 모세를 불러 이스라엘을 인도하게 하신 일을 대할 때면, 하나님은 모세가 믿음이 좋고 담력이 큰 지도자감이어서 그에게 '출애굽'이라는 막중한 사건을 맡기셨는가, 하는 질문이 생깁니다. 이번 장에서는 이 문제를 짚어 보려고 합니다.

모세는 이스라엘 민족이 가장 존경하는 지도자입니다. 이스라엘 역사상 모세 만한 지도자가 없었습니다. 히브리서 11장 역시 모세를, 바로의 공주의 아들이라 칭함받기를 거절한 채 백성과 함께 기꺼이 고난을 감수한 훌륭한 믿음의 인물로 소개합니다. 그런데 출애굽기를 읽어 가다 보면 출애굽기 속 모세가 우리가 위인으로 알고 있던 그 모세가 맞는가 하는 의문이 듭니다.

우리는 훌륭하다고 칭송받는 인물을 보면 배가 아프기도 합니다. 그래서 누가 잘났다는 말을 들으면 조그마한 흠이라도 캐내어 그 사람을 끌어내리려고 합니다. 하지만 또 어떤 경우에는 누군가를 위인으로 떡하니 모셔 놓고 바라보기를 좋아합니다. 그 사람을 우리와는 차원이 다른 위인으로 구별해 둔 다음 그를 존경하고 추앙하는 것으로 자기 할 일을 그에게 떠넘기려는 마음이 있는 것입니다. 마치 '우리 교회가 제일 좋고 우리 목사님이 최고로 훌륭하다'라고 자랑하는 것으로 자기가 실제로 감당해야 할 신자로서의 책임을 회피하는 것과 비슷합니다. 우리는 모세를 이런 관점에서 바라보기 때문에 성경이 그려 내는 모세를 있는 그대로 보지 못하는 것인지 모릅니다. 그렇게 모세가 위인이기를 바라면서 읽으면 성경이 모세의 생애를 통하여 정말 들려주고자 하는 내용을 놓칠 수밖에 없습니다. 성경이 모세를 어떤 인물로 그려 내고 있는지 살펴봅시다.

내가 누구이기에 가며

본문 말씀은 하나님이 떨기나무 불꽃 가운데서 모세에게 나타나신 사건을 기록하고 있는데, 매우 신기한 광경이 묘사되어 있습니다. 이 광경을 살펴보기 전에 애굽의 왕자로 자라난 모세가 왜 호렙산에 있게 된 것인지 살펴봅시다. 젊은 시절 애굽의 왕자로 살던 모세는 어떤 애굽 사람이 히브리 사람, 즉 자기 동족을 괴롭히는 장면을 보게 됩니다. 의협심에 불탄 모세는 남몰래 그 애굽 사람을 죽이는데 이 일이 탄로 나자 미디안 땅으로 도망칩니다. 이후 모세는 미디안 땅에서 목자로 사는데, 어느 날 양떼를 치다 거기서 놀라운 장면을 목격합니다. 떨기나무에 불이 붙어 있는데, 나무는 타들어 가지 않고 불꽃 혼자서 계속 타오르는 신기한 장면을 본 것입니다.

이 기이한 광경을 자세히 보려고 모세가 떨기나무에 가까이 가자 거기서 그의 이름을 부르는 하나님의 음성이 들립니다. 모세가 "여기 있나이다"라고 대답하자 하나님은 "가까이 오지 말라. 네가 선 곳은 거룩한 곳이니 네 발에서 신을 벗으라"라고 하십니다. 이어 하나님은 당신을 '나는 네 조상의 하나님이니 아브라함의 하나님, 이삭의 하나님, 야곱의 하나님'이라고 소개하십니다. 이 말을 들은 모세는 두려워 얼굴을 가립니다. 계속해서 하나님은 모세에게 이스라엘을 향한 당신의 목적을 이렇게 밝히십니다.

───── 여호와께서 이르시되 내가 애굽에 있는 내 백성의 고통을 분명히 보고 그들이 그들의 감독자로 말미암아 부르짖음을 듣고 그 근심을 알고 내가 내려가서 그들을 애굽인의 손에서 건

져내고 그들을 그 땅에서 인도하여 아름답고 광대한 땅, 젖과 꿀이 흐르는 땅 곧 가나안 족속, 헷 족속, 아모리 족속, 브리스 족속, 히위 족속, 여부스 족속의 지방에 데려가려 하노라 (출 3:7-8)

그런 후에 하나님은 모세에게 할 일을 지시하십니다.

──── 이제 가라 이스라엘 자손의 부르짖음이 내게 달하고 애굽 사람이 그들을 괴롭히는 학대도 내가 보았으니 이제 내가 너를 바로에게 보내어 너에게 내 백성 이스라엘 자손을 애굽에서 인도하여 내게 하리라 (출 3:9-10)

이 말씀을 들은 모세는 어떻게 반응합니까? 모세가 준비된 사람이었다면 감격의 눈물을 흘리며 장인어른을 찾아가 "아버님, 드디어 하나님이 제게 사명을 주셨습니다. 이제 저는 명령을 수행하러 떠나겠습니다" 하고 사명감에 불타 애굽으로 갔을 것입니다. 그러나 모세는 그렇게 반응하지 않습니다. 11절에 모세가 말대꾸하는 것을 보십시오. '내가 누구이기에 바로에게 가며 이스라엘 자손을 애굽에서 인도하여 내리이까.' 하나님, 제가 왜 갑니까, 라는 말입니다.

우리로서는 상상도 할 수 없는 답변입니다. 머리가 어떻게 되지 않고서야 하나님에게 이런 대답을 할 수 없을 것입니다. 우리 같으면 호렙산 떨기나무의 신기한 불꽃만 보아도 이미 충분하여 "하나님, 무엇이 필요하십니까? 제가 무엇을 하오리이까?" 하고 무릎 꿇었을 것 같지 않습니까. 그런데 지금 모세의 대답은 참으로 가관입니다. "모세가 하나님께 아뢰되 내가 누구이기에 바로에게 가며 이스라엘 자손을 애굽에서 인도하여 내리이까."

모세의 당돌한 모습과 이에 대한 하나님의 반응을 보며 우리는 뜻밖의 은혜를 발견하게 됩니다. 만일 제가 부하에게 명령을 내렸는데 그 부하가 이렇게 대꾸했다면 저는 그를 한 대 쳤을 것입니다. 그런데 하나님은 모세의 말대답을 받아 주십니다. 12절을 보면 하나님은 모세와 함께하시겠다는 약속까지 주십니다. "하나님이 이르시되 내가 반드시 너와 함께 있으리라 네가 그 백성을 애굽에서 인도하여 낸 후에 너희가 이 산에서 하나님을 섬기리니 이것이 내가 너를 보낸 증거니라."

하지만 모세는 순순히 응하지 않습니다. 오히려 그는 하나님에게 묻습니다. 13절을 봅시다. "모세가 하나님께 아뢰되 내가 이스라엘 자손에게 가서 이르기를 너희의 조상의 하나님이 나를 너희에게 보내셨다 하면 그들이 내게 묻기를 그의 이름이 무엇이냐 하리니 내가 무엇이라고 그늘에게 말하리이까."

성경에서 이름은 속성을 나타냅니다. 그러니 여기서 모세는 하나님의 이름을 몰라서 묻는 것이 아닙니다. 하나님은 대체 어떤 분이냐는 것입니다. 하나님에 대한 지난날의 원망이 이 질문에 담겨 있습니다.

이제 와서 무얼 하시렵니까

모세의 불만은 이런 것입니다. 젊은 시절 모세는 자기 민족을 향한 열정이 있었습니다. 하지만 그런 그의 열망은 결실을 맺지 못했습니다. 애굽의 왕자로 살던 모세는 자기 민족이 오랫동안 고통을 겪는 모습을 보아 왔습니다. 그러던 어느 날 한 애굽 사람이 히브리 사람을 때리는 장면을 목격하게 되었습니다. 모세는 분을 참지 못하여 그 애굽 사람을 죽이고 시체를 땅에 몰래 묻었습니다. 이튿날 모세가 나가 보니 이번에는 히브리 사람들끼리 싸우고 있습니다. 모세가 그 싸움에 끼어들어 둘 중 잘못한 사람에게 따집니다. 그러자 그 사람이 모세에게 이렇게 말합니다. "누가 당신을 우리의 지도자와 재판관으로 세웠단 말이오? 어제는 당신이 애굽 사람을 죽이더니, 이제는 나까지 죽일 작정이오?" 모세는 남몰래 저지른 살인이 탄로 난 것을 알고 두려운 마음에 애굽에서 도망칩니다.

히브리서 11장은 모세가 하나님의 백성과 함께 고난받는 것을 잠시 죄악의 낙을 누리는 것보다 더 좋아했다고 기록하고 있지만, 여기서 보는 모세는 이스라엘 백성을 위해 애굽의 모든 영화를 뿌리칠 수 있는 수준이 아직 아닌 것 같습니다. 지금은 자기 목숨 하나 부지하는 데 급급합니다. 모세가 애굽을 떠난 일은 믿음에서 나온 결단으로 보이지 않습니다.

믿음으로 결단하여 애굽을 떠나온 것이었다면 모세는 그리 억울하지 않았을 것입니다. 하지만 지금 모세는 불만이 가득합니다. 자기 민족을 향한 열정은 동족에게 외면당하고 있고 하나님도 모세에게 아무런 반응을 보이시지 않습니다. 여기에 모세의 원통함이 있습니다. 모세는 하나님에게 반발합니다. "하나님, 저는 하나님을 알다가도 모르겠습니다. 왜 이제야 저를 부르십니까? 왜 지금에 와서야 저더러 가라고 하십니까? 제가 힘 있고 의욕으로 가득 찼던 젊은 날에는 저를 외면하지 않으셨습니까? 그 옛날 애굽에서 제가 하나님 편에 섰을 때는 가만히 계시다가 이제 다 늙고 아무 힘이 없게 된 저를 찾아오시다니요. 제 얼굴 좀 보십시오. 쭈글쭈글 주름투성이인데, 지금 와서 뭘 어떻게 하라는 것입니까? 하나님, 해도 해도 참 너무하십니다." 이런 원망이 모세의 마음 깊은 곳에 남아 있어 계속 하나님에게 말대꾸하고 있는 것입니다. 그런데 재미있는 것은 모세의 반항에도 하나님이 화를 내시지 않는다는 점입니다.

14절을 보면 하나님은 모세에게 이렇게 답하십니다. '나는 스스로 있는 자이니라.' 나는 하나님이다, 나는 내 마음대로 하는 자이다, 라는 말입니다. 하나님이 누구시냐는 질문에 이 한마디면 충분한 답이 됩니다.

　우리 신앙의 가장 큰 약점은 하나님이 누구시며 어떤 분인지에 대해 잘 모른다는 데에 있습니다. 특히 하나님의 권위를 인정하는 면에서 매우 취약합니다. 하나님은 당신의 뜻대로 역사를 주관하시는 분입니다. 그렇게 하실 수 있는 권위가 하나님에게 있습니다. 그러니 모세를 젊은 날에 부르시든 늙고 힘이 없을 때에 부르시든 그것은 하나님 마음입니다. 그 누구의 결재나 동의도 필요하지 않습니다. 하나님은 하나님이시기 때문입니다. 그런데 지금 모세가 하나님의 일하심에 대해 불평하고 있습니다. 그는 하나님의 권위를 인정하지 않으며 하나님이 일하시는 방식에 대해 항복하려 하지 않습니다. 우리와 방불한 모습입니다. 이런 인간을 향한 하나님의 대답은 언제나 이것입니다. "나는 스스로 있는 자니라. 너희는 내 앞에 잠잠할지라."

　하나님이 어떤 길을 허락하시든 우리는 불평할 자격이 없습니다. 하지만 우리는 이 사실에 그리 쉽게 항복하려 하지 않습니다. 이런 우리의 본성을 가장 잘 대변해 주는 이가 바로 모세입니다. 저 위대한 지도자 모세도 과거에는 우리처럼 반항했다고 하니 위로가 됩니다. 모세가 보여 주듯 인간은 참으로 한심한 존재입니다. 성경은 인간의 이런 너절함을 지적하고 있습니다.

　우리가 신앙생활을 하면서 쉽게 절망하고 자포자기하는 것은 자기 자신에게 기대를 많이 걸고 있기 때문입니다. 자신이 무엇인가 가진 것이 있다고 생각하기에 희생해서 버리는 것이 있다고 여기는 것입니다. 그런데 버릴 수 있는 것이 우리에게 있습니까? 우리는 아무것도 내려놓을 것이 없는 족속입니다. 가진 것이 없기 때문입니다. 그러나 모세는 과거에 자신이 희생한 공로에 대해 하나님이 응답하지 않으셨다고 원통해합니다. 하나님과 모세의 대화에서 이런 원망과 불평이 고스란히 드러납니다. 모세와 하나님의 대화를 계속 이어서 봅시다. 하나님은 모세의 질문에 답하시며 이스라엘 민족을 향한 당신의 뜻을 이렇게 밝히십니다.

─── 하나님이 모세에게 이르시되 나는 스스로 있는 자이니라 또 이르시되 너는 이스라엘 자손에게 이같이 이르기를 스스로 있는 자가 나를 너희에게 보내셨다 하라 하나님이 또 모세에게 이르시되 너는 이스라엘 자손에게 이같이 이르기를 너희 조상의 하나님 여호와 곧 아브라함의 하나님, 이삭의 하나님, 야곱의 하나님께서 나를 너희에게 보내셨다 하라 이는 나의 영원한 이름이요 대대로 기억할 나의 칭호니라 너는 가서 이스라엘의 장로들을 모으고 그들에게 이르기를 여호와 너희 조상의 하나님 곧 아브라함과 이삭과 야곱의 하나님이 내게 나타나 이르시되 내가 너희를 돌보아 너희가 애굽에서 당한 일을 확실히 보았노라 내가 말하였거니와 내가 너희를 애굽의 고난 중에서 인도하여 내어 젖과 꿀이 흐르는 땅

곧 가나안 족속, 헷 족속, 아모리 족속, 브리스 족속, 히위 족속, 여부스 족속의 땅으로 올라가게 하리라 하셨다 하면 그들이 네 말을 들으리니 너는 그들의 장로들과 함께 애굽 왕에게 이르기를 히브리 사람의 하나님 여호와께서 우리에게 임하셨은즉 우리가 우리 하나님 여호와께 제사를 드리려 하오니 사흘길쯤 광야로 가도록 허락하소서 하라 내가 아노니 강한 손으로 치기 전에는 애굽 왕이 너희가 가도록 허락하지 아니하다가 내가 내 손을 들어 애굽 중에 여러 가지 이적으로 그 나라를 친 후에야 그가 너희를 보내리라 내가 애굽 사람으로 이 백성에게 은혜를 입히게 할지라 너희가 나갈 때에 빈손으로 가지 아니하리니 여인들은 모두 그 이웃 사람과 및 자기 집에 거류하는 여인에게 은 패물과 금 패물과 의복을 구하여 너희의 자녀를 꾸미라 너희는 애굽 사람들의 물품을 취하리라 (출 3:14-22)

하나님은 모세의 질문에 답하시고 당신의 뜻을 알려 주시지만, 모세는 하나님의 명령에 순종하려고 하지 않습니다. 출애굽기 4장 1절을 봅시다. "모세가 대답하여 이르되 그러나 그들이 나를 믿지 아니하며 내 말을 듣지 아니하고 이르기를 여호와께서 네게 나타나지 아니하셨다 하리이다." 쉽게 풀어 보면 이런 말입니다. "하나님, 저는 하나님을 못 믿겠습니다. 하나님을 믿고 갔다가 또 하나님이 모른 척하시면 저는 다시 도망가야 합니다. 이제는 저도 그러기 싫습니다. 이제 그만하렵니다." 이것이 모세의 대답입니다.

어찌하여 나를 보내셨나이까

하나님은 이스라엘 백성을 향한 당신의 뜻을 모세에게 보여 주시지만 모세는 하나님의 명령을 따르려 하지 않습니다. 이제 하나님은 모세에게 여러 기적을 보이십니다. 기적까지 목도한 모세는 하나님의 명령대로 떠났을까요? 출애굽기 4장 10절을 봅시다. "모세가 여호와께 아뢰되 오 주여 나는 본래 말을 잘 하지 못하는 자니이다 주께서 주의 종에게 명령하신 후에도 역시 그러하니 나는 입이 뻣뻣하고 혀가 둔한 자니이다." 쉽게 말해 이런 뜻입니다. "하나님, 그래도 저는 가기 싫습니다. 가고 싶은 마음이 조금도 없습니다." 하나님의 임재와 기적을 몸소 체험한 자가 하나님 앞에서 하는 대답 좀 보십시오. 게다가 그 이름도 찬란한 지도자 모세가 한 대답입니다. 모세는 끝까지 반항하고 있는 것입니다.

모세의 못난 반응을 보며 하나님은 이렇게 말씀하십니다. '누가 사람의 입을 지었느냐 누가 말 못하는 자나 못 듣는 자나 눈 밝은 자나 맹인이 되게 하였느냐 나 여호와가 아니냐'(출 4:11). 이처럼 모세가 하나님에게 계속 말대꾸하는데도 벼락 맞지 않은 것을 보면 구약시대도 은혜의 시대였다는 사실을 실감하게 됩니다. 모세는 계속 버팁니다. "주여, 보낼 만한 자를 보내소서." 이쯤 되면 모세의 고집도 정말 알아줘야 합니다. 보통 상식과 정신으로는 이만큼 고집부릴 수 없습니다.

드디어 하나님이 모세를 향하여 노를 발하십니다. "여호와께서 모세를 향하여 노하여 이르시되 레위 사람 네 형 아론이 있지 아니하냐 그가 말 잘 하는 것을 내가 아노라 그가 너를 만나러 나오나니 그가 너를 볼 때에 그의 마음에 기쁨이 있을 것이라"(출 4:14). 제아무리 고집 센 모세라도 이제는 명령에 따르는 것 말고는 달리 방도가 없습니다. 모세는 마음으로 항복해서가 아니라 마지못해 애굽으로 갑니다. 여기서 한 번 더 말대꾸했다가는 성하지 못할 판인데 어쩌겠습니까? 할 수 없이 지팡이를 질질 끌고 가는 것입니다.

지금껏 살펴본 모세의 모습에서 우리가 존경할 만한 기개나 믿음이 보입니까? 그 어디서도 훌륭한 면모를 찾아볼 수 없습니다. 성경은 처음부터 모세를 위대한 사람이라고 추켜세운 적이 없습니다. 모세는 할 수 없이 갑니다. 사명감으로 가는 것도 아니고 기쁨과 감격으로 가는 것도 아니고 기대 속에 가는 것은 더더욱 아닙니다. 27절 이하를 봅시다.

———— 여호와께서 아론에게 이르시되 광야에 가서 모세를 맞으라 하시매 그가 가서 하나님의 산에서 모세를 만나 그에

게 입맞추니 모세가 여호와께서 자기에게 분부하여 보내신 모든 말씀과 여호와께서 자기에게 명령하신 모든 이적을 아론에게 알리니라 모세와 아론이 가서 이스라엘 자손의 모든 장로를 모으고 아론이 여호와께서 모세에게 이르신 모든 말씀을 전하고 그 백성 앞에서 이적을 행하니 백성이 믿으며 여호와께서 이스라엘 자손을 찾으시고 그들의 고난을 살피셨다 함을 듣고 머리 숙여 경배하였더라 (출 4:27-31)

이제 모세는 아론과 함께 바로에게 가서 이렇게 청합니다. "우리가 광야로 사흘 길을 가서 주 우리 하나님에게 제사를 드릴 수 있게 허락하여 주십시오. 그렇게 하지 않으면 여호와 하나님이 무서운 질병이나 칼로 우리를 치실 것입니다." 그러자 이스라엘 백성의 상황은 더 악화됩니다. 바로가 격노했기 때문입니다. 바로는 "이런 일을 청하다니 이제 너희가 배가 불렀구나"라고 노한 후에 신하들을 불러다가 앞으로는 이스라엘 백성들이 벽돌을 구울 때 필요한 짚을 더 이상 대 주지 말라고 합니다. 만들어 내야 할 벽돌의 수는 그대로인 채 말입니다.

모세 때문에 처지가 더욱 곤란해진 이스라엘 백성들은 그를 찾아와 원망합니다. "당신은 우리를 구원하러 왔다면서 구원은 고사하고 왜 우리 삶을 더 힘들게 하느냐?" 백성의 원성을 들은 모세는 하나님에게 호소합니다. '주여 어찌하여 이 백성이 학대를 당하게 하셨나이까 어찌하여 나를 보내셨나이까 내가 바로에게 들어가서 주의 이름으로 말한 후로부터 그가 이 백성을 더 학대하며 주께서도 주의 백성을 구원하지 아니하시나이다'(출 5:22-23). 이런 말입니다. "그것 보세요. 하나님! 제가 뭐라고 했습니까? 안 가겠다고 그렇게 말했는데 기어이 저를 보내셔서는 결국 이 원성을 듣게 하십니까?"

이스라엘 백성의 삶은 점점 더 혹독해져 가는데, 하나님과 모세의 줄다리기는 6장에서도 계속됩니다. 6장 10절입니다. "여호와께서 모세에게 말씀하여 이르시되 들어가서 애굽 왕 바로에게 말하여 이스라엘 자손을 그 땅에서 내보내게 하라 모세가 여호와 앞에 아뢰어 이르되 이스라엘 자손도 내 말을 듣지 아니하였거든 바로가 어찌 들으리이까 나는 입이 둔한 자니이다"(출 6:10-12). 모세의 말은 이런 의미입니다. "글쎄, 안 하겠다는데 왜 자꾸 그러십니까? 저 좀 내버려 두십시오. 그냥 조용히 살다 죽게 놔두십시오." 반발심과 원성으로 가득 찬 모세의 반응이 일관되게 이어지고 있습니다.

가만히 서서 여호와께서 행하시는 구원을 보라

모세에게서 우리가 바라는 훌륭한 지도자의 모습은 기대할 수 없는 것일까요? 출애굽기 14장에 보면 열 가지 재앙을 거쳐 드디어 바로가 이스라엘 백성을 보내는 장면이 나옵니다. 이스라엘 백성들이 모세를 따라 애굽을 탈출하여 나아가는데, 앞에는 홍해가 가로막고 있고 뒤에는 애굽 병사들이 이스라엘 백성을 뒤쫓고 있습니다. 말 그대로 진퇴양난입니다. 이스라엘 백성들은 몹시 두려워하여 "애굽에서 그냥 죽게 내버려 둘 일이지 왜 여기 광야까지 끌고 와서 다 죽게 하느냐"라고 모세를 향하여 아우성칩니다. 이때 모세의 반응을 보십시오. 우리가 그렇게 흠모해 마지않는 모세의 모습이 드디어 여기서 등장합니다. 아우성치며 원망하는 이스라엘 백성에게 모세는 이렇게 말합니다.

> 모세가 백성에게 이르되 너희는 두려워하지 말고 가만히 서서 여호와께서 오늘 너희를 위하여 행하시는 구원을 보라 너희가 오늘 본 애굽 사람을 영원히 다시 보지 아니하리라 여호와께서 너희를 위하여 싸우시리니 너희는 가만히 있을지니라 (출 14:13-14)

우리가 기대하던 모세는 바로 이런 모습입니다. 그런데 성경이 말하는 대로 추적해 보니 오히려 이제는 이 모습이 우리에게 낯설게 느껴집니다.

성경이 모세의 생애를 들어 말하고자 하는 것은 이것입니다.

모세가 하나님의 편을 든 것은 그가 남다른 사람이어서가 아닙니다. 하나님이 당신의 열심으로 모세를 빚어 가신 것입니다. 그런 모세를 보이시며 하나님이 우리에게 말씀하십니다. "모세는 태어날 때부터 남다르거나 내가 모세를 특별하게 대해서 그가 나에게 순종한 것이 아니다. 모세는 너희보다 못했으면 못했지 더 나은 존재가 아니다. 그러나 이 남다를 것 없던 모세가 항복하여 결국 이렇게 외치는 자리까지 이른 것이다. 앞은 홍해가 가로막고 있고 뒤는 애굽 병거가 쫓아오는 궁박한 처지에서 나를 편들어 이렇게 외친 것이다. 그러니 너희는 너희 자신이 평범하고 모세보다 부족하다고 핑계 댈 생각은 아예 하지 마라."

성경은 출애굽기 14장에 나온 달라진 모세의 모습을 통해 하나님이 얼마나 항복할 만한 분인가를 말하려고 합니다. 하나님이 어째서 우리의 항복을 받을 만한 분인가에 대해 성경은 일일이 설명하지 않습니다. 그 대신, 반항하고 말대꾸하기 일쑤였던 모세가 나중에 결국 이렇게 담대하게 외칠 수 있게 되었다는 사실로 미루어 하나님은 우리가 항복할 수밖에 없는 분이라고 증언해 주고 있습니다. 이보다 더 큰 간증은 없을 것입니다. 이런 모세를 항복하게 하신 하나님이라면 우리도 항복시키고야 말 것이기 때문입니다.

이제 모세의 유언이 담긴 말씀을 통해 모세의 최후는 얼마나 더 달라졌는지 확인해 보겠습니다. 신명기 6장 4절입니다.

　　　　이스라엘아 들으라 우리 하나님 여호와는 오직 유일한 여호와이시니 너는 마음을 다하고 뜻을 다하고 힘을 다하여 네 하나님 여호와를 사랑하라 오늘 내가 네게 명하는 이 말씀을 너는 마음에 새기고 네 자녀에게 부지런히 가르치며 집에 앉았을 때에든지 길을 갈 때에든지 누워 있을 때에든지 일어날 때에든지 이 말씀을 강론할 것이며 너는 또 그것을 네 손목에 매어 기호를 삼으며 네 미간에 붙여 표로 삼고 또 네 집 문설주와 바깥 문에 기록할지니라 (신 6:4-9)

이 말씀은 죽음을 앞둔 모세가 이스라엘 백성에게 한 유언입니다. 우리는 익숙해서 그런지 이 말씀을 대수롭지 않게 읽고 넘기는 경향이 있습니다. 하지만 이는 누구나 당연히 권면할 수 있는 이야기가 아닙니다. 지금 모세는 그의 전 생애를 걸고 그가 하나님 앞에 항복한 내용을 유언으로 전하고 있는 것입니다.

　모세는 어떤 사람이었습니까? 하나님이 하신 말씀마다 지지 않고 말대꾸하던 사람입니다. "하나님, 제가 왜 갑니까? 하나님을 어떻게 믿고 제가 거길 갑니까? 제가 바보입니까? 안 될 게 뻔한데 제가 왜 갑니까?"라고 하던 모세가 이제 하나님에게 이렇게 항복하고 있습니다. 은혜로운 대목입니다.

　성경이 우리에게 하고 싶은 이야기가 이것입니다. 도대체 하나님이 어떤 분이기에 불평불만의 대가인 모세를 이렇게 항복시킬 수 있었는가 하는 것입니다. 신명기 본문에 나온 모세의 유언을 이렇게 풀이해 볼 수 있습니다. "이스라엘 백성들아, 너희는 오직 하나님만 사랑해라. 너희가 약속의 땅에 들어가거든 제일 먼저 할 일은 손바닥에, 팔뚝에, 볼에, 이마에 '하나님을 사랑하자'라고 써 붙여 놓는 것이다. 오직 하나님만을 위해 살아라. 누워서 흥얼거릴 때도 하나님, 일어날 때도 하나님, 오직 하나님만 사랑하여라. 너희는 이 말씀을 너희 모든 호흡과 양식으로 삼아라." 물론 신명기 전체가 하나님이 하신 말씀입니다. 그러나 하나님은 이 말씀이 하늘에서 별안간 뚝 떨어지는 말씀이 아니라 모세의 입을 통하여, 그의 항복이 담긴 간증으로 남게 하셨습니다. 여기에 깊은 의미가 있습니다.

성경은 출애굽기 3장부터 6장에 걸쳐 모세의 본래 모습을 우리에게 적나라하게 드러내어 그가 어떤 사람이었는가를 보여 주었습니다. 그리고 이제 그런 모세가 홍해 앞에서 하나님을 편드는 외침과 자신의 항복이 담긴 유언을 이스라엘 백성에게 들려주고 있는 것입니다. 이 외침과 고백을 들으며 우리는 이것이 어떤 항복인가, 모세로 이런 항복에 이르게 하시는 하나님은 어떤 분인가 알게 됩니다. 우리가 섬기는 하나님은 고집불통 모세가 항복할 정도의 하나님이라고 성경은 말하고 있는 것입니다.

모세의 생애를 통해 깨달았는데도 여전히 항복하지 못하는 부분이 우리에게 있습니다. 사람마다 "나는 하나님의 어떤 점은 좋은데 어떤 점은 이해할 수 없고 받아들이기 어렵더라" 하는 대목이 있는 것입니다. 하지만 실망하지 마십시오. 모세는 우리가 가진 불평보다 훨씬 더 큰 응어리를 품었던 사람입니다. 그런 모세가 죽음을 앞둔 때에 이스라엘 백성이 하나님 앞에 제대로 항복하지 않는 모습을 보며 가슴을 찢고 목청을 돋우어 최후의 유언을 남기고 있습니다. 이것이 신명기 말씀에 담긴 의미이며, 우리처럼 미련한 사람들을 위하여 하나님이 준비하신 메시지요 간증인 것입니다.

저는 하나님이 저를 어떻게 항복시켜 이 자리까지 이르게 하셨는지, 또 앞으로 어디까지 항복시키실 것인지 다 알지 못합니다. 그리고 이미 하신 약속은 어떻게 이루어 가시며 앞으로 어떤 약속을 더 주실 것인지도 다 헤아리지 못합니다. 하지만 이 사실 하나만은 확신할 수 있습니다. 모세를 이렇게 항복시키실 수 있는 분이라면, 고집불통 모세를 이렇게 거꾸러뜨리실 수 있는 분이라면 기대를 걸어도 좋다고 말입니다.

하나님은 우리가 항복하고도 남을 분입니다. 이 사실이 확실하기에 이전에 온전히 이해하지 못하고 온전히 만족하지 못했던 부분에 대해서도 다 믿고 순종하기로 다짐하는 것입니다. 이것이 성경이 우리에게 들려주는 하나님의 음성이요 펼쳐 보이시는 그분의 한없는 사랑의 설득인 것입니다. 모세가 부럽습니까? 모세를 부러워하지 말고, 모세를 항복의 자리까지 이끌고 가신 하나님이 지금 우리를 동일한 자리로 부르셨다는 사실에 기쁨과 감사로 화답하십시오. 살아계신 하나님이 그 옛날 고집불통 모세를 변화시키셔서 그가 하나님만 사랑하라는 유언을 남길 정도로 설복시키셨던 것처럼, 우리에게도 역사하셔서 지금 우리가 이 자리에 있는 것입니다. 이것이 참으로 기쁜 일이요 빼앗길 수 없는 우리의 자랑임을 기억하여 하나님을 더 깊이 알아 가는 귀한 생애가 되기 바랍니다.

+ 모세 +

모세는 출애굽 이후 광야 사십 년의 시간을 통해 자신의 인생이 자기 자신만을 위한 것보다 더 크다는 것을 깨닫습니다. 지도자 모세의 위대함은 그가 지닌 지위와 권세에 있지 않습니다. 모세에게 허락하신 그 모든 것이 하나님이 당신의 백성을 위하여 주신 것임을 모세가 깨닫게 됩니다. 하나님이 가장 중요하게 보시는 대상은 한 명의 영웅이 아니라 당신의 백성들인 것입니다. 이런 하나님의 마음을 안 모세는 그래서 온유할 수 있었던 것입니다.

그가 나를
단련하신 후에는

12

10 그러나 내가 가는 길을 그가 아시나니 그가 나를 단련하신 후에는 내가 순금 같이 되어 나오리라 **11** 내 발이 그의 걸음을 바로 따랐으며 내가 그의 길을 지켜 치우치지 아니하였고 **12** 내가 그의 입술의 명령을 어기지 아니하고 정한 음식보다 그의 입의 말씀을 귀히 여겼도다 **13** 그는 뜻이 일정하시니 누가 능히 돌이키랴 그의 마음에 하고자 하시는 것이면 그것을 행하시나니 **14** 그런즉 내게 작정하신 것을 이루실 것이라 이런 일이 그에게 많이 있느니라 (욥 23:10-14)

◆◆◆ 앞서 우리는 성경의 위인이라 불리는 인물들을 살펴보면서 하나님이 그들을 만들어 가셨다는 사실을 확인하였습니다. 이들의 정황은 저마다 달랐으나 하나님이 당신의 손길을 통해 하나님의 사람으로 빚어 가셨다는 점에서는 동일하다는 점도 확인하였습니다. 이번 장에서는 욥에 대해 살펴보려고 합니다. 그간 설교에서 욥은 '인내의 화신'으로 소개되어 왔습니다. 엄청난 고난을 겪었으나 끝까지 인내하여 마침내 몇 곱절의 복을 얻은 사람으로 기록되어 있습니다. 그런데 성경이 욥을 통해 보여 주고자 하는 것이 단지 '인내로 얻은 곱절의 축복'일 뿐이라면, 이는 자기계발서가 주는 교훈 정도에 불과할 것입니다. 성경이 욥을 통해 말하고자 하는 것은 훨씬 깊습니다. 하나님은 욥의 생애에 어떤 열심을 쏟으셨는지, 그 열심을 다해 빚어 가신 욥의 생애를 통해 우리에게 주고자 하는 것은 무엇인지 성경을 따라 생각해 봅시다.

하나님은 당신의 명예를 욥에게 걸었다

욥기의 시작은 이렇습니다.

―― 우스 땅에 욥이라 불리는 사람이 있었는데 그 사람

은 온전하고 정직하여 하나님을 경외하며 악에서 떠난 자더라 (욥 1:1)

욥기는 욥을 온전하고 정직하여 하나님을 경외하며 악에서 떠난 사람으로 소개하며 시작합니다. 이어서 욥이 어떻게 살아왔는지 그의 성품과 행적을 소개한 다음 갑자기 장면이 이렇게 바뀝니다. 하루는 하나님의 아들들이 와서 하나님 앞에 서고 사탄도 그들 가운데 서 있습니다. 이곳저곳 돌아다니다 온 사탄에게 하나님은 "너는 내 종 욥을 잘 살펴보았느냐? 이 세상에 욥만큼 흠 없고 정직하며 나를 경외하여 악을 멀리하는 사람은 없다"라고 칭찬하십니다. 사탄은 "욥이 아무 까닭도 없이 하나님을 경외하겠습니까?"라고 되물으며 욥의 신앙이 아무 조건 없이 하나님을 경외하는 순전한 신앙은 아닐 것이라고 헐뜯습니다. 욥이 하나님을 경외하는 것은 하나님에게서 복을 많이 받아 그런 것이니 하나님이 그에게 주신 복을 다시 거두어 가면 욥은 하나님을 저주할 것이라고 사탄은 그를 깎아내립니다. 그러니 욥의 모든 소유를 쳐 보자고 사탄은 제안하고 하나님은 이 제안을 받아들이십니다. "욥이 가진 모든 것을 다 네게 맡겨 보겠다. 단, 그의 몸에는 손을 대지 마라." 하나님은 욥이 사탄의 시험에도 불구하고 온전하게 신앙을 지켜 낼 것이라고 생각하신 걸까요? 하나님은 당신의 생각이 옳다는 증명이 욥이라는 사람을 통해 드러나도록 허락하십니다. 곧 하나님은 당신의 명예를 욥에게 내건 것입니다.

하나님의 재가를 받고 물러간 사탄은 욥에게 재앙을 쏟아붓습니다. 하루아침에 욥은 자녀들이 죽고 재산마저 다 빼앗기는 일을 겪습니다. 갑작스럽게 닥친 엄청난 재난에 욥은 어떻게 반응했을까요? 욥기 1장 21절 이하를 봅시다.

> ──── 이르되 내가 모태에서 알몸으로 나왔사온즉 또한 알몸이 그리로 돌아가올지라 주신 이도 여호와시요 거두신 이도 여호와시오니 여호와의 이름이 찬송을 받으실지니이다 하고 이 모든 일에 욥이 범죄하지 아니하고 하나님을 향하여 원망하지 아니하니라 (욥 1:21-22)

만일 욥기가 여기서 끝난다면 욥을 위인이라고 마음껏 칭송해도 좋을 것입니다. 엄청난 재앙을 입고도 하나님을 원망하지 않고 오히려 찬송했으니 말입니다. 그러나 욥기는 42장까지 이어집니다. 욥은 벌써 1장 말미에서 우리 기대대로, 아니 기대 이상으로 위대한 신앙고백을 합니다. 그런데 욥기가 1장으로 막을 내리지 않고 그 뒤에 마흔 한 장이나 이어지는 것을 보면, 욥기의 전개는 우리 생각처럼 펼쳐지지 않을 것이라 예상해 볼 수 있습니다.

서로 사랑하는 두 남녀가 주인공인 영화가 있다고 해 봅시다. 이 둘이 영화가 끝날 즈음 결혼해야 해피엔딩이지, 영화 첫머리에 이들의 결혼 장면부터 나온다면 뒤에 이어지는 결혼 생활이 순탄하지 않을 것이라고 짐작할 수 있습니다. 부부 중 어느 한쪽이 불치병에 걸리거나 사고를 당하거나 하는 일이 일어날지도 모릅니다. 행복한 장면이 처음부터 등장하면 그다음은 좀 수상쩍습니다. 욥기는 1장에서 벌써 욥의 훌륭한 면모를 드러내 버렸으니 뒤에 심상치 않은 사건이 이어질 것이 불 보듯 훤합니다.

욥기 2장에 가면 하나님과 사탄의 대화가 다시 나옵니다. 갑작스러운 재앙에도 하나님을 원망하지 않고 온전함을 지키는 욥을 살펴보신 하나님이 사탄에게 말씀하십니다. "너는 내 종 욥을 잘 살펴보았느냐. 이 세상에 그 사람만큼 흠이 없고 정직한 사람, 그렇게 하나님을 경외하고 악을 멀리하는 사람이 없다. 네가 나를 부추겨 공연히 그를 해치려고 하였지만, 그는 여전히 자기의 온전함을 굳게 지키고 있다." 그러자 사탄은 자기주장을 굽히지 않고 이렇게 말합니다. "가죽은 가죽으로 대신할 수 있습니다. 사람은 자기 생명을 지키는 일이라면 자기가 가진 모든 것을 버립니다. 이제라도 주께서 손을 들어 욥의 뼈와 살을 치시면 그는 당장 주님을 저주하고 말 것입니다." 이번에도 하나님은 욥의 고난을 허락하십니다. 그러자 욥의 온몸에 종기가 생깁니다. 발바닥에서 정수리까지 질그릇 조각으로 몸을 긁어야 할 정도로 심한 악창이 퍼져 욥은 참으로 괴로운 지경에 처합니다.

그 후에 욥이 입을 열어

욥이 처한 상황을 듣고 세 친구가 그를 위로하기 위해 찾아옵니다. 여기서 욥기의 본격적인 이야기가 시작됩니다. 2장 11절부터 봅시다.

> ──── 그 때에 욥의 친구 세 사람이 이 모든 재앙이 그에게 내렸다 함을 듣고 각각 자기 지역에서부터 이르렀으니 곧 데만 사람 엘리바스와 수아 사람 빌닷과 나아마 사람 소발이라 그들이 욥을 위문하고 위로하려 하여 서로 약속하고 오더니 눈을 들어 멀리 보매 그가 욥인 줄 알기 어렵게 되었으므로 그들이 일제히 소리 질러 울며 각각 자기의 겉옷을 찢고 하늘을 향하여 티끌을 날려 자기 머리에 뿌리고 밤낮 칠 일 동안 그와 함께 땅에 앉았으나 욥의 고통이 심함을 보므로 그에게 한마디도 말하는 자가 없었더라 (욥 2:11-13)

욥의 비참한 처지를 목도한 세 친구는 여러 날 동안 할 말을 잃습니다. 이 침묵을 깨고 욥이 비로소 입을 엽니다. 욥의 말을 시작으로 욥과 세 친구가 논쟁을 벌이는데, 대개 우리는 이 논쟁을 잘못 이해하곤 합니다. 때로는 맥락을 고려하지 않은 채 세 친구가 충고하는 구절들만 따로 떼어 금과옥조로 삼기도 하고, 때로는 덮어놓고 욥을 신앙의 위인으로 추켜세우려고 하는데 욥의 말에 얼른 수긍이 안 가는 대목도 종종 있어서 혼란스럽기도 합니다.

그런데 욥과 세 친구의 논쟁을 따라가 보면 욥이 잘한 대목은 그리 눈에 띄지 않습니다. 욥기 전체에서 욥이 잘한 일은 딱 한 번 나오는데, 그것은 앞서 본 1장에 있는 고백 정도입니다. 다른 곳 어디에도 욥이 잘한 일이 나오지 않습니다. 욥은 남다르게 인내한 적도 없고 담대하게 승리한 적도 없습니다. 욥기 전체에 걸쳐 욥이 풀어놓은 이야기는 전부 이런 내용입니다. "하나님, 저는 억울합니다. 제가 무엇 때문에 고난을 겪어야 합니까?" 이런 억울함이 욥의 항변에 깔려 있습니다.

욥의 항변을 듣고 친구들은 말합니다. "네가 잘못한 일이 없는데도 이런 재앙이 오겠느냐. 이런 일이 닥친 것을 보면 네가 뭔가 대단히 잘못한 게 틀림없다. 그러니 어서 회개해라." 이들의 지적은 인과응보에 근거하고 있습니다. 그러나 친구들의 지적에도 욥은 "나는 잘못한 것이 없다. 내게 잘못이 많아서 이런 일이 일어났다면 얼마든지 받아들일 수 있다. 하지만 잘못한 게 없는데도 이런 일이 벌어지니 도무지 이해할 수 없다. 하나님을 한번 만나서 따져 보고 싶다"라고 항변합니다. 그러자 친구들은 또다시 욥을 힐난합니다. "네가 무슨 잘못을 저질렀는지 우리는 잘 모르지만 지금 네가 하는 대답만 보아도 너는 벌써 틀렸다. 어떻게 사람이 하나님 앞에서 자기는 잘못이 없다고 감히 말할 수 있단 말이

나"라고 책망합니다. 이들의 대화를 보면 세 친구의 사고방식이 우리와 비슷하다는 생각이 듭니다.

고난의 신비

신앙생활하면서 어려움을 만나면 우리는 이런 생각을 가장 먼저 합니다. '도대체 내가 무엇을 잘못했기에 하나님이 나를 이렇게 괴롭히신단 말인가?' 이는 신자들에게 매우 익숙한 사고방식입니다.

신자에게 고난이 닥치는 이유는 무엇일까요? 고난의 이유를 쉽게 단정할 수는 없지만 크게 두 가지를 생각해 볼 수 있습니다. 먼저, 잘못된 길에 들어섰기 때문에 고난을 겪는 경우가 있습니다. 하나님에게 순종하고 그분의 뜻대로 살아야 하는데, 세상을 좇고 있으니 하나님이 매를 드시는 경우입니다. 대표적 예가 누가복음 15장의 비유에 나오는 방탕한 아들의 경우입니다. 한편, 하나님의 뜻대로 사는데 시련과 환난이 따라오는 경우도 있습니다. 앞 장에서 살펴본 요셉의 경우가 대표적입니다.

이처럼 고난의 이유가 다를 수 있는데, 우리는 고난을 겪게 되면 주로 전자의 경우만 떠올리는 경향이 있습니다. 고난은 죄의 대가로만 주어지는 것이 아닌데도 우리는 '지은 죄가 많아 이런 일을 겪는구나'라고 생각합니다. 그러는 바람에 하나님의 뜻과 일하심의 신비를 더 깊이 경험할 수 있는 고난의 시간을 다만 징징대며 "하나님, 제가 잘못했으니 저를 용서해 주셔서 이 고난이 빨리 지나가게 해 주세요"라고 회개하는 데에 다 보내고 맙니다.

하지만 죄의 대가로 주어지는 것이 아닌 고난에 대한 적절한 반응은 회개가 아닙니다. 잘못한 대가로 받게 된 고난이 아니기 때문입니다. 이런 고난은 견디고 인내하는 것 말고는 대처할 다른 방법이 없습니다. 대표적 예가 사도행전에 나옵니다.

사도 바울은 복음을 전하기 위하여 이제 로마에 가려고 합니다. 그런데 하나님은 그 길을 순탄하게 열어 주시지 않고 로마군에게 붙잡혀 가는 방법으로 바울을 인도하십니다. 바울은 자신이 가는 길이 고난 가운데서 걸어야 하는 길이라는 것을 성령을 통하여 깨닫게 됩니다. 성령께서 바울에게 그가 가는 도시마다 결박과 환난이 기다리고 있을 것이라고 일러 주신 것입니다. 바울은 "오직 성령이 각 성에서 내게 증언하여 결박과 환난이 나를 기다린다 하시나 내가 달려갈 길과 주 예수께 받은 사명 곧 하나님의 은혜의 복음을 증언하는 일을 마치려 함에는 나의 생명조차 조금도 귀한 것으로 여기지 아니하노라"(행 20:23-24)라는 담대한 고백을 하며 이 고난의 여정을 기꺼이 받아들입니다. 이제 닥칠 결박과 환난은 자신의 잘못 때문에 주신 고난이 아님을 알았던 것입니다. 그가 겪을 고난은 누가복음 15장에 나온, 제멋대로 살기 위해 집을 나간 둘째 아들이 직면한 어려움과 다른 것입니다.

우리는 잘못한 것 없이 겪어야 하는 고난에 대한 신앙적 이해가 많이 부족한 편입니다. 이런 이해를 욥기를 통해 얻어야 합니다. 욥기의 논쟁도 이 주제와 관련이 있습니다. 욥의 세 친구는 계속 "네가 잘못한 일이 없는데도 하나님이 너를 치시겠느냐"라고 지적하고, 욥은 "내가 잘못하고서 이런 재앙을 만났다면 이해할 수 있으련만, 잘못한 일이 없는데도 이런 일을 겪으니 이해가 가지 않는다"라고 항변합니다. 잘못한 것 없이 주어지는 고난에 대해 아직 욥도 세 친구만큼이나 이해하지 못하고 있는 것입니다.

여호와께서 폭풍우 가운데에서 욥에게 말씀하여

욥과 세 친구 사이의 논쟁은 거듭되고 욥의 변론에 지친 세 친구는 그에게 화를 내며 돌아섭니다. 그러자 마침내 하나님이 나타나셔서 욥의 손을 들어 주시고 욥의 정당함을 이렇게 선언하십니다.

―――― 여호와께서 욥에게 이 말씀을 하신 후에 여호와께서 데만 사람 엘리바스에게 이르시되 내가 너와 네 두 친구에게

노하나니 이는 너희가 나를 가리켜 말한 것이 내 종 욥의 말 같이 옳지 못함이니라 (욥 42:7)

이것이 욥과 세 친구 사이에 하나님이 내리신 판정입니다. 하나님은 욥이 그의 세 친구보다 더 옳다고 인정해 주십니다. 욥은 정당합니다. 그러면 욥은 하나님에게서 칭찬을 받을까요? 그렇지도 않습니다. 하나님이 드디어 나타나셔서 욥의 항변에 답하시는 장면에서 이 사실을 알 수 있습니다. "그 때에 여호와께서 폭풍우 가운데에서 욥에게 말씀하여 이르시되 무지한 말로 생각을 어둡게 하는 자가 누구냐 너는 대장부처럼 허리를 묶고 내가 네게 묻는 것을 대답할지니라"(욥 38:1-3).

하나님은 욥의 항변에 대답하기 위해 나타나셨지만, 욥이 줄곧 제기해 온 질문에는 답하시지 않습니다. 대신 하나님은 이런 대답을 하십니다. "내가 땅의 기초를 놓을 때에 네가 어디 있었느냐. 누가 땅의 도량법을 정하였는지, 누가 땅 위에 측량줄을 띄웠는지 네가 아느냐. 무엇이 땅을 버티는 기둥을 잡고 있으며 누가 땅의 주춧돌을 놓았느냐." 하나님의 답변은 38장에서 41장까지 이어지는데, 전부 이런 식입니다. "네가 우박 창고를 들여다 본 일이 있느냐. 너는 별들을 철에 따라 이끌어 낼 수 있느냐. 네가 하늘의 질서를 아느냐. 너는 산에 사는 염소가 언제 새끼를 치는지 아느냐." 전부 이런 말씀만 하실 뿐, 정작 욥이 제기한 질문에 대해서는 답하시지 않습니다. 이 점이 욥기에서 가장 흥미롭습니다.

하나님이 폭풍우 가운데 나타나셔서 욥에게 하신 말씀은 무엇일까요? 세 친구의 지적과 달리 욥은 정당하지만 그래도 욥이 아직 깨닫지 못한 것이 있다고 하십니다. 하나님이 욥에게 요구하시는 수준이 욥의 생각보다 훨씬 높은 것입니다.

하나님의 눈높이

여기 한 오누이가 있습니다. 초등학교 2학년인 오빠와 여섯 살배기 여동생입니다. 첫째는 양보를 잘하는 편인데, 그 대신 한번 고집을 부리면 절대 항복하려 하지 않습니다. 한편, 둘째는 매사에 좀처럼 양보하는 법이 없습니다. 언제나 모든 것에 욕심을 부리고 말이 잘 안 통하는 대신 첫째만큼 고집이 세지는 않습니다. 이 둘이 싸우면 보통 첫째가 많이 져 주고 진짜 큰 싸움이 벌어지면 첫째가 이깁니다.

싸움은 언제나 이런 식으로 일어납니다. 장난감이든 먹을 것이든 상대방이 가진 것이 더 좋아 보이는 법입니다. 상대방 것이 탐나면 자기 것을 주고 바꾸면 되는데, 막상 내 것을 주려고 하면 왠지 아깝게 느껴집니다. 그때 오빠인 첫째는 공평하게 나눠 갖는 것에 대해 잘 납득하지만, 둘째인 여동생은 무조건 다 자기 것이라고 떼를 씁니다. 둘이 싸우면, 오빠는 공평하게 나누자고 하고 동생은 둘 다 자기가 갖겠다고 합니다. 부모라면 어떻게 해야 할까요?

이럴 때는 대개 첫째를 설득하거나 그래도 말을 안 들으면 꾸짖습니다. 공평하게 나눠 갖는다는 식의 '공정함'을 잣대로 내세우지 못합니다. 둘째에게는 아직 그런 개념이 없어서 납득할 수 없기 때문입니다. 공정함을 기준으로 삼을 수 없으니 다른 잣대가 필요합니다. 옳고 그름이나 정당함 대신 '아량'을 기준으로 삼습니다. 이 기준을 납득할 수 있는 아이는 첫째이므로 그 아이에게 이해를 구해 봅니다. "네가 첫째니까 좀 참아라. 까짓것 동생에게 줘 버리자." 이것이 첫째를 달래는 방식입니다. 물론 목적은 공평한 분배이지만, 이 기준으로는 싸움을 해결할 수 없으니 제2의 판정 기준을 적용하는 것입니다. 공평함이 전부가 아닌 영역이 있는 것입니다. 아량이라는 기준은 공평함 너머를 볼 수 있는 존재에게 제시되는 수준 높은 기준입니다.

하나님이 욥에게 하신 말씀을 이런 관점에서 이해해 볼 수 있습니다. "욥아, 너는 네 친구들보다 옳다. 너는 정당하다. 그러나 내가 너에게 요구하는 수준은 옳고 그름으로 따질 수 있는 것 그 이상이다. 너는 내 아들이다. 나는 내가 지은 이 세계에 가득 찬 창조의 신비를 함께 누릴 수 있는 자로 너를 지었다." 이것을 알게 하려고 하나님은 사탄이 그를 고난 속에 집어넣는 일마저 허락하셨던 것입니다. 신자들이 하나님을 믿고 사는데도 억울함 속을 걸어가는 이유가 여기에 있습니다.

앞서 든 오누이의 예에서 부모가 더 큰 기대로 대접하는 자녀는 누구인 것 같습니까? 물론 부모는 둘 다 사랑하지만 더 크게 대접하는 이는 첫째입니다. 공평한 분배만이 전부라고 생각하는 첫째가 이를 넘어 더 나아가기를 원하기 때문입니다. 자기 자녀가 로봇처럼 살기를 바라는 부모는 없을 것입니다. 자녀에게 훌륭한 인격과 풍성한 안목, 그리고 고귀한 가치를 가르쳐 주고 싶은 것이 부모의 마음입니다. 하나님이 욥기를 통하여 우리에게 주시고자 하는 말씀이 이것입니다.

욥은 하나님에게 당당히 항변해도 좋을 만큼 정당하게 살아온 사람입니다. 그는 온전하고 정직하여 하나님을 경외하며 악에서 떠난 자이기 때문입니다. "하나님, 제가 언제 남의 것을 뺏은 적이 있습니까. 아니면 남을 억울하게 한 적이 있습니까. 불공평하게 대우한 적이 있습니까." 이것이 욥이 항변하는 근거입니다. 물론 이 근거는 옳습니다. 욥은 결코 양심에 어긋나는 일을 한 적이 없습니다. 그러나 하나님은 당신의 자녀들이 인과법칙만이 전부라고 믿는 수준에 머무는 것을 원하지 않으십니다. 이것이 욥기를 통해 드러나는 하나님의 눈높이입니다.

이런 하나님의 요구가 신약에서는 이렇게 펼쳐집니다. '너희 원수를 사랑하며 너희를 박해하는 자를 위하여 기도하라'(마 5:44). '악한 자를 대적하지 말라 누구든지 네 오른편 뺨을 치거든 왼편도 돌려 대며'(마 5:39). 여기서 '네 오른편 뺨을 치거든' 이라는 구절을 생각해 봅시다. 오른손잡이끼리 치고받는 싸움이라면 왼편 뺨을 맞게 되는 것이 보통입니다. 그런데 예수님은 왜 '누구든지 네 오른편 뺨을 치거든'이라고 말씀하셨을까요? 따귀는 아프라고 치는 것이 아닙니다. 모욕하는 의미로 때리는 것입니다. 그런데 상대방으로 더 심한 모욕감을 느끼게 하려면 손바닥이 아니라 손등으로 때립니다. 그렇게 때리면 오른편 뺨을 맞게 됩니다. 손바닥으로 때리기도 아까울 만큼 경멸스럽다는 모욕적 의미가 담겨 있는 것입니다. 성경은 이런 심한 모욕을 받더라도 왼편 뺨을 다시 내밀라고 말씀합니다. 굉장한 수준을 요구하고 있습니다.

하나님은 우리에게 공평한 기준 그 이상을 가르치고 싶어 하십니다. 오른편 뺨을 맞으면 상대방의 오른편 뺨을 때리는 것은 공평합니다. 그러나 하나님은 그 너머를 원하십니다. 옳고 그름 너머 아량을 베푸는 넉넉한 수준까지 이르기를 원하시는 것입니다. 이것이 첫째를 대우하는 방식입니다. "너는 첫째다. 너는 내 자녀다. 이 죽어가는 세상과 죄악에 찌든 인생을 내가 어떻게 대접했는가를 기억해라."

억울하다는 생각이 듭니까? 그렇다면 평생 둘째로 사십시오.

원하는 것은 몽땅 가질 수 있을 것입니다. 그런데 그렇게 몽땅 다 가지면 행복할까요? 그렇지 않을 것입니다. 제 욕심대로 원하는 것을 다 가졌으니 탈이 날 것입니다. 신자의 삶은 그런 식으로 채워 행복해지거나 평안하게 되는 것이 아닙니다.

신앙생활은 내 인생이 하나님의 인도와 훈련 속에 있다는 사실을 인정하느냐 인정하지 않느냐의 싸움입니다. 인간은 언제나 자기 고통을 기준으로 생각합니다. "하나님, 저는 억울합니다. 어떻게 이럴 수가 있습니까"라는 하소연만 합니다. 하지만 신자를 향한 하나님의 기준은 고통의 유무가 아닙니다. 하나님의 기준은 우리의 성장이며 성숙입니다. 하나님은 우리가 철이 들기를 원하십니다.

우리가 부모님의 말씀을 알아듣는 때는 언제입니까? 자기 자녀를 시집 장가 다 보내고 난 다음에야 깨닫게 됩니다. 비로소 '옛말 틀린 데 하나 없다'는 말에 항복하게 됩니다. 공부해야 하는 이유를 알고 공부하는 자녀를 보았습니까? 그런 자녀는 없습니다. 공부란 참 이상해서 공부의 필요성을 깨달을 때는 이미 공부할 수 있는 기회가 다 지나 버린 때입니다. 원래 그렇습니다. 그래서 공부한 것을 써먹고 싶으면 공부의 필요성을 깨닫지 못할 때 미리 공부해 두어야 합니다. 부모가 자녀에게 공부하라고 재촉하는 것은 부모는 그 필요성을 알기 때문입니다. 그래서 혹독하리만치 자녀를 채찍질하는 것입니다.

내가 순금 같이 되어 나오리라

하나님은 신자를 훈련하십니다. 사람마다 필요한 훈련은 각기 다릅니다. 돌아보면 하나님은 제게 재물과 건강에 대해 내려놓는 훈련을 많이 시키셨던 것 같습니다. 하나님은 저에게 돈을 넉넉히 주신 적이 거의 없습니다. 또 건강도 좀처럼 허락하시지 않았습니다. 겪을 때는 다 알지 못했지만 왜 제게 이런 훈련을 시키셨는지 이제는 조금 깨닫습니다. 물론 돈을 넉넉히 주실 때도 더러 있었습니다. 오래전 어느 겨울이었던 것으로 기억합니다. 어쩌다 수중에 백이십만 원쯤 생겼습니다. 그런데 그 돈을 받아 놓고 보니 백사십만 원어치 돈을 쓸 일이 생기게 되었습니다. 결국 이십만 원 밑지게 되었습니다. 이런 경험을 통해 저는 돈이 많다고 결코 좋은 것이 아님을 깨닫게 되었습니다. 돈은 적게 받으면 쓸 일도 적어집니다. 이것이 얼마나 큰 깨달음입니까? 돈이 많아질수록 지출할 곳도 많아지고 괜히 가계부만 복잡해지고 고민만 늘어 갑니다. 그러니 무엇이 좋다고 돈을 많이 갖고 싶겠습니까?

건강도 마찬가지입니다. 하나님이 제게 건강을 허락하신 적은 거의 없습니다. 그런데 가만 보면 제가 긴강할 때에는 하루 스물여섯 시간의 일거리가 생기고 아프면 세 시간의 일거리밖에 생기지 않더라는 것을 깨달았습니다. 하나님이 하시는 일의 신비입니다.

많은 재물이 사역의 원천이 아니라는 것을 깨닫게 되자 이제는 하나님이 돈을 맡기십니다. 또 건강한 몸이 사역의 동력이 아니라는 것을 깨닫게 되자 이번에는 하나님이 건강을 허락하십니다. 그래서 이제 저는 강단에 서서 하나님 말씀을 선포할 때에도 배짱을 부릴 수 있게 되었습니다. 하나님이 허락하신 훈련을 통해 제가 제 힘을 의지하여 강단에 서는 것이 아님을 깨달았기 때문입니다. 설교하느라 주일예배에 섰을 때나 아무도 불러 주는 이가 없어 집에서 혼자 누워 있을 때나 별 차이가 없습니다. 하나님이 불러 세우셨으니 설교 단상에 서는 것이고 세우지 않으시면 집에서 바둑이나 두면 됩니다. 이제 저는 제 인생을 그렇게 이해하기로 하였습니다. 이 모든 일의 주관자가 하나님이시니 하나님이 저를 세우시면 서고 누이시면 누워 있으면 됩니다. 어찌 보면 참 쉽습니다.

하나님이 눕혀 주실 때 서고 싶고, 하나님이 세우실 때 눕고 싶으면 힘듭니다. 하지만 하나님이 세워 주실 때 서고, 눕혀 주실 때 누우면 그것처럼 복된 인생이 없습니다. 만사형통이 다른 게 아닙니다. 하나님이 괄시받으라고 내몰면 괄시받으면 됩니다. 이보다 쉬운 일은 없습니다. 그걸 피하려고 도망 다니니 어려운 것입니다. 자존심이 꺾여야 하는 일이라면 꺾이면 그만입니다. 자존심을 내세우려고 하니 어려운 것입니다.

만일 하나님이 저를 높이셔서 "와, 목사님은 정말 훌륭한 분이

군요"라는 칭찬을 듣게 하시면 "그럼요. 훌륭하죠. 제가 아니라 저를 세우신 하나님이 대단하시지요. 하나님은 죽은 자도 보좌 우편에 세우시는 분입니다"라고 하나님을 높이면 됩니다. 하나님에게서 이런 훈련을 받고 사는 것이 복 있는 삶입니다. 우리가 가는 길이 우리의 힘과 계획에 달려 있지 않고 높으신 하나님의 손에 달려 있습니다. 하나님이 우리더러 공부하자고 하시면 공부하면 되고 이제 좀 쉬자고 하시면 쉬면 됩니다. 그런데도 우리는 자기 인생을 자기 손으로 꽉 붙든 채 '오늘은 쉬고 내일은 공부하고' 하며 혼자 계획을 세우고는 끙끙댑니다.

우리가 십 년 넘게 영어를 배우고도 누가 와서 "Hello" 하면 겨우 "I can't speak English"라고 말하곤 도망가 버립니다. 기껏 남은 게 이 문장 하나입니다. 왜 이렇게 살까요? 우리 신앙생활도 이런 식이면 곤란합니다. 성경이 욥의 고난과 생애를 통해 가르치려고 하는 것이 이것입니다. 하나님은 우리가 우리 기대와 생각보다 훨씬 더 훌륭하고 높은 차원에 이르도록 우리 인생을 인도하고 우리를 훈련하고 계십니다. 인생이 힘들게 여겨집니까? 힘든 시간이 얼마나 큰 복인지 모릅니다.

하나님이 우리를 버려두시지 않고 오늘도 우리에게 무엇인가를 가르치고 간섭하고 계십니다. 우리를 훈련하시는 것입니다. 이 훈련이 우리에게 왜 필요한지 지금은 알 수 없습니다. 하지만 이 훈련을 통해 얻은 것을 사용할 날이 올 것입니다. 그때 마음껏 발휘하기 위하여 오늘 우리를 붙잡아 이 시련의 터널을 통과하게 하시는 것입니다. 이것이 본문에 나온 욥의 고백입니다. "그러나 내가 가는 길을 그가 아시나니 그가 나를 단련하신 후에는 내가 순금 같이 되어 나오리라"(욥 23:10).

욥은 자기가 받는 훈련이 무엇인지, 무엇을 위해 이런 훈련을 받아야 하는지 알지 못한 채 고난의 길로 끌려갔습니다. 욥의 어려움이 여기에 있습니다. 그러나 그는 자기가 당하는 일이 인과응보와 옳고 그름을 넘어선 세계로 부르시는 하나님의 초대라는 사실을 나중에 알게 됩니다. 이 일로 말미암아 이르게 되는 자리는 하나님에게 감사할 수밖에 없고 감격할 수밖에 없는 자리라는 것을 마침내 깨닫게 된 것입니다.

욥을 보십시오. 그가 "하나님, 저는 억울하고 원통합니다. 왜 제게 이런 일이 일어났습니까? 좀 만나서 따져 봅시다"라고 부르짖자, 하나님은 "욥아, 너는 알 것 없다. 내가 하나님이고 너는 내 자식이다. 부모가 자기 자녀의 앞날을 자녀보다 더 걱정하는 법이고 자녀의 유익을 위해 더 애쓰는 법이다. 이 사실에 너는 항복해라"라고 하십니다. 이것이 욥기 38장에서 41장에 이르도록 하나님이 하신 말씀의 의미입니다. "네가 우박 창고를 보았느냐. 너는 별들을 철에 따라 이끌어 낼 수 있느냐. 네가 하늘의 질서를 아느냐. 너는 산에 사는 염소가 언제 새끼를 치는지 아느냐. 네가 알 리가 없지. 이 모든 것을 내가 다 준비하고 있느니라. 내

가 창조주니라. 창조주인 내가 피조물인 너희보다 마땅히 더 많
이 고심하고 내다보고 열심을 품고 사랑과 긍휼 속에 너희를 보
호하느니라."

이것이 욥기에 드러난 하나님의 열심입니다. 이 복된 자리에
부름받은 사실을 이해하십니까? 어떻게 하면 편하게 살까, 이런
궁리만 하고 살지 마십시오. 어떻게 하면 살살 도망쳐 볼까 하
고 교묘하게 빠져나가는 성도들을 보며 저도 이제 똑똑하게 대
응하기로 했습니다. 미꾸라지가 숨어 있는 곳 앞에서 기다리고
있다가 모래를 묻힌 손으로 꽉 붙잡을 것입니다. 모래로도 안 되
면 제 살을 긁어 피부에 가시를 돋게 해서라도 도망가지 못하게
꽉 붙잡겠습니다. 말 안 듣고 뺀질거리는 미꾸라지와 지렁이 같
은 신자들을 잡아 오시는 하나님의 열심을 보고 저도 본받기로
했습니다.

전 재산을 박탈하고 자녀까지 잃게 하고 그 자신의 몸을 쳐서
까지 하나님은 욥이 다다르기를 원하시는 수준이 있었던 것입니
다. 욥의 가치를 존귀하게 여기시는 하나님의 마음과 항변하는
욥을 만나 주시는 하나님의 열심을 기억하십시오. 이런 하나님의
손길에 붙들린 인생이 복되다는 사실을 깨달으십시오. 하나님은
우리 아버지입니다. 그가 우리 인생을 주장하시며 우리에게 가장
복이 되는 길을 위하여 오늘을 준비하신 분인 줄 깨달으십시오.
이 약속이 우리 인생을 보람과 기대 속에 걷게 하는 위로요 근거

인 줄 알고 믿음으로 승리하기 바랍니다.

+ 욥 +

욥은 고난을 통해 자신이 알고 있던 인과율의 세계를 넘어서게 됩니다. 인과율은 하나님의 중요한 통치 원칙 중 하나이지만, 이 원칙의 주인은 창조의 기적과 부활이라는 역전을 만들어 내실 수 있는 권능자입니다. 욥은 어떤 조건, 어떤 상황에서도 기꺼이 하나님의 통치에 항복하는 자리로 마침내 나올 수 있게 됩니다. 고난을 통해 자신의 영광스러운 자리를 깨닫게 된 것입니다. 이것이 고난의 신비입니다.

내 죄가 항상
내 앞에 있나이다

13

1 하나님이여 주의 인자를 따라 내게 은혜를 베푸시며 주의 많은 긍휼을 따라 내 죄악을 지워 주소서 2 나의 죄악을 말갛게 씻으시며 나의 죄를 깨끗이 제하소서 3 무릇 나는 내 죄과를 아오니 내 죄가 항상 내 앞에 있나이다 4 내가 주께만 범죄하여 주의 목전에 악을 행하였사오니 주께서 말씀하실 때에 의로우시다 하고 주께서 심판하실 때에 순전하시다 하리이다 5 내가 죄악 중에서 출생하였음이여 어머니가 죄 중에서 나를 잉태하였나이다 (시 51:1-5)

♦ ♦ ♦ 신자들은 다윗을 참 좋아합니다. 물맷돌 하나로 골리앗을 물리친 영웅적 면모를 보면 충분히 흠모할 만합니다. 다윗이 골리앗에게 나아가면서 했던 말을 떠올려 보십시오. "너는 칼과 창과 단창으로 내게 나아 오거니와 나는 만군의 여호와의 이름으로 네게 나아가노라." 얼마나 멋집니까. 용맹한 기개 못지않게 신앙도 훌륭합니다. 단지 이뿐이겠습니까. 자신을 죽이려는 사울을 해치울 수 있는 기회를 두 번이나 내려놓은 인간적 됨됨이는 또 어떻습니까. 또 어떤 이들은 다윗이 지은 주옥같은 시편 때문에 그를 좋아합니다. 이처럼 다윗은 성경 속 위인들을 이야기할 때면 빼놓지 않고 언급되는 중요한 인물로 우리에게 자리매김하고 있습니다.

그런데 성경을 따라 다윗의 생애를 추적하다 보면 뜻밖의 사건을 접하고 놀라게 됩니다. 그러면서 전에 우리가 알았던 다윗의 영웅적 면모는 그의 모습 중 일부에 불과하다는 점을 발견하고는 적잖이 당황합니다. 승승장구한 다윗의 행적 다음에 이어지는 그의 추락을 어떻게 정리해야 할지 혼란스럽기도 합니다. 마치 극과 극의 대립이 공존하는 것 같은 다윗의 생애는 어떻게 이해해야 할까요. 하나님은 다윗의 생애를 통해 무엇을 말씀하고 싶으신 것일까요. 파란만장한 다윗의 생애는 '영웅이란 무엇인가'보다 오히려 '인간이란 무엇인가'에 대해 생각하게 해 주는 것 같습니다. 이번 장에서는 다윗의 삶을 통해 '인간이란 무엇인가'라는 깊은 주제에 대해 생각해 보고자 합니다.

주께서는 제사를 기뻐하지 아니하시나니

시편 51편에는 '다윗의 시, 인도자를 따라 부르는 노래, 다윗이 밧세바와 동침한 후 선지자 나단이 그에게 왔을 때'라는 설명이 붙어 있습니다. 다윗을 다루는 이번 장에서 시편 51편을 본문 말씀으로 삼은 것은 이 시에 중요한 내용이 들어 있기 때문입니다. 16절을 보면 "주께서는 제사를 기뻐하지 아니하시나니 그렇지 아니하면 내가 드렸을 것이라 주는 번제를 기뻐하지 아니하시나이다"라고 되어 있습니다. 이런 이야기를 구약시대의 다윗이 했다니 대단히 놀랍습니다. 구약시대는 신앙의 전 체계가 제사 제도를 중심으로 형성되어 있던 시대입니다. 이런 종교적 풍토에서 다윗은 '나는 제사를 드리지 않겠다'라고 선언한 정도가 아니라 '주께서는 제사를 기뻐하지 아니하신다'라고 단언해 버린 것입니다.

당시 이스라엘 민족에게 가장 중요한 것은 제사였습니다. 그들은 매일 아침과 저녁에 거르지 않고 제사를 드렸습니다. 또 전 이스라엘 민족과 국가를 위해 일 년에 한 번씩 드리는 제사도 있었습니다. 조그마한 실수를 해도 제사를 드리거나 결례를 행했습니다. 모든 일이 제사로 시작해서 제사로 끝나는 나라가 이스라엘이었다고 해도 과언이 아닙니다. 이런 배경에서 다윗이 '주께서는 제사를 기뻐하지 아니하신다'라고 단언했다면 거기에는 어떤 이유가 있을 것입니다. 다윗이 무엇을 근거로 이렇게 말했는지 살펴보고자 합니다.

승승장구하는 다윗, 몰락하는 다윗

다윗은 왕으로 기름 부음을 받고도 바로 왕위에 앉지 못했습니다. 사울 왕이 물러나지 않았기 때문입니다. 오히려 오랫동안 사울에게 생명의 위협을 받으며 도망 다녀야 했습니다. 사무엘하 1장에 오면 다윗이 사울 왕의 죽음을 애도하는 모습이 나오고 5장에 오면 드디어 다윗이 왕위에 오르는 장면이 나옵니다.

다윗이 왕으로 정식 취임하기까지 그에게는 어떤 일이 있었을까요. 우리가 잘 아는 사건 두 가지가 있습니다. 하나는 물맷돌로 골리앗을 쓰러뜨린 사건이고, 다른 하나는 사울에게 목숨의 위협을 받으며 도망 다니던 중 그를 죽일 기회가 있었지만 해치지 않은 사건입니다.

이제 왕으로 등극한 다윗이 어떻게 이스라엘을 강한 나라로 만들어 가는가 하는 내용이 사무엘하 5장부터 죽 이어집니다. 다윗은 먼저 근방에 있는 나라를 쳐서 항복을 받아 내며 이스라엘을 점점 확장해 갑니다. 이어 6장에서는 여호와의 궤를 다윗 성으로 옮겨 오는 장면이 나오고, 7장에서는 다윗이 성전을 짓고 싶은 마음을 선지자 나단에게 전하는 장면이 나옵니다. 그런데 하나님은 다윗이 성전을 짓는 것을 허락하시지 않아 그는 짓지 못하고 대신 나중에 자기 후손이라도 성전 건축을 할 수 있도록 은과 금과 건축 자재들을 모아 놓습니다. 솔로몬이 지은 아름다운 예루살렘 성전은 이처럼 다윗이 앞서 준비해 놓았기에 가능했던 것입니다. 이어지는 사무엘하 9장에 가면 다윗이 사울 왕의 자손들을 선대하는 장면이 나옵니다. 보통의 경우, 선대왕의 혈통은 이후에 모반을 꾀하지 못하도록 전멸하는 법인데, 다윗은 사울의 손자인 므비보셋을 자기 식탁에서 함께 식사하게 할 정도로 잘 대해 줍니다.

지금껏 살펴본 다윗은 참으로 완벽한 사람 같습니다. 단지 신앙만 훌륭한 것이 아니라 용감하며 인간미 또한 넘칩니다. 이처럼 다윗은 어디 하나 부족한 것 없는 사람으로 묘사됩니다. 그런데 성경이 다윗의 좋은 점만을 모아 열거해 놓은 듯한 느낌을 주는 데는 다 이유가 있습니다. 바로 사무엘하 11장에 나온 이 사건을 위해서입니다.

─────── 그 해가 돌아와 왕들이 출전할 때가 되매 다윗이 오

압과 그에게 있는 그의 부하들과 온 이스라엘 군대를 보내니 그들이 암몬 자손을 멸하고 랍바를 에워쌌고 다윗은 예루살렘에 그대로 있더라 저녁 때에 다윗이 그의 침상에서 일어나 왕궁 옥상에서 거닐다가 그 곳에서 보니 한 여인이 목욕을 하는데 심히 아름다워 보이는지라 다윗이 사람을 보내 그 여인을 알아보게 하였더니 그가 아뢰되 그는 엘리암의 딸이요 헷사람 우리아의 아내 밧세바가 아니니이까 하니 (삼하 11:1-3)

유명한 '밧세바 사건'입니다. 다윗은 우리아의 아내 밧세바를 데려와 간음했는데, 밧세바가 임신하자 이 사실을 숨기려고 전장에서 맹렬하게 싸우고 있던 우리아를 궁으로 불러들입니다. 그런데 밧세바의 남편 우리아는 충직한 사람이어서 전장에서 돌아온 후에도 집으로 가지 않고 왕궁 문에서 부하들과 함께 밤을 보냅니다. 일이 뜻하는 대로 돌아가지 않자 다윗은 속이 타들어 갑니다. 남편이 집을 비운 시기에 밧세바가 임신하였으니 큰일 났습니다. 다윗은 자신의 잘못을 무마할 다른 계략을 세웁니다. 우리아의 상관 요압에게 기별하여 우리아를 최전방 전투에 앞세워 그를 사지로 내몹니다. 간음을 감추려고 살인까지 감행한 것입니다.

다윗의 행적을 칭송하다가도 우리는 밧세바 사건만 만나면 '천하에 몹쓸 인간 같으니' 하며 다윗을 맹비난합니다. 하지만 조심해야 합니다. 성경이 이 사건을 기록한 이유는 단지 우리더러 다윗의 잘못을 지적하여 비난하게 하려는 데 있지 않습니다. 그렇다면 이 사건을 기록해 둔 이유는 무엇일까요?

성경을 보면 하나님이 밧세바 사건만큼 엄격한 잣대를 들이대시는 사건도 없는 것 같습니다. 이 사건이 다른 사건보다 훨씬 극악무도하기 때문일까요? 그렇지는 않을 것입니다. 성경에는 이보다 더 추악한 사건도 많이 나오는데, 하나님은 그 사건들에서는 다윗에게 하듯 하시는 것 같지 않습니다. 그렇다면 성경은 왜 이 일을 가장 치욕스러운 사건으로 여기게 하는 것일까요? 그것은 이 사건이야말로 인간이란 어떤 존재인지를 잘 설명해 주는 좋은 본보기이기 때문입니다.

다윗의 인생은 밧세바 사건을 겪으면서 그야말로 '돌 하나도 돌 위에 남지 않고' 전부 무너지고 맙니다. 그동안 쌓아 온 모든 것이 한순간에 수포로 돌아갑니다. 그런데 어찌 보면 밧세바 사건 정도의 일은 당시 왕정에서라면 얼마든지 있을 수 있는 일일 것입니다. 당시는 왕이라는 지위를 이용하여 얼마든지 남의 아내를 빼앗는 일이 자행되던 시대였기 때문입니다. 그런데 다른 사람에게는 별 문제가 되지 않을 것 같은 이 사건이 다윗에게는 걸림돌이 된다는 사실이 흥미롭습니다. 시편 51편은 다윗이 자기가 저지른 일에 대해 얼마나 경악했는지를 잘 보여 주고 있습니다. 다윗이 이 일을 치명적 사건으로 여기며 괴로워하는 모습을 보며, 우리는 그 정도로 큰 죄를 저질렀으면 그렇게 애통하는 것이 어쩌면 당연하다고 여깁니다. 하지만 그렇지 않습니다. 밧세바 사건은 성경에서 가장 추악한 사건이 아닙니다. 그럼에도 이 사건이 다윗에게 심각하게 와닿았다는 점을 간과해서는 안 됩니다.

인간, 죄를 지을 수밖에 없는 존재

골리앗을 쓰러뜨리던 때의 다윗은 완벽한 신앙의 사람이었습니다. 그가 던진 물맷돌은 골리앗의 이마에 스치기만 한 것이 아니라 아예 이마에 박혀 버렸습니다. 돌이 어떻게 이마에 박힐 수 있을까요? 다윗은 이 신기한 일을 경험한 사람입니다. 그러면 이 일을 가능하게 한 힘이 다윗에게 있었겠습니까, 하나님에게 있었겠습니까? 당연히 하나님에게 있었습니다. 다윗이 하나님을 믿고 나아가자 하나님이 그와 함께하셔서 그가 던지는 물맷돌에 힘을 더하여 골리앗의 이마에 박히도록 역사하신 것입니다.

골리앗을 무너뜨린 사건과 다윗 자신을 무너뜨린 밧세바 사건을 함께 떠올려 보면 이런 의문이 생깁니다. 하나님은 다윗을 도우셔서 골리앗의 이마에 물맷돌을 박아 그를 쓰러뜨리는 승리까지 허락하셔 놓고 왜 이 사건에 와서는 그가 곤두박질치게 놔두셨는가. 그토록 화려한 성공을 주신 후에 왜 이제 와서 이런 불미스러운 사건으로 사람들 입에 오르내리게 하셨는가.

하나님은 왜 그렇게 하셨을까요? 다윗의 실체를 적나라하게 드러내려면 먼저 그를 높여 놓는 일이 필요했기 때문일 것입니다. 다윗이 처음부터 별 볼일 없는 사람이었으면 밧세바 사건 때문에 낮아졌다고 해 봤자 이전과 별 다를 게 없을 것입니다. 하지만 '골리앗 사건'을 비롯한 여러 사건을 통해 다윗을 이미 충분히 높여 놓았기 때문에 밧세바 사건으로 말미암은 다윗의 추락은 더 아찔해 보입니다. 우리가 부러워하는 승승장구한 다윗의 모습은 밧세바 사건을 더 분명히 이해하게 하기 위한 배경에 불과할 수 있는 것입니다. 하나님이 다윗을 높여 놓으신 것은 그가 이 성취를 얻을 만한 수준에 있었기에 허락하셨다기보다는 바로 이 밧세바 사건을 위해 미리 주신 복일 것입니다. 그렇다면 하나님은 다윗으로 밧세바 사건을 겪게 하여 다윗에게 아니 다윗을 통해 우리에게 무엇을 가르치고 싶으신 것일까요. 또한 이 사건으로 다윗이 깨달은 바는 무엇일까요. 이제 살펴보기로 합니다.

먼저 시편 40편에 가 보면 본문 말씀에 나온 구절이 여기서도 등장하는 것을 볼 수 있습니다.

―――― 주께서 내 귀를 통하여 내게 들려 주시기를 제사와 예물을 기뻐하지 아니하시며 번제와 속죄제를 요구하지 아니하신다 하신지라 그 때에 내가 말하기를 내가 왔나이다 나를

가리켜 기록한 것이 두루마리 책에 있나이다 나의 하나님이여 내가 주의 뜻 행하기를 즐기오니 주의 법이 나의 심중에 있나이다 하였나이다 (시 40:6-8)

6절에서 '주께서 내 귀를 통하여 내게 들려 주시기를'이라고 말한 주체는 다윗입니다. 그러면 7절에서 시작되는 '내가 말하기를 내가 왔나이다 나를 가리켜 기록한 것이 두루마리 책에 있나이다 나의 하나님이여 내가 주의 뜻 행하기를 즐기오니 주의 법이 나의 심중에 있나이다'라고 말한 주체는 누구일까요? 다윗입니까? 아닙니다. 여기서 말하는 '나'는 다윗이 아닙니다. 이 점에 대해서는 조금 뒤에 자세히 살펴보겠습니다.

구약시대에는 죄를 지으면 제사를 지내야 했습니다. 그런데 다윗은 하나님이 제사를 요구하시지 않는다는 말을 듣습니다. 그러면 죄를 지은 다윗은 어찌 될까요. 그에게는 구원의 길이 사라지게 되는 것일까요. 바로 그 순간에 '내가 왔나이다 나를 가리켜 기록한 것이 두루마리 책에 있나이다'라며 누군가 개입합니다. 이는 누구일까요? 의문을 풀어 줄 실마리가 히브리서 10장에 나옵니다.

―――― 율법은 장차 올 좋은 일의 그림자일 뿐이요 참 형상이 아니므로 해마다 늘 드리는 같은 제사로는 나아오는 자

들을 언제나 온전하게 할 수 없느니라 그렇지 아니하면 섬기
는 자들이 단번에 정결하게 되어 다시 죄를 깨닫는 일이 없으
리니 어찌 제사 드리는 일을 그치지 아니하였으리요 그러나
이 제사들에는 해마다 죄를 기억하게 하는 것이 있나니 이는
황소와 염소의 피가 능히 죄를 없이 하지 못함이라 그러므로
주께서 세상에 임하실 때에 이르시되 하나님이 제사와 예물
을 원하지 아니하시고 오직 나를 위하여 한 몸을 예비하셨도
다 번제와 속죄제는 기뻐하지 아니하시나니 이에 내가 말하
기를 하나님이여 보시옵소서 두루마리 책에 나를 가리켜 기
록된 것과 같이 하나님의 뜻을 행하러 왔나이다 하셨느니라
(히 10:1-7)

구약의 제사로는 사람을 깨끗하게 할 수 없었다고 합니다. 그래서 등장하신 이가 예수 그리스도입니다. 히브리서 10장 5절을 보면 "그러므로 주께서 세상에 임하실 때에 이르시되 하나님이 제사와 예물을 원하지 아니하시고 오직 나를 위하여 한 몸을 예비하셨도다"라고 하여 여기 등장한 '한 몸'이 구약의 여느 제물과는 다른 존재임을 알 수 있습니다. 이 '한 몸'은 '온전한 제물로 오신 예수 그리스도'를 가리킵니다. 하나님이 제사를 기뻐하지도 요구하지도 않는다고 말씀하신 것은 그런 제사로는 죄 문제에 대한 근본적인 해결이 될 수 없기 때문입니다. 즉 제사와 제물로는 죄

를 짓는 자신을 어찌할 수 없었던 것입니다. 히브리서는 시편 40편을 인용해 '내가 왔나이다'라고 말한 주체가 바로 예수 그리스도임을 분명히 하고 있습니다. 앞서 언급한 구약의 제사 제도에서 다룬 제물은 예수 그리스도의 상징에 불과합니다. 구약시대에 죄 씻음을 받을 수 있었던 것도 바로 이 제물이 예수 그리스도를 예표하며 상징하기 때문입니다.

다시 5절을 보면, '오직 나를 위하여 한 몸을 예비하셨도다'에서 말한 '한 몸', 이어서 7절에서 말하는 주체인 '나'는 예수님을 가리킵니다. 다윗이 이 사실을 깨닫고 나서 시편 40편과 51편에 '주께서는 제사를 기뻐하지 아니하신다'라고 고백한 것입니다. 다윗은 이 사실을 어떻게 알았을까요? 바로 밧세바 사건 때문입니다. 그러니 다윗에게는 이 사건만큼 중요한 사건이 없는 것입니다.

그렇다면 밧세바 사건이 일어나기 전까지 다윗은 어떻게 생각해 온 것입니까? 구약시대 성도 대부분이 그랬듯이 제사를 구원의 조건으로 오해하고 있었던 것입니다. 이것은 신약시대를 사는 신자들도 종종 하는 실수입니다. 예배나 헌금을 구원 얻기 위한 수단으로 여깁니다. 이런 생각은 깊이 뿌리내려져 있어서 종종 이렇게 표출됩니다. 신자답게 살지 못했다는 자책감이 들 때면 평소보다 더 센 강도로 신앙생활을 하여 안심하려고 합니다. '저번에는 주일을 한 달이나 빼먹고 골프 치러 다녔다. 비록 우승은 했지만 마음이 찜찜하다'라는 생각이 들면 헌금을 많이 합니다. 골프에서 우승한 상금을 다 털어 헌금하고 나면 마음이 좀 가벼워집니다.

구원이 값없이 주어진 은혜라는 사실을 안다고 하면서도 우리에게는 이런 모습이 많습니다. 구원의 조건을 자기가 충족하려 하거나 구원의 이유를 자기 자신에게서 찾으려는 본성이 우리에게 있는 것입니다. 그래서 구약시대에도 제사를 구원의 조건으로 생각했던 것입니다. '나는 제사를 드렸으니 구원은 받겠지' 하며 안심하려 들 뿐, 제사가 의미하는 바에 대해서는 깊이 생각하려 하지 않았습니다.

우리가 신앙의 위인으로 알고 있는 다윗도 밧세바 사건을 겪기 전까지는 이런 면에서 우리보다 한 걸음도 앞서 있지 않았습니다. 그는 밧세바 사건을 저지르기 전까지 승승장구하는 신앙을 가졌습니다. 하지만 이 신앙은 하나님으로 말미암았다기보다는 자기 열심과 의욕에 근거한 종교 행위에 불과했던 것입니다. 성경은 밧세바 사건 이전에 일취월장하는 다윗의 행적을 보여 주면서 궁극적으로 이 이야기를 하고 싶었던 것 같습니다. 다윗이 겨우 물맷돌 몇 개로 장사 골리앗을 쓰러뜨리고 자기를 죽이려고 쫓아다니는 사울 왕을 해하지 않고 살려 준 것은 하나님으로 말미암은 신앙이 아니라 자기 열심에 근거한 하나의 종교 행위요 도덕적 선에 불과할 수 있다는 것입니다. 자기 스스로 하나님을 만족시켜드릴 수 있고 자기 행위로 하나님 앞에 칭찬받을 수 있을 것이라고 생각하던 다윗은 밧세바 사건을 겪으며 '아, 이게 아니구나. 나는 선을 행할 수 있는 사람이 아니구나. 나는 죄밖에 지을 수 없는 존재구나. 하나님 없이는 나는 아무것도 아니구나'라는 사실을 깨닫게 된 것입니다. 이 사실을 다른 사람이 아닌 바로 자기 자신에게 들켜 버린 것입니다.

그렇다면 하나님은 다윗으로 하여금 밧세바 사건을 겪게 하여 다윗에게 아니 다윗을 통해 우리에게 무엇을 가르치고 싶으셨던 것일까요? 그것은 바로 인간이란 죄를 지을 수밖에 없는 존재라는 것입니다. 제아무리 신앙이라는 이름으로 눈부신 성취를 이루어 냈다고 하더라도 인간은 본질상 죄를 지을 수밖에 없는 연약한 존재라는 것입니다.

당신이 그 사람이라

다윗이 밧세바를 아내로 삼은 후 선지자 나단이 그에게 찾아와 한 이야기를 들려줍니다. "어떤 성읍에 두 사람이 살았습니다. 한 사람은 부유하였고 다른 한 사람은 가난하였습니다. 부자에게는 양과 소가 아주 많았지만 가난한 사람에게는 어린 암양 한 마리밖에 없었습니다. 그는 이 어린 양을 가족처럼 여겨 집 안에서 길렀습니다. 그 어린 양은 주인이 먹는 음식을 함께 먹고 주인의 잔에 있는 것을 함께 마시고 주인의 품에 안겨 함께 잤습니다. 주인에게 이 양은 마치 딸과 같았습니다. 그런데 어느 날 부자에게 나그네 한 사람이 찾아왔습니다. 그 부자는 손님을 대접하는 일에 자기 양이나 소는 한 마리도 잡기가 아까웠던 모양입니다. 그래서 그는 가난한 사람의 어린 암양을 빼앗아다가 자기를 찾아온 사람에게 대접하였습니다."

나단의 이야기를 듣던 다윗은 몹시 분개하면서 이렇게 말합니다. "주께서 살아 계심을 두고서 맹세하지만, 그런 일을 한 사람은 죽어야 마땅하다." 나단이 듣고 다윗에게 말합니다. "당신이 그 사람이라."

다윗은 나단이 들려주는 이야기 속의 부자가 자기라는 것을 몰랐습니다. 그 못된 짓을 저지르고도 그것이 죄인 줄 모르고 행했던 것입니다. '죄인 줄 모르고 저질렀다'는 것이 이 사건의 핵심입니다. 다윗은 나중에 나단에게 '당신이 그 사람이라'라는 지적을 받고서야 비로소 깨달았습니다. 다윗은 다른 사람의 아내를 탐내어 자기 것으로 만들고 또 이 일을 감추려고 그 여인의 남편을 죽음으로 내몰면서도 죄를 짓고 있다는 생각은 하지 못한 것입니다. 그래서 나단의 이야기를 듣고도 태연할 수 있었던 것입니다. 자신이 얼마나 큰 죄를 저질렀는지조차 모르고 있다가 이 일을 겪고 나단의 지적을 받은 후에야 모태에서부터 이미 죄인일 수밖에 없는 자신의 실체, 아니 인간의 실체를 깨닫게 됩니다.

바로 이 점이 밧세바 사건의 핵심입니다.

다윗은 인간이 어떤 존재인가에 대하여 드디어 깨닫습니다. 인간에게서는 도무지 선한 것이 나올 수 없다는 사실을 실감합니다. 시편 51편으로 돌아가 봅시다. 다윗이 이 사실을 얼마나 뼛속 깊이 깨닫는지 모릅니다.

> 하나님이여 주의 인자를 따라 내게 은혜를 베푸시며 주의 많은 긍휼을 따라 내 죄악을 지워 주소서 나의 죄악을 말갛게 씻으시며 나의 죄를 깨끗이 제하소서 무릇 나는 내 죄과를 아오니 내 죄가 항상 내 앞에 있나이다 내가 주께만 범죄하여 주의 목전에 악을 행하였사오니 주께서 말씀하실 때에 의로우시다 하고 주께서 심판하실 때에 순전하시다 하리이다 내가 죄악 중에서 출생하였음이여 어머니가 죄 중에서 나를 잉태하였나이다 (시 51:1-5)

눈여겨볼 것은 5절입니다. "내가 죄악 중에서 출생하였음이여 어머니가 죄 중에서 나를 잉태하였나이다"라는 구절입니다. 밧세바 사건을 겪으며 다윗이 가장 절실하게 깨닫게 된 사실입니다. 다윗은 자기가 잠깐 한눈판 결과로 죄를 지은 것이 아님을 알게 되었습니다. 어쩌다 보니 실수로 죄짓게 된 것이 아니라 자신은 원래 죄밖에 지을 수 없는 존재여서 죄를 지었다는 사실을 깨달은 것입니다.

바로 이런 차원에서 성경은 인간을 죄인이라고 지적합니다. 설령 인간이 가장 선한 일을 행하더라도 그것은 죄입니다. 인간이 가진 도덕 자체도 죄성(罪性)을 지닌 인간이 만들어 낸 산물이기 때문입니다. 이해를 위해 이런 예를 하나 들어 보겠습니다.

우리나라 동해안을 넘나드는 해적선이 열두 척쯤 있다고 해 봅시다. 애꾸눈파, 갈고리파, 산발파가 대표적인데, 이 중 애꾸눈파의 배를 해군 함정이 포격했습니다. 애꾸눈파는 가까스로 도망쳤지만 포격으로 침몰할 위기에 놓입니다. 이때 옆을 지나던 산발파가 애꾸눈파를 불쌍히 여겨 침몰하지 않도록 도와주고 치료도 해 주었습니다. 덕분에 위기를 모면한 애꾸눈파는 맹인파가 되는 위기를 면했습니다. 이 사실만 놓고 보면 산발파의 행동은 선한 일임에 틀림없습니다. 하지만 산발파가 애꾸눈파를 도와준 것이 과연 선일까요? 오히려 악이 아닐까요? 애꾸눈파가 회복되면 더 활발히 해적질을 할 테니 그들을 도와준 일은 결코 선이 아닙니다. 사람이 행하는 일이 다 그렇습니다. 나쁜 의도에서 한 것은 말할 것도 없고 좋은 의도를 갖고 행한 것도 결코 선하지 않습니다.

인간이 어떤 존재인지, 그 실상을 깨닫는 경험은 비단 다윗에게만 있었던 것이 아닙니다. 다윗에게 밧세바 사건이라면, 야곱에게는 얍복 나루 사건, 베드로에게는 예수님을 세 번 부인한 사건일 것입니다. 이 사건들을 통해 그들은 나는 어떤 존재인가, 인간이란 무엇인가를 철저히 깨닫게 됩니다.

예수님의 산상설교에서 팔복 중 가장 먼저 언급된 복인 '심령이 가난한 자는 복이 있나니 천국이 그들의 것임이요'라는 말씀은 무슨 뜻일까요? 복을 받으려면 심령이 가난해져야 한다는 당위가 아니라, 하나님 앞에 복이 있는 자는 바로 '심령이 가난한 자'라는 것입니다. 심령이 가난하다는 것은 막다른 골목에 부딪혀 절박한 처지에 놓여 있음을 의미합니다. 인간이란 무엇인가, 나는 어떤 존재인가, 이런 질문 앞에 뼈아픈 좌절과 몸부림을 경험한 자는 복이 있습니다. 구세주의 필요성을 인정하게 되었기 때문입니다.

영원한 대속자 예수

다윗은 밧세바 사건을 겪으면서 인간이란 어떤 존재인가를, 그리고 그런 인간에게 구원자가 필요함을 비로소 깨닫습니다. 시편 110편입니다. "여호와께서 내 주에게 말씀하시기를 내가 네 원수들로 네 발판이 되게 하기까지 너는 내 오른쪽에 앉아 있으라 하셨도다"(시 110:1). 이 구절은 복음서에 인용된 구절이기도 합니다. 예수님이 바리새인들에게 그리스도를 어떻게 생각하는지, 그가 누구의 자손이라고 생각하는지 물으셨습니다. 바리새인들이 그리스도를 다윗의 자손이라고 이야기하자, 예수님은 그들에게 이 구절, 곧 시편 110편 1절을 인용하면서 되물으셨습니다. '그러면 다윗이 성령에 감동되어 어찌 그리스도를 주라 칭하여 말하되 주께서 내 주께 이르시되 내가 네 원수를 네 발 아래에 둘 때까지 내 우편에 앉아 있으라 하셨도다 하였느냐'(마 22:43-44). 다윗이 그리스도를 주라고 불렀는데, 어떻게 그리스도가 그의 자손이 되겠느냐고 예수님이 그들에게 반문하셨던 것입니다.

예수님의 말씀처럼 시편 110편 1절을 보면 다윗은 메시아가 오실 것을 알았습니다. 자기 뒤에 메시아로 오실 분이 있다는 것을 안 것입니다. 그래서 비록 자기 뒤에 후손으로 오지만 '주'라고 불렀던 것입니다. 다윗은 이 사실을 어떻게 알았을까요? 다윗이 겪은 사건을 통틀어 보아도 밧세바 사건 외에는 그에게 이런 깨달음을 줄 사건이 없습니다. 시편 40편과 51편이 이를 뒷받침해 주고 있습니다.

다윗은 구원이 인간의 힘이나 조건으로 이루어지는 것이 아니라 하나님 편에서 준비된, 하나님으로 말미암는 방법으로 이루어질 것을 알게 됩니다. 자기 자신이 소나 양과 같은 제물로는 죄 문제를 해결할 수 없는 존재, 죄인 줄도 모르고 죄를 짓는 존재라는 것을 알게 되었기 때문입니다. 밧세바 사건을 통해서 깨닫게 된 것입니다. 이것이 밧세바 사건의 위대함입니다. 인간의 죄를 대

속할 존재는 소나 양과 같은 제물이 아니라 메시아뿐임을 깨달은 것입니다. 계속해서 시편 110편을 이어 보겠습니다.

> 여호와께서 시온에서부터 주의 권능의 규를 내보내시리니 주는 원수들 중에서 다스리소서 주의 권능의 날에 주의 백성이 거룩한 옷을 입고 즐거이 헌신하니 새벽 이슬 같은 주의 청년들이 주께 나오는도다 여호와는 맹세하고 변하지 아니하시리라 이르시기를 너는 멜기세덱의 서열을 따라 영원한 제사장이라 하셨도다 주의 오른쪽에 계신 주께서 그의 노하시는 날에 왕들을 쳐서 깨뜨리실 것이라 뭇 나라를 심판하여 시체로 가득하게 하시고 여러 나라의 머리를 쳐서 깨뜨리시며 길 가의 시냇물을 마시므로 그의 머리를 드시리로다 (시 110:2-7)

다윗은 이 시에서 여호와께서 보내실 주는 멜기세덱의 서열을 따른 영원한 제사장이라고 언급합니다. 성경에 멜기세덱이 나오는 대목은 그리 많지 않습니다. 멜기세덱은 창세기 14장에 처음 등장합니다. 롯이 가나안 족속들 간의 전쟁에 붙잡혀 갔을 때 아브라함이 사병들을 거느리고 가 롯을 구해 온 사건에 멜기세덱이 나옵니다. 아브라함이 롯을 탈환하여 오는 길에 멜기세덱을 만나는데, 이 멜기세덱에 대해 히브리서는 좀 더 상세하게 소개합니다.

> ──── 이 멜기세덱은 살렘 왕이요 지극히 높으신 하나님의 제사장이라 여러 왕을 쳐서 죽이고 돌아오는 아브라함을 만나 복을 빈 자라 아브라함이 모든 것의 십분의 일을 그에게 나누어 주니라 그 이름을 해석하면 먼저는 의의 왕이요 그 다음은 살렘 왕이니 곧 평강의 왕이요 아버지도 없고 어머니도 없고 족보도 없고 시작한 날도 없고 생명의 끝도 없어 하나님의 아들과 닮아서 항상 제사장으로 있느니라 이 사람이 얼마나 높은가를 생각해 보라 조상 아브라함도 노략물 중 십분의 일을 그에게 주었느니라 레위의 아들들 가운데 제사장의 직분을 받은 자들은 율법을 따라 아브라함의 허리에서 난 자라도 자기 형제인 백성에게서 십분의 일을 취하라는 명령을 받았으나 레위 족보에 들지 아니한 멜기세덱은 아브라함에게서 십분의 일을 취하고 약속을 받은 그를 위하여 복을 빌었나니 논란의 여지 없이 낮은 자가 높은 자에게서 축복을 받느니라 (히 7:1-7)

이스라엘에서 제사장 직분은 레위 지파만 갖습니다. 레위 지파는 영원한 대제사장이신 예수님을 상징하기 위해 구별된 지파로, 모든 제사 제도의 운영은 레위 지파에게만 허용되어 있었습니다.

그런데 예수님은 유다 지파에서 나셨습니다. 우리에게는 당연히 이런 의문이 들 것입니다. 레위 지파가 예수님의 제사장직을 상징한다면 예수님은 레위 지파의 후손으로 오시는 것이 낫지 않았겠는가. 기왕 레위 지파를 구별하여 그들에게 제사장 직분을 맡겨 놓은 바에야 예수님을 레위 지파에서 나오게 하는 것이 더 자연스러워 보입니다. 그런데 하나님은 그렇게 하시지 않고 예수님을 유다 지파에서 나오게 하셨습니다. 이는 대제사장이신 예수님의 독특성을 드러내는 것입니다. 만일 예수님이 레위 지파에서 태어나셨더라면 예수님은 잘 준비된 레위 지파의 뛰어난 인물 정도로 오해되고 말았을 것입니다. 따라서 영원한 대제사장이신 예수 그리스도의 독특성과 신성을 강조하고자 예수님은 멜기세덱 계열의 제사장이라고 여기 설명되어 있는 것입니다.

멜기세덱은 예수 그리스도를 상징합니다. 그는 '아버지도 없고 어머니도 없고 족보도 없고 시작한 날도 없고 생명의 끝도 없어 하나님의 아들과 닮은 자'로 소개됩니다. 느닷없이 나타난 것입니다. '스스로 있는 자'이시며 하나님이신 대제사장 그리스도의 신성(神性)을 이처럼 아름답게 그려 놓은 것입니다. 이런 존재가 구원자로 오셔야 함을 다윗은 밧세바 사건을 겪으며 알게 된 것입니다.

만약 다윗이 밧세바 사건을 겪지 않았다면, 비록 그가 골리앗을 물리치고 자기를 죽이려던 사울 왕을 해하지 않고 살려 줄 만큼 훌륭한 수준에 있다고 하더라도 그는 아직 멀었습니다. 이 깨달음이 없으면 아직 아닙니다. 자기 증명에 불과한 신앙은 진정한 신앙이 아닙니다. 오직 하나님으로 말미암은 자리까지 내몰려야 합니다.

하나님은 승승장구하는 다윗을 이 자리로 몰아가십니다. 구원의 은혜를 더 깊이 경험하라고 인간의 죄성과 예수 그리스도의 필요성을 깨닫는 자리로 인도하고 계십니다. 여기에 다윗을 향한 하나님의 열심이 있습니다. 성공과 승리로 가득 찬 인생이 하나님의 목적이 아님을, 자기 증명에 불과한 확신은 진정한 믿음이 아님을 밧세바 사건을 통해 알게 하신 것입니다. 이처럼 하나님은 당신의 열심을 쏟아 다윗의 생애와 그 인생의 흥망성쇠를 주관해 오셨던 것입니다.

밧세바 사건 이전에 다윗이 이룬 업적은 사상누각에 불과합니다. 그런데도 얼마나 많은 신자들이 '사울은 천천이요 다윗은 만만이라'라고 추켜세우며 다윗의 업적을 칭송하는 데 머물기 좋아하는지 모릅니다. 하지만 골리앗을 용맹하게 물리쳤다고 해서, 성전 건축을 위해 금과 은을 그렇게 많이 모아 놓았다고 해서 신자로서 자기 역할을 다했다고 생각해서는 안 됩니다. 물론 이런 진심과 열정이 잘못되었다는 말은 아닙니다. 그런데 이런 행위 이면에 '주여, 주는 제사를 원하지 아니하십니다. 주께서 원하시는 제사는 상한 심령입니다. 주님은 통회하는 마음을 괄시하지 아니하십니다'라는 고백이 없다면 이 모든 열심은 아무것도 아닌 것입니다. 이 고백 위에 신앙을 쌓아 가십시오. 시편 51편에 나온 기도는 전부 다 이런 고백 위에 있습니다. 하나님의 자비와 인자와 긍휼, 이 단어만큼 신자들이 늘 외쳐야 하는 단어도 없습니다. '주님, 우리를 자비와 인자와 긍휼로 다스려 주시옵소서.' 이 기도가 우리 모두의 심령에 깊이 아로새겨지기를 바랍니다.

+ 다윗 +

다윗의 생애는 밧세바 사건을 중심으로 이해해야 합니다. 그는 믿음과 순종이라는 경건의 모범이기보다 은혜의 상징이기 때문입니다. 골리앗을 죽인 영웅적 행위나 성전을 짓겠다는 신앙적 헌신이 다윗을 설명하기보다 그의 생애가 밧세바 사건으로 무엇을 담고 있는지 읽어 내야 합니다.

세미한 소리가
있는지라

14

9 엘리야가 그 곳 굴에 들어가 거기서 머물더니 여호와의 말씀이 그에게 임하여 이르시되 엘리야야 네가 어찌하여 여기 있느냐 10 그가 대답하되 내가 만군의 하나님 여호와께 열심이 유별하오니 이는 이스라엘 자손이 주의 언약을 버리고 주의 제단을 헐며 칼로 주의 선지자들을 죽였음이오며 오직 나만 남았거늘 그들이 내 생명을 찾아 빼앗으려 하나이다 11 여호와께서 이르시되 너는 나가서 여호와 앞에서 산에 서라 하시더니 여호와께서 지나가시는데 여호와 앞에 크고 강한 바람이 산을 가르고 바위를 부수나 바람 가운데에 여호와께서 계시지 아니하며 바람 후에 지진이 있으나 지진 가운데에도 여호와께서 계시지 아니하며 12 또 지진 후에 불이 있으나 불 가운데에도 여호와께서 계시지 아니하더니 불 후에 세미한 소리가 있는지라 (왕상 19:9-12)

◆◆◆ 앞 장에서 보았듯, 하나님이 다윗으로 하여금 물맷돌 하나로 골리앗을 쓰러뜨리게 한 사건은 나중에 일어나는 밧세바 사건을 강조하기 위해 배치된 무대 장치 정도로 여길 수 있습니다. 마찬가지로 엘리야에게 극적 승리를 안겨 준 갈멜산 사건 역시 본문 말씀에서 소개하는, 세미한 소리 가운데 계시는 하나님을 부각하기 위한 배경 정도로 이해해도 좋을 것입니다. 어찌 보면 우리가 주목하기 좋아하는 거대하고 극적인 사건들이 사실 더 깊은 의미가 담긴 사건을 위한 들러리에 불과한 것이 아닐까 하는 생각이 듭니다. 이번 장에서는 갈멜산 전투에서 승리한 엘리야가 이세벨의 위협에 혼비백산하여 숨어 들어간 일을 통하여 엘리야에게 드러난 하나님의 열심을 조명해 보고자 합니다.

네가 어찌하여 여기 있느냐

본문은 갈멜산 사건을 배경으로 두고 읽을 때 제대로 이해할 수 있습니다. 갈멜산에서 바알과 아세라를 섬기는 수백 명의 선지자들과 누가 믿는 하나님이 참 하나님인지를 놓고 엘리야가 홀로 겨룹니다. 수적 열세와 불리한 물리적 조건에도 엘리야가 믿는 하나님이 참 하나님임을 강렬하게 증명해 보인 갈멜산 전투는 엘리야의 승리로 끝이 납니다. 이 싸움에서 패배하여 많은 선지자들을 잃은 것이 분한 이세벨이 자기를 죽이려 한다는 이야기를 듣게 된 엘리야는 갈멜산 전투에서 얻은 극적 승리의 환희도 뒤로한 채 두려워 호렙산 굴로 도망칩니다.

호렙산 굴에 머물러 있는 엘리야에게 여호와의 말씀이 임합니다. "엘리야야, 네가 어찌하여 여기 있느냐." 이어 하나님은 엘리야에게 산 위에서 여호와 앞에 서라고 하신 후 지나가십니다. "이제 곧 나 주가 지나갈 것이니 너는 나가서 산 위에 주 앞에 서 있어라." 처음에는 크고 강한 바람이 산을 가르고 바위를 부수는데, 하나님은 바람 가운데 계시지 않습니다. 바람 후에 지진이 있으나 하나님은 그 가운데도 계시지 않습니다. 지진 다음에는 불이 일어났는데 하나님은 불길 가운데도 계시지 않습니다. 그런데 불길이 지나간 다음에 세미한 소리가 들려옵니다.

하나님은 크고 강한 바람, 지진, 불 가운데 계시지 않고 세미한 소리 가운데 계셨던 것입니다. 왜 하나님은 크고 강한 바람, 지진이나 불처럼 강렬한 것 속에 나타나시지 않고 세미한 소리로 오셨을까요? 또 세미한 소리로 오실 것이라면 처음부터 그렇게 하시지 왜 바람, 지진이나 불 다음에 나타나셨던 것일까요?

하나님이 세미한 소리로 오신 것은 그렇게 나타나신 것 자체에 메시지가 있기 때문입니다. 이것을 강조하려고 먼저 크고 강렬한 것들을 지나가게 하셨던 것입니다. 그렇게 해야 세미한 소리가 지닌 메시지가 엘리야에게 더 와닿을 것이기 때문입니다. "엘리야야, 너는 내가 무엇과 같기를 바라느냐. 산을 가르고 바위를 부숴 주는 강한 바람이었으면 좋겠느냐. 그렇지 않으면 모든 것을 흔들어 무너뜨리는 지진이었으면 좋겠느냐. 그것도 아니면 모든 걸 삼켜 태워 버리는 불이었으면 좋겠느냐. 아니다. 나는 세미한 소리 가운데 거하는 이니라."

세미한 소리로 나타나신 하나님을 이해하지 못한 엘리야는 "네가 어찌하여 여기 있느냐"라고 거듭 물으시는 하나님에게 항의에 가까운 대답을 합니다. "하나님, 이제 저는 더 이상 못 버티겠습니다. 지금 이세벨이 저를 죽이겠다고 길길이 날뛰는데 왜 하나님은 모른 척하고 계십니까? 이제 와서 이렇게 하실 거라면 저번에 갈멜산에서는 왜 나타나셔서 역사하셨습니까? 어차피 지금 이세벨에게서 저를 보호해 주시지 않을 거라면, 또 이세벨을 쳐부술 정도의 힘을 제게 허락하시지 않을 거라면 갈멜산에서도 그냥 모른 척하시지 왜 거기서는 불을 보내셨습니까? 가뭄 끝에 비는 또 왜 내려 주셨으며, 왜 아합을 앞질러 달려가게 하셨습니까?" 이것이 엘리야의 불만이었습니다.

엘리야의 원망을 들여다보면 그는 이런 기대를 품고 있었던 것으로 보입니다. 하나님의 하나님 되심이 드러나는 때는 바로 이때다, 갈멜산에서 역사하셨으니 이제 모든 사람이 알도록 하나님이 당신의 영광과 능력과 높으심을 온 천하 앞에 명백하게 나타내실 것이다. 그런 기대를 품고 아합 왕 앞에까지 나가 섰던 것인데, 살기등등한 이세벨의 위협을 듣자 그만 혼비백산하여 호렙산까지 도망치게 된 것입니다. 거기서 나타나신 하나님의 모습은 엘리야의 기대 밖입니다. "나는 세미한 소리 가운데 거하는 이니라."

'세미한 소리 가운데 임하시는 분'이란 무슨 뜻일까요? 모두가 알아보고 알아듣는 방식으로 임재하시는 분이 아니라 들을 귀 있는 자에게 말씀하시는 하나님이라는 뜻입니다. 이 말에 담긴 의미를 좀 더 생각해 봅시다.

'세미한 소리로 오신 하나님'이라는 말을 들으면 곧장 이런 의문이 듭니다. '그러면 무엇 때문에 갈멜산에서는 불로 임하셨는가? 거기서도 세미한 음성으로 오시지.' 이는 엘리야의 불만이면서 동시에 우리의 불만이기도 합니다. 하나님이 능력과 권세를 지닌 모습으로 나타나 주시지 않는 것 때문에 우리는 혼란을 겪습니다. 하나님이 우리 기대와는 다른 모습으로 일하셔서 맥이 빠집니다. 열심히 신앙생활해도 소용없을 것 같아 체념한 채 살아갑니다. 지금 당장 하나님이 두려운 심판자의 모습으로, 권능의 하나님으로 나타나시지 않는다는 것을 경험으로 알아서인지 적당히 타협하며 대충 살아갑니다. 세상을 살아갈 때는 일단 세상 방법으로 살아 놓고 봅니다. 일단 되는대로 살자, 문제가 닥치면 그때 회개하면 되겠지, 하나님은 언제든 후히 주시고 꾸짖지 않는 분이니까, 하고 자신의 나태함을 합리화하면서 말입니다.

보아도 보지 못하며 들어도 듣지 못하며

이처럼 우리가 헛된 기대를 품고 사는 문제를 신약에서는 어떻게 풀어 가고 있는지 살펴봅시다. 먼저 마태복음 4장입니다.

> ──── 예수께서 온 갈릴리에 두루 다니사 그들의 회당에서 가르치시며 천국 복음을 전파하시며 백성 중의 모든 병과 모든 약한 것을 고치시니 그의 소문이 온 수리아에 퍼진지라 사람들이 모든 앓는 자 곧 각종 병에 걸려서 고통 당하는 자, 귀신 들린 자, 간질하는 자, 중풍병자들을 데려오니 그들을 고치시더라 갈릴리와 데가볼리와 예루살렘과 유대와 요단 강 건너편에서 수많은 무리가 따르니라 (마 4:23-25)

예수님은 복음을 전하실 때 병을 고치는 일이나 귀신을 쫓아내는 일을 함께 하셨습니다. 이런 모습을 보며 사람들은, 예수님이 우리의 질고를 지고 우리의 슬픔을 담당하셨기 때문에 예수님을 믿으면 구원을 얻음과 동시에 모든 질병과 슬픔과 약함에서 해방될 것이라고 생각합니다. 물론 옳은 생각입니다. 그렇게 되는 날이 올 것입니다. 그러나 지금은 아닙니다. 여기에 신비가 있습니다.

요한계시록에 이런 말씀이 있습니다. "모든 눈물을 그 눈에서 닦아 주시니 다시는 사망이 없고 애통하는 것이나 곡하는 것이나 아픈 것이 다시 있지 아니하리니 처음 것들이 다 지나갔음이러라"(계 21:4). 그러면 그 전까지는 어떤 상태라는 말입니까? 사망이 있고 애통하는 것이 있고 곡하는 것이 있고 아픈 것이 있다는 것입니다. 이것이 우리의 현재이며 현실입니다. 엘리야의 기대, 그리고 동일한 오해를 품고 사는 우리에게 성경이 말하고자 하는 바가 무엇인지 살펴볼 필요가 있습니다. 마태복음 13장입니다.

> 제자들이 예수께 나아와 이르되 어찌하여 그들에게 비유로 말씀하시나이까 대답하여 이르시되 천국의 비밀을 아는 것이 너희에게는 허락되었으나 그들에게는 아니되었나니 무릇 있는 자는 받아 넉넉하게 되되 없는 자는 그 있는 것도 빼앗기리라 그러므로 내가 그들에게 비유로 말하는 것은 그들이 보아도 보지 못하며 들어도 듣지 못하며 깨닫지 못함이니라 이사야의 예언이 그들에게 이루어졌으니 일렀으되 너희가 듣기는 들어도 깨닫지 못할 것이요 보기는 보아도 알지 못하리라 이 백성들의 마음이 완악하여져서 그 귀는 듣기에 둔하고 눈은 감았으니 이는 눈으로 보고 귀로 듣고 마음으로 깨달아 돌이켜 내게 고침을 받을까 두려워함이라 하였느니라 (마 13:10-15)

흔히 마태복음 13장을 '천국 비유의 장(章)'이라 부릅니다. 장 전체가 천국에 관한 비유로 가득하기 때문입니다. '씨 뿌리는 비유',

'겨자씨 비유', '누룩 비유', '밭에 감춰진 보화 비유', '그물 비유' 등 여러 비유를 통해 천국을 그려 내고 있습니다. 예수님이 비유로 말씀하시자 제자들이 '어찌하여 그들에게 비유로 말씀하시나이까' 하고 묻습니다. 그러자 예수님은 '천국의 비밀을 아는 것이 너희에게는 허락되었으나 그들에게는 아니되었나니 무릇 있는 자는 받아 넉넉하게 되되 없는 자는 그 있는 것도 빼앗기리라' 라고 답하십니다.

마태복음 13장을 어렵다고 느끼는 것은 바로 '천국의 비밀'에서의 '비밀'이라는 단어 때문입니다. 이 '비밀'이라는 단어는 오해하기 쉽습니다. 그런데 여기 나온 '비밀'은 영어로 '시크릿(secret)'이 아니라 '미스터리(mystery)'입니다. 곧 '신비'라고 해석해야 이 비유가 말하고자 하는 바를 이해하게 됩니다. 비밀은 말해 주지 않아서 모르는 것인데, 신비는 말해 주어도 깨달을 수 없는 것입니다. 아예 보여 주지 않아서 모르는 것이 비밀이라면, 보여 주는데도 못 보는 것을 신비라고 합니다.

12절에 나온 "무릇 있는 자는 받아 넉넉하게 되되 없는 자는 그 있는 것도 빼앗기리라"라는 말씀이 의미하는 바가 이것입니다. 깨닫는 자나 볼 수 있는 자는 비유로 말미암아 더 풍성한 유익을 얻게 되지만, 깨닫지 못하거나 볼 수 없는 자는 몽땅 놓치게 되어 있다는 말입니다. '천국 비유'를 이해하는 데 중요한 대목입니다. 이것은 신비입니다. 그들은 보아도 보지 못하고 들어도 듣지 못하고 깨닫지 못합니다. 그렇다면 누가 볼 수 있습니까? 거듭난 자만이 보고 듣고 깨달을 수 있습니다. 천국은 거듭난 자만 볼 수 있는 것입니다.

지금 엘리야의 소원은 이것입니다. '내가 믿는 하나님, 내가 아는 하나님을 저 원수들도 다 깨달을 수 있도록 강렬하게 나타나 주십시오. 이세벨도 알고 아합도 알 수 있도록 그렇게 확실하고 분명하게 나타나 주십시오' 하는 바람입니다. 하나님이 강력하고 확실하게 나타나시기만 하면 누구나 하나님 앞에 항복할 수밖에 없을 거라고 엘리야는 생각했던 것입니다.

하지만 정말 그럴까요? 아합과 이세벨이 하나님 앞에 항복하지 않은 이유가 하나님이 분명하고 확실하게 나타나시지 않아서일까요? 그렇지 않습니다. 엘리야가 오해했습니다. 거듭난 자만 볼 수 있는 하나님을 누구나 볼 수 있을 거라고 오해했던 것입니다. 이 점은 우리도 마찬가지입니다. 우리 역시 불신자들이 항복할 만큼 하나님이 더 강렬하고 확실하게 나타나 주시지 않는다며 불평합니다. 또한 세상 사람들이 형통하게 사는 것을 보며 하나님이 당신의 권능으로 속히 그들을 심판하시지 않는 현실 때문에 하나님을 원망하는 경우도 많습니다. "저는 하나님 앞에서 정직하게 살았고 저 원수는 저와는 딴판으로 악하게 살아왔습니다. 저 원수는 하나님이 하라는 대로 안 하고 열심히 딴짓만 하는데도 하는 일마다 복을 받고 저는 죽어라 일하는데도 하는 일마다 이 모양입니다. 하나님, 약이 올라 죽겠습니다. 하나님이 이 자리에 강하게 임재하시고 간섭하셔서 저 친구는 벌을 받고 저는 복을 받게 하옵소서. 만일 그냥 이렇게 두실 거라면 차라리 저를 데려가 주십시오." 이런 우리의 심정이 바로 본문 말씀에 나온 엘리야의 심정입니다.

천국의 비밀, 천국의 신비

다시 예수님의 비유로 돌아가 봅시다. 천국이 어떤 모습으로 와 있는지 안다면 우리는 불평할 이유가 없음을 깨닫게 될 것입니다.

─── 그 날 예수께서 집에서 나가사 바닷가에 앉으시매 큰 무리가 그에게로 모여 들거늘 예수께서 배에 올라가 앉으시고 온 무리는 해변에 서 있더니 예수께서 비유로 여러 가지를 그들에게 말씀하여 이르시되 씨를 뿌리는 자가 뿌리러 나가서 뿌릴새 더러는 길 가에 떨어지매 새들이 와서 먹어버렸고 더러는 흙이 얕은 돌밭에 떨어지매 흙이 깊지 아니하므로 곧 싹이 나오나 해가 돋은 후에 타서 뿌리가 없으므로 말랐고 더러는 가시떨기 위에 떨어지매 가시가 자라서 기운을 막았고 더러는 좋은 땅에 떨어지매 어떤 것은 백 배, 어떤 것은 육

십 배, 어떤 것은 삼십 배의 결실을 하였느니라 귀 있는 자는 들으라 하시니라 (마 13:1-9)

여기서 먼저 생각할 것은 이 비유가 '밭의 비유'가 아니라 '씨 뿌리는 비유'라는 점입니다. 예수님은 이 비유를 분명히 '씨 뿌리는 비유'라고 밝히셨습니다. "그런즉 씨 뿌리는 비유를 들으라" (마 13:18). 그런데도 우리는 이 비유를 '밭의 비유'로 착각하여 이렇게 적용해 왔습니다. "좋은 땅이 되자. 돌밭이나 길가가 되지 말자." 그러나 이 비유는 '밭' 즉 '받는 쪽'에 대한 이야기가 아니라 '씨' 즉 '뿌리는 쪽'에 대한 이야기인 것입니다. 천국을, 씨를 '받는' 밭의 관점이 아니라 씨를 '뿌리는' 관점에서 말하는 비유입니다.

여기서 씨란 무엇일까요? "그런즉 씨 뿌리는 비유를 들으라 아무나 천국 말씀을 듣고 깨닫지 못할 때는 악한 자가 와서 그 마음에 뿌려진 것을 빼앗나니 이는 곧 길 가에 뿌려진 자요"(마 13:18-19). 그러니까 '씨'는 천국 말씀, 곧 복음을 상징합니다. 씨를 뿌리는 것은 천국 말씀인 복음을 뿌리는 것입니다.

지금 씨가 흩뿌려지고 있습니다. 그런데 씨가 길가에 뿌려지면 뿌리내릴 수 없습니다. 길가는 사람들의 빈번한 왕래로 이미 단단해져 있기 때문입니다. 또 오가는 짐승들이 씨를 먹어 치우기도 합니다. 마찬가지로 천국 말씀을 듣고 깨닫지 못할 때는 악한 자가 와서 그 마음에 뿌려진 말씀을 빼앗아 갑니다. 놀랍지 않습니까. 다른 것도 아니고 복음, 즉 천국 말씀을 악한 자가 빼앗을 수 있다고 하니 말입니다. 천국 말씀을 사탄이 삼킬 수 있다고 합니다. 우리로서는 상상할 수 없는 일입니다. 지금 천국이 이 땅에 와 있는데, 복음 곧 하나님의 말씀이 뿌려져 있는데 얼마나 겸손한 모습으로 와 있는지 여기서 잘 드러납니다. 그러니 '신비'입니다. 전능하신 하나님이 당신의 말씀이 세상에서 거부당할 수 있다는 것을 겸손히 수용하고 계신 것입니다.

세상 사람들에게 천국을 소개하면 그들은 어떻게 반응합니까? 하나님을 보여 주면 믿겠다고 합니다. 우리는 답답합니다. 이런 때는 하나님이 권능의 하나님으로 '짠!' 하고 나타나 주시면 얼마나 좋을까요. 하나님이 우리 기대대로 움직여 주시지 않아 우리는 크게 실망합니다. 이런 실망에는 '하나님이 권능으로 나타나시면 누구든 예수를 믿을 수 있다'라는 기대가 깔려 있습니다. 본문 말씀의 엘리야처럼 말입니다. 하지만 그렇지 않습니다. 거듭난 자가 아니면 깨달을 수 없습니다. 천국은 거듭난 자가 아니면 보아도 볼 수 없는 모습으로 와 있기 때문입니다.

예수 믿는 신비는 우리 힘으로 설명할 수 없습니다. 그러니 믿지 않는 자들에게 복음을 전할 때는 하나님을 증명하려고 애쓰지 마십시오. 복음 전도는 선포에 그쳐야 합니다. 논쟁을 벌이지 마십시오. 다른 이야기를 꺼낼 필요가 없습니다. 그냥 씩 웃어 주십시오. "야, 난 못 믿겠더라"라고 고개를 절레절레 저으면 "누가 믿으래?" 하고 약 올리고 마십시오. 싸워 봤자 아무 소용없습니다. 자신이 잘 설득하면 상대방이 믿게 될지도 모른다고 생각하기에 논쟁도 하고 싸우기도 하는 것입니다. 오해입니다.

천국은 집어삼켜질 수 있는 모습으로 들어와 있습니다. "돌밭에 뿌려졌다는 것은 말씀을 듣고 즉시 기쁨으로 받되 그 속에 뿌리가 없어 잠시 견디다가 말씀으로 말미암아 환난이나 박해가 일어날 때에는 곧 넘어지는 자요"(마 13:20-21). 천국이 환난이나 박해로 말미암아 방해받을 수 있는 모습으로 들어와 있다고 합니다. 능력과 영광을 감춘 채 세상에 들어와 있는 것입니다.

이어 계속 봅시다. "가시떨기에 뿌려졌다는 것은 말씀을 들으나 세상의 염려와 재물의 유혹에 말씀이 막혀 결실하지 못하는 자요"(마 13:22). 천국은 세상에서 잘 먹고 잘사는, 겨우 그 정도일 때문에라도 버릴 수 있는 것인 양 소개되어 있습니다. 천국을 버리고 세상을 택하는 일이 있을 수 있다는 것입니다. 누가 보아도 천국이 천국답게 나타나 있다면 천국을 택하지 않을 사람이 어디 있겠습니까? 천국이 얼마나 아무것도 아닌 모습으로 와 있으면, 천국이 얼마나 하찮은 모습으로 와 있으면 그까짓 돈 몇 푼 더 버는 일 때문에 천국을 차 버릴 수 있겠습니까. 하지만 천국이 그런 모습으로 우리 곁에 와 있다고 합니다. 굉장한 신비입니다.

12절 말씀 "무릇 있는 자는 받아 넉넉하게 되되 없는 자는 그 있는 것도 빼앗기리라"에서 보듯, 천국을 볼 수 있는 자는 천국의 신비로 말미암아 넉넉하게 되고 저쪽 사람들은 있는 것도 빼앗길 날이 옵니다. 뿌려진 말씀이 제 역할을 하는 곳에 가면 삼십 배, 육십 배, 백 배의 결실을 합니다. 말씀에는 생명이 있기 때문입니다. 그러니 결실하는 것은 '밭' 때문이 아니라 '씨' 때문인 것입니다. 이어서 '겨자씨 비유'를 살펴봅시다.

> ─── 또 비유를 들어 이르시되 천국은 마치 사람이 자기 밭에 갖다 심은 겨자씨 한 알 같으니 이는 모든 씨보다 작은 것이로되 자란 후에는 풀보다 커서 나무가 되매 공중의 새들이 와서 그 가지에 깃들이느니라 (마 13:31-32)

천국은 겨자씨 한 알로 시작합니다. 겨자씨는 모든 씨보다 작습니다. 그러나 나무는 큽니다. 시작은 작은 씨에 불과하지만 자라서는 큰 나무가 됩니다. 이 비유를 읽고서 '우리도 겨자씨처럼 무성한 나무가 되자'라고 적용하지 마십시오. 이 비유의 목적은 적용에 있지 않습니다. 천국이 겨자씨 한 알처럼 작은 모습으로 우리 곁에 와 있다는 것을 말하려고 하는 것입니다. 너무 작은 모습으로 와서 영광이랄 것도 안 보입니다. 게다가 그런 겨자씨를 땅 속에 심어 놓았다고 합니다. 가뜩이나 작은데 심겨져 있으니 아예 보이지도 않습니다. 그러나 아는 자는 압니다. 이것이 지금의 현실이며 또한 천국의 신비입니다. 이어서 '누룩 비유'를 보겠습니다.

> ──── 또 비유로 말씀하시되 천국은 마치 여자가 가루 서 말 속에 갖다 넣어 전부 부풀게 한 누룩과 같으니라 (마 13:33)

누룩이란 빵을 만들 때 부풀게 하려고 넣는 이스트를 말합니다. 그런데 밀가루와 누룩을 어떤 비율로 배합합니까? 일 대 일로 넣습니까? 누룩은 밀가루와 비교가 안 될 정도로 아주 조금만 넣습니다. 겉으로 보기에 누룩을 넣은 반죽과 그렇지 않은 반죽은 차이가 없습니다. 부풀기 전에는 알아차리지 못합니다. 지금 천국이 이 땅에 와 있는 모습도 마찬가지입니다. 천국이 분명히 와 있는데 없는 것 같습니다. 세상이 삼켜 버렸기에 부풀기 전에는 아무도 모릅니다. 세상이 복음을 믿는 우리를 삼켜 버렸기에 우리는 괄시를 받고 이 땅을 살아갑니다. 이것이 세상 속을 살아가는 신자가 겪는 억울함입니다. 하지만 억울해 할 일이 아니라 신비하다고 감탄해야 할 일입니다. 이어서 '그물 비유'를 통해 우리에게 온 천국의 모습을 계속 생각해 보겠습니다.

> ──── 또 천국은 마치 바다에 치고 각종 물고기를 모는 그물과 같으니 그물에 가득하매 물 가로 끌어 내고 앉아서 좋

은 것은 그릇에 담고 못된 것은 내버리느니라 세상 끝에도 이러하리라 천사들이 와서 의인 중에서 악인을 갈라 내어 풀무 불에 던져 넣으리니 거기서 울며 이를 갈리라 (마 13:47-50)

추수 때에 가면 의인과 악인이 갈리겠지만, 그 전에 천국은 마치 그물로 물고기를 잡아 모으는 것 같다고 합니다. 지금 천국은 판정을 내리기 위해서가 아니라 초대하기 위해 와 있는 것입니다. 하나님의 사람들과 세상 사람들을 갈라놓은 후 즉시 단칼에 베기 위해 와 있지 않습니다. 가능한 한 많은 사람을 초대하려고 와 있기에 심판은 보류되어 있습니다. 하나님의 영광과 그의 능력이 선포되는 날에 심판이 있을 것이므로, 심판을 연기하려면 하나님의 높으심과 영광이 감춰진 모습으로 우리 곁에 들어와 있어야 합니다. 지금 천국이 감춰진 모습으로 와 있는 이유입니다. 그러나 판가름하는 날이 옵니다.

  천국은 우리 곁에 와 있습니다. 자신의 영광과 능력을 감추고 심판을 보류한 채 초청하는 모습으로 와 있습니다. 감춰진 보화로, 삼켜진 씨앗으로 와 있습니다. 괄시를 받고 오해를 받는 모습으로 들어와 있는 것입니다. 이 사실을 깨달았다면 이제 섣부른 기대를 버려야 합니다. 특별한 이유가 없는 한, 하나님은 당신의 능력을 나타내 우리가 누구인가를 증명해 주시지 않습니다. 사람들을 항복시키기 위해 하나님이 당신의 권능을 내보이시는 일도 거의 없습니다. 누군가를 전도할 때에 성경이 옳다는 것과 내가 하나님의 사람이라는 것을 하나님이 능력으로 보여 주시면 상대방이 믿을 것 같다는 생각이 들기도 합니다. 그런데 하나님에게 당신을 증명해 달라고 구해도 이런 요구는 잘 들어 주시지 않습니다.

물론 이렇게 말하는 사람들도 있습니다. "제 친구 중 하나는 이렇게 기도했더니 정말 하나님이 응답해 주셔서 믿게 되었다고 합니다." "제 동료는 병이 나은 체험 때문에 믿었다고 합니다." 그런데 가만히 들여다보면 그 사람이 믿었다는 사실이 오히려 기적입니다. 동일한 경험이 다른 사람에게는 예수를 믿지 않겠다고 다짐하는 이유가 되기도 하기 때문입니다. 이 점을 명심해야 합니다.

자기가 예수를 믿게 된 계기라며 내세우는 근거가 언제나 타당한 것은 아닙니다. 믿게 되었기 때문에 그것을 근거라고 붙들고 있을 뿐입니다. "그때 그 목사님이 얼마나 설교를 잘 하시던지 가슴이 찡해져서 그냥 믿고 말았어요"라고 간증하더라도 그 목사가 설교를 잘한 것이 믿게 된 이유는 아닙니다. 믿게 되었기에 설교가 와닿았던 것일 뿐입니다.

"나는 요한복음 3장 16절 때문에 믿게 되었습니다"라고 간증하는 사람을 본 적이 있을 것입니다. 그렇더라도 이 간증이 모두에게 보편적으로 적용되지는 않습니다. 믿게 되었기 때문에 이 구절을 근거로 붙드는 것뿐입니다. 만일 그게 아니라면, 누구에게나 요한복음 3장 16절을 들이대기만 하면 다 믿어야 할 것 아닙니까. 하지만 현실은 그렇지 않습니다. 이 구절을 전하여도 믿지 않는 사람이 허다합니다. 그런데 우리는 이백 명 중 단 몇 명만 믿어도 "요한복음 3장 16절이면 누구나 항복해"라고 단정해 버립니다. 믿기 위해 반드시 들어야 하는 성경 구절이 있는 것도 아닌데 말입니다.

우리는 어느 날 믿게 되어 버린 사람들입니다. 하나님 앞에 초대받아 문득 천국에 들어와 있는 것입니다. 예수를 전혀 모르고 살다가 인생의 어느 시점에 갑자기 믿게 된 사람은 안 믿던 데서 믿는 데로 넘어온 과정에 대한 기억이 있고, 모태 신앙으로 자라 온 사람은 그런 기억이 없을 뿐입니다. 우리 속담에 '가랑비에 옷 젖는 줄 모른다'라는 말이 있습니다. 언제 젖었는지 모르게 젖은 것입니다. 젖은 게 분명한데도 본인은 비를 세차게 맞은 기억이 없어서 자꾸 아니라고 우깁니다. 도무지 비 맞은 기억이 없어서 다시 비를 맞으러 나가 보기도 합니다. 미련한 생각입니다. 그렇게 확인할 문제가 아닙니다.

우리는 볼 수 있는 자들입니다. 우리 자신이 신자인지 확인하는 가장 좋은 기준은 '하나님을 아는가', '성경에 대하여 어떤 자세를 취하는가'입니다. 이보다 더 확실한 방법은 없습니다. 맹인과 볼 수 있는 사람을 어떻게 구별합니까? 눈앞에 있는 사물을 눈으로 확인할 수 있으면 볼 수 있는 사람이라고 판정합니다. 그런데도 우리는 '나는 눈을 뜬 기억이 없어서 과연 내가 볼 수 있는 사람인지 확신할 수가 없다. 눈이 멀었다가 뜬 기억이 있어야 내가 맹인이 아니라는 사실을 믿겠다'라고 고집부리고 있는 것은 아닐까요. 어리석기 짝이 없습니다. 두 눈을 멀쩡히 뜬 채 두루 보고 다니면서도 "하나님, 저는 눈을 뜬 기억이 없어요"라고 아쉬워하니 말입니다.

오실 그이가 당신이오니이까

예수님의 길을 예비하러 온 세례 요한도 자기가 기대했던 메시아와 다른 모습의 예수님을 보며 고민했던 적이 있습니다. 세례 요한은 고민에 휩싸여 예수님에게 이렇게 묻습니다.

─── 요한이 옥에서 그리스도께서 하신 일을 듣고 제자들을 보내어 예수께 여짜오되 오실 그이가 당신이오니이까 우리가 다른 이를 기다리오리이까 예수께서 대답하여 이르시되 너희가 가서 듣고 보는 것을 요한에게 알리되 맹인이 보며 못 걷는 사람이 걸으며 나병환자가 깨끗함을 받으며 못 듣는 자가 들으며 죽은 자가 살아나며 가난한 자에게 복음이 전파된

다 하라 (마 11:2-5)

질문과 대답이 매우 흥미롭습니다. 옥에 갇힌 요한은 제자들을 보내 예수님에게 묻습니다. "오실 그이가 당신입니까, 아니면 우리가 다른 이를 기다려야 합니까?" 왜 요한은 제자들까지 보내 이 질문을 한 것일까요?

요한은 예수님의 길을 예비하기 위해, 곧 예수님이 메시아라는 사실을 알리기 위해 태어난 사람입니다. 그런데 '저 분이 메시아다'라고 선포하는 것이 생의 유일한 목적이었던 요한마저 헷갈렸던 것입니다. 요한이 생각하기에 메시아로 오실 분은 이 땅에 와서 심판을 행하여 모든 악을 전멸하고 모든 악한 것들을 소탕하는 일을 해야 하는데, 이 땅에 오신 예수님은 딴짓만 하는 것 같아 참다못해 이렇게 물었던 것입니다.

이 질문은 오늘날 우리도 얼마든지 하는 질문입니다. 예수님은 요한에게 자신이 메시아인지 아닌지 확답하는 대신 이렇게 말씀하십니다. '너희가 가서 보고 들은 것을 요한에게 알리되 맹인이 보며 못 걷는 사람이 걸으며 나병환자가 깨끗함을 받으며 귀먹은 사람이 들으며 죽은 자가 살아나며 가난한 자에게 복음이 전파된다 하라.' 사탄의 권세 아래 있는 사람들을 예수님이 구출해 내고 계신 것입니다. 악을 모조리 전멸하고 소탕하는 심판자로 오신 것이 아니라 사탄의 권세 아래 있는 병든 자, 가난한 자에게 복음을 전파하여 생명을 주는 구원자로 오신 것입니다. 이런 일을 하시는 분이 메시아가 아니면 누구란 말입니까? 바로 예수님이 이 일을 하고 계십니다.

그러나 그분의 일하심은 우리 기대와 얼마나 다릅니까? 밭에 감춰진 보화와 같습니다. 이것 때문에 우리가 시험에 들기도 하지만 이것이야말로 복음의 신비, 천국의 신비라는 사실을 잊지 않아야 합니다. 그래서 예수님은 세례 요한의 질문에 답하신 다음 이렇게 말씀하신 것입니다. '누구든지 나로 말미암아 실족하지 아니하는 자는 복이 있도다.' 기대와 다른 예수님의 모습에 실망하여 실족하는 이들이 많습니다. 예수님이 한 손에는 칼, 한 손에는 총을 들고 나타나셨으면 정말 모두가 믿었을 것이라고 생각하십니까? 그러나 그렇게 나타나셨으면 구원도 없었을 것입니다. 한 손에는 칼, 한 손에는 총을 들고 나타나신 것 자체가 심판이기 때문입니다.

본문 말씀에 나온 엘리야가 마주한 절망에 공감하십니까? 하나님이 크고 강한 바람, 지진이나 불 가운데 임하시지 않고 세미한 소리 가운데 찾아오셨던 일, 아무것도 아닌 감춰진 모습으로 와 있는 천국, 이 모든 것이 우리가 기대했던 모습이 아닙니다. 그래서 우리는 자주 원통해하고 억울해합니다. 그러나 갈멜산 전투에서 보여 주신 확실하고 장엄한 승리만이 하나님이 일하시는 증거가 아니라 숨어 들어가 있는 호렙산 골짜기의 세미한 소리 가운데 임하시는 것 역시 하나님의 일하심임을 안다면 우리 기대와 어긋난 현실에 항복할 수 있을 것입니다.

우리만이 볼 수 있는 자입니다. 그러니 인내로 기다려야 합니다. 만일 하나님이 '세상은 오늘로 이제 끝이다. 내 백성은 다 이리로 오라. 내 백성을 괴롭히던 너희 원수들은 저리로 가 있거라'라고 하신다면 우리는 속이 편할 것입니다. 하지만 구원의 문은 그날로 닫혀 버릴 것입니다. 지금은 하나님이 무너뜨리지 않으시고 세미한 소리 가운데 임하셔서 일하고 계십니다.

엘리야를 보면서 우리가 얼마나 많이, 크고 강한 바람과 강력한 지진, 활활 타오르는 불처럼 확실한 증거만을 기대했는지 돌아봅시다. 그리고 세미한 음성 가운데 나타나신 하나님을 기억합시다. 엘리야를 향한 하나님의 열심은 갈멜산 전투의 불로만이 아니라 아무도 무너뜨리지 않고 불사르지 않는 고요하고 세미한 소리 가운데서도 드러나십니다. 상한 갈대를 꺾지 않고 꺼져 가는 심지를 끄지 않으려고 세미한 소리로 하나님이 오셨습니다. 천국이 삼켜진 씨앗으로, 반죽 속에 들어간 누룩으로, 감춰진 보화로 보이지 않게 우리 곁에 와 있음을 기억한다면 각자의 억울한 자리를 견뎌 낼 수 있을 것입니다. 세미한 소리에 담긴 하나님의 열심에 귀 기울이며 천국의 신비를 새롭게 맛보는 복된 신자가 되기 바랍니다.

✢ 엘리야 ✢

엘리야는 하나님의 부재 속에서 하나님의 임재를 선포해야 하는 괴로운 선지자였습니다. 갈멜산의 임재와 호렙산의 부재라는 방법으로 하나님은 엘리야에게 당신을 경험하게 하십니다. 우리의 신앙이 초월성에 집중하느라 자연과 현실이라는 정황을 놓아 버리면 텍스트가 담길 컨텍스트는 사라진 꼴이 되어 버립니다. 컨텍스트 없이 텍스트만 홀로 살아 돌아다니면 세상은 '설교하고 앉아 있네' 하며 조롱합니다. 하나님의 임재는 하나님이 부재하시는 듯 보이는 현실과 정황 가운데 드러납니다. 부재 가운데서 오히려 더 강하게 당신의 임재를 드러내시는 역설의 신비를 엘리야는 그의 온 삶으로 증언하고 있습니다.

ABRAHAM/
JACOB/
JOSEPH/
MOSES/
JOB/
DAVID/
ELIJAH/
PETER/
PAUL

베드로

바울

내가 주님을 사랑하는 줄
주님께서 아시나이다

15

15 그들이 조반 먹은 후에 예수께서 시몬 베드로에게 이르시되 요한의 아들 시몬아 네가 이 사람들보다 나를 더 사랑하느냐 하시니 이르되 주님 그러하나이다 내가 주님을 사랑하는 줄 주님께서 아시나이다 이르시되 내 어린 양을 먹이라 하시고 16 또 두 번째 이르시되 요한의 아들 시몬아 네가 나를 사랑하느냐 하시니 이르되 주님 그러하나이다 내가 주님을 사랑하는 줄 주님께서 아시나이다 이르시되 내 양을 치라 하시고 17 세 번째 이르시되 요한의 아들 시몬아 네가 나를 사랑하느냐 하시니 주께서 세 번째 네가 나를 사랑하느냐 하시므로 베드로가 근심하여 이르되 주님 모든 것을 아시오매 내가 주님을 사랑하는 줄을 주님께서 아시나이다 예수께서 이르시되 내 양을 먹이라 (요 21:15-17)

◆◆◆ 이번 장에서는 베드로에 대해 살펴보고자 합니다. 베드로 하면 아마 다음 두 사건이 떠오를 것입니다. 하나는 예수를 세 번 부인한 일이고 다른 하나는 설교 한 번으로 수천 명을 회개하게 한 일입니다. 처음 사건을 떠올리면 그가 좀 어처구니없는 사람이라는 생각도 들지만 이후 그의 모습은 처음과 많이 달라졌다는 것을 우리는 잘 압니다. 더러는 영화 〈쿼바디스〉의 마지막 장면을 베드로에 대한 인상으로 간직하고 있는 분도 있을 것입니다. 영화 마지막에 가면 베드로가 순교하는 장면이 나오는데, 십자가에 달리기 전 그는 이런 부탁을 합니다. "저는 감히 예수님과 같은 모습으로 십자가에 달릴 수 있는 사람이 못됩니다. 그러니 저를 거꾸로 매달아 주십시오." 실제로 베드로는 십자가에 거꾸로 달려 순교하였다고 전해집니다.

복음서에 소개된 베드로의 행적 그다음 이야기는 사도행전에서 만나게 되는데, 거기서 우리는 훌륭해진 사도 베드로를 발견하고 놀랍니다. 이번 장에서는 베드로가 어떻게 그 자리까지 이르게 되었는가를 살펴보려고 합니다. 그래야 그가 걸은 길을 우리도 걸을 수 있을 것입니다. 다만 부러워하고 칭송한다고 하여 그 자리에 다다를 수 있는 것은 아닙니다.

앞서 살핀 다른 인물들의 경우와 마찬가지로, 이번 장도 다음과 같은 질문으로 출발합니다. 우리가 믿음의 영웅이라고 여기는 성경의 인물들은 처음부터 위인으로 타고난 사람들인가, 아니면 본래 평범했는데 차차 위인으로 만들어져 간 것인가.

우리는 '위인'이라고 하면 '본래 타고난 훌륭한 사람'이라고 생각하는 경향이 있습니다. 그래서 위인전을 보면 대개 이런 식입니다. 우선 태몽부터 특별합니다. 꿈에 큰 용이 나오는가 하면 큰 별이 품 안에 떨어지기도 합니다. 예사롭지 않은 태몽은 장차 태어날 아기가 본래 남다른 사람임을 암시해 줍니다. 또한 독특한 출생 기사뿐만 아니라 어릴 적부터 여느 아이와는 다른 늠름함과 총명함을 지녔다고 전해집니다.

'서서히 만들어져 가는 위인'보다 '본래 타고난 위인'을 더 좋아하는 우리의 경향은 신앙에도 영향을 줍니다. 그래서 처음부터 성경의 훌륭한 위인과 우리를 비교하여 그들과 너무도 다른 우리의 평범한 성정을 보면 낙심해 버립니다. 저는 '성경의 위인은 본래 타고난 영웅'이라는 고정관념에 대해 시비를 걸고 싶습니다. 베드로는 이 둘 중 어디에 속할까요? 우리는 베드로의 약점 몇 가지를 이미 알고 있으니 그는 '본래 타고난 위인'은 아닐 것입니다. 그러면 평범한 베드로가 어떻게 훌륭한 대사도(大使徒)가 되었을까요?

너는 돌이킨 후에

누가복음 22장 31절부터 봅시다.

> ─── 시몬아, 시몬아, 보라 사탄이 너희를 밀 까부르듯 하려고 요구하였으나 그러나 내가 너를 위하여 네 믿음이 떨어지지 않기를 기도하였노니 너는 돌이킨 후에 네 형제를 굳게 하라 그가 말하되 주여 내가 주와 함께 옥에도, 죽는 데에도 가기를 각오하였나이다 이르시되 베드로야 내가 네게 말하노니 오늘 닭 울기 전에 네가 세 번 나를 모른다고 부인하리라 하시니라 (눅 22:31-34)

예수님이 베드로를 향해 "너는 돌이킨 후에 네 형제를 굳게 하라"라고 말씀하십니다. 예수님은 베드로가 돌이킬 것도, 그리고 돌이켜야 할 잘못을 저지를 것도 미리 알고 계셨던 것입니다. 그가 저지를 잘못이란 예수님을 세 번 부인하는 일을 가리킵니다. 그런데 예수님은 베드로가 당신을 부인할 것을 알고 계셨으면서도 왜 그가 예수님을 부인하지 않도록 미리 막아 주시지 않았을까요? 미리 막아 주셨더라면 베드로가 예수님을 부인하지 않아도 되니 훨씬 좋았을 것입니다. 우리가 주목해야 할 첫 대목이 바로 여기입니다.

사탄이 베드로를 밀 까부르듯 하려고 요구했을 때는 베드로의 믿음이 떨어지지 않기를 기도하셨던 예수님이 베드로가 세 번이나 부인할 것은 막아 주시지 않았습니다. 예수님은 베드로에게 이렇게만 말씀하십니다. "너는 나를 세 번 부인할 것이다. 그러나 그것으로 끝은 아니다. 너는 돌이킬 것이다. 돌이킨 다음에는 네 형제를 굳게 하여라." 예수님의 말씀을 듣고 베드로는 좀 답답하기도 했을 것입니다. "주님, 너무하십니다. 이런 법이 어디 있습니까? 지금 병 주고 약 주는 겁니까? 제가 주님을 부인할 것을 미리 알고 계셨으면 막아 주셔야지, 그냥 놔두시고는 돌이킨 다음에 형제를 굳세게 하라니요." 그 마음을 아시는지 모르시는지 예수님은 잘못은 잘못대로 하되 돌이킬 때가 되면 돌이켜라, 그리고 돌이킨 후에는 형제를 굳게 하라고 말씀합니다. 베드로가 예수님을 부인한 이 일은 대체 그에게 어떤 의미가 있는 일이었을까요?

네가 이 사람들보다 나를 더 사랑하느냐

베드로가 예수님을 세 번 부인한 일과 대응되는 사건이 요한복음 21장에 나옵니다. 요한복음 21장은 부활하신 예수님이 제자들을 찾아오신 장면을 그리고 있습니다.

────── 그 후에 예수께서 디베랴 호수에서 또 제자들에게 자기를 나타내셨으니 나타내신 일은 이러하니라 시몬 베드로와 디두모라 하는 도마와 갈릴리 가나 사람 나다나엘과 세베대의 아들들과 또 다른 제자 둘이 함께 있더니 시몬 베드로가 나는 물고기 잡으러 가노라 하니 그들이 우리도 함께 가겠다 하고 나가서 배에 올랐으나 그 날 밤에 아무 것도 잡지 못하였더니 날이 새어갈 때에 예수께서 바닷가에 서셨으나 제자들이 예수이신 줄 알지 못하는지라 예수께서 이르시되 얘들아 너희에게 고기가 있느냐 대답하되 없나이다 이르시되 그물을 배 오른편에 던지라 그리하면 잡으리라 하시니 이에 던졌더니 물고기가 많아 그물을 들 수 없더라 예수께서 사랑하시는 그 제자가 베드로에게 이르되 주님이시라 하니 시몬 베드로가 벗고 있다가 주님이라 하는 말을 듣고 겉옷을 두른 후에 바다로 뛰어 내리더라 다른 제자들은 육지에서 거리가 불과 한 오십 칸쯤 되므로 작은 배를 타고 물고기 든 그물을 끌고 와서 육지에 올라보니 숯불이 있는데 그 위에 생선이 놓였고 떡도 있더라 예수께서 이르시되 지금 잡은 생선을 좀 가져오라 하시니 시몬 베드로가 올라가서 그물을 육지에 끌어 올리니 가득히 찬 큰 물고기가 백쉰세 마리라 이같이 많으나 그물이 찢어지지 아니하였더라 예수께서 이르시되 와서 조반을 먹으라 하시니 제자들이 주님이신 줄 아는 고로 당신이 누구냐 감히 묻는 자가 없더라

예수께서 가셔서 떡을 가져다가 그들에게 주시고 생선도 그와 같이 하시니라 이것은 예수께서 죽은 자 가운데서 살아나신 후에 세 번째로 제자들에게 나타나신 것이라 그들이 조반 먹은 후에 예수께서 시몬 베드로에게 이르시되 요한의 아들 시몬아 네가 이 사람들보다 나를 더 사랑하느냐 하시니 이르되 주님 그러하나이다 내가 주님을 사랑하는 줄 주님께서 아시나이다 이르시되 내 어린 양을 먹이라 하시고 또 두 번째 이르시되 요한의 아들 시몬아 네가 나를 사랑하느냐 하시니 이르되 주님 그러하나이다 내가 주님을 사랑하는 줄 주님께서 아시나이다 이르시되 내 양을 치라 하시고 세 번째 이르시되 요한의 아들 시몬아 네가 나를 사랑하느냐 하시니 주께서 세 번째 네가 나를 사랑하느냐 하시므로 베드로가 근심하여 이르되 주님 모든 것을 아시오매 내가 주님을 사랑하는 줄을 주님께서 아시나이다 예수께서 이르시되 내 양을 먹이라 (요 21:1-17)

예수님이 베드로에게 '네가 나를 사랑하느냐'라고 세 번 물으십니다. 이 질문은 자세히 살펴볼 필요가 있습니다. 우선 예수님이 베드로에게 질문을 던지신 그날의 정황을 머릿속에 그려 봅시다. 베드로와 몇몇 제자들이 디베랴 호수에서 물고기를 잡고 있는데, 밤새 아무것도 잡지 못합니다. 날이 새도록 수고하였지만 한 마리도 잡지 못한 채 새벽을 맞이합니다. 이때 어떤 사람이 그들에게 다가와 물고기가 있냐고 묻습니다. 그들이 한 마리도 잡지 못했다고 대답하자 그 사람은 그물을 배 오른편에 던지라고 합니다. 제자들이 그 말대로 하니 이번에는 매우 많은 물고기가 잡힙니다. 그러자 거기 있던 한 제자가 이분이 부활하신 예수님이라는 것을 알아봅니다. "저분은 주님이시다!" 베드로는 주님이라는 말을 듣자 벗은 몸에 겉옷을 두르고 바다로 뛰어내립니다. 나머지 제자들은 배에 탄 채 고기가 든 그물을 끌고 해안으로 나옵니다. 그들이 땅에 올라와 보니 생선과 떡이 놓인 숯불이 피워져 있었고 그 곁에 예수님이 계셨습니다. 예수님이 제자들에게 말씀하십니다. "너희가 지금 잡은 생선을 조금 가져오너라." 베드로가 배에 올라가서 그물을 땅으로 끌어내려 보니 그물 안에는 큰 물고기가 백쉰세 마리나 들어 있습니다. 예수님이 와서 함께 아침을 먹자고 부르시자 제자들은 부활하신 예수님과 함께 아침 식사를 하게 됩니다.

식사를 마친 후에 예수님이 베드로에게 물으십니다. "요한의 아들 시몬아, 네가 이 사람들보다 나를 더 사랑하느냐." 이 장면에서 우리가 눈여겨볼 소품이 있습니다. 여기 '불'이 등장하는데, '불'은 베드로가 예수님을 부인한 사건에도 등장한 적이 있습니다. 요한복음 18장을 봅시다.

──── 시몬 베드로와 또 다른 제자 한 사람이 예수를 따르

니 이 제자는 대제사장과 아는 사람이라 예수와 함께 대제사장의 집 뜰에 들어가고 베드로는 문 밖에 서 있는지라 대제사장을 아는 그 다른 제자가 나가서 문 지키는 여자에게 말하여 베드로를 데리고 들어오니 문 지키는 여종이 베드로에게 말하되 너도 이 사람의 제자 중 하나가 아니냐 하니 그가 말하되 나는 아니라 하고 그 때가 추운 고로 종과 아랫사람들이 불을 피우고 서서 쬐니 베드로도 함께 서서 쬐더라 (요 18:15-18)

예수님을 부인하던 그날 새벽, 사람들과 함께 불을 쬔 일은 아마 베드로에게는 평생 결코 잊을 수 없는 장면이었을 것입니다. 새벽에 불 쬐는 정경을 보는 일만으로도 베드로는 크게 찔렸을지 모릅니다. 예수님을 부인한 일은 자신도 결코 떠올리고 싶지 않은 잘못인데, 불 쬐는 정경을 보는 순간 예수님을 부인했던 일이 다시금 떠올랐을 것이기 때문입니다.

이런 정황에서 던져진 예수님의 첫 질문이 의미심장합니다. "요한의 아들 시몬아, 네가 이 사람들보다 나를 더 사랑하느냐." 이후 예수님은 베드로에게 연달아 두 번 더 물으십니다. 그런데 첫 번째 질문에는 두 번째 질문과 세 번째 질문에 없는 표현이 들어 있습니다. '네가 이 사람들보다 나를 더 사랑하느냐'가 그것입니다. 예수님이 이렇게 물어보신 데는 그만한 이유가 있습니다. 마태복음 26장 31절입니다.

─────── 그 때에 예수께서 제자들에게 이르시되 오늘 밤에 너희가 다 나를 버리리라 기록된 바 내가 목자를 치니 양의 떼가 흩어지리라 하였느니라 그러나 내가 살아난 후에 너희보다 먼저 갈릴리로 가리라 베드로가 대답하여 이르되 모두 주를 버릴지라도 나는 결코 버리지 않겠나이다 (마 26:31-33)

예수님이 잡히시던 날 밤, 제자들 모두가 자기를 떠날 것이라는 예수님의 예고를 듣고 베드로는 자신만은 결코 그러지 않겠다며 호언장담합니다. "모두 주를 버릴지라도 나는 결코 버리지 않겠나이다." 이 대답을 보면, 요한복음 21장에서 예수님이 베드로에게 "네가 이 사람들보다 나를 더 사랑하느냐"라고 물으신 이유를 발견할 수 있습니다. 베드로는 "모두 주를 버릴지라도 나는 결코 버리지 않겠나이다"라고 대답하여 예수님에 대한 자신의 진심과 열정이 남다름을 드러내었던 것입니다. 당시 베드로의 호기로운 대답을 떠올리신 것인지 이제 예수님은 이렇게 물으십니다. "베드로야, 이 사람들이 나를 사랑하는 것보다 네가 나를 사랑하느냐." 예수님은 베드로를 그의 진심과 열정 너머로 이끌고 계십니다.

부활하신 예수님은 베드로에게 초대교회를 세우는 일과 이방인에 대한 복음 전파와 같은 막중한 임무를 맡기려고 하십니다. 예수님이 승천하신 이후에는 베드로가 초대교회 지도자 역할을 감당하게 될 것입니다. 이처럼 중대한 사명을 맡기기 위해 예수님이 베드로에게 꼭 가르치고 준비시켜야 했던 일이 있었습니다.

사도행전 속 베드로의 행적만 놓고 보면 그를 그저 우러러보기 쉽습니다. 설교 한 번으로 수천 명을 회개하게 한 설교자, 이방인인 고넬료에게 복음을 전한 포용력 있는 전도자, 성령을 속인 아나니아와 삽비라의 행적을 백일하에 드러낸 능력의 사도로만 생각하기 쉽습니다. 그런데 베드로는 처음부터 훌륭한 사람이라서 그렇게 위대한 일을 해낼 수 있었던 것이 아닙니다. 하나님이 베드로를 그만한 일을 맡겨도 좋을 만한 사람으로 만들어 가셨기에 가능한 것입니다. 성경은 '본래 타고난 위인 베드로'가 아니라 '하나님이 다듬고 훈련하여 만들어 가신 베드로'라는 관점에서 그를 조명합니다. 하나님이 베드로를 당신의 능력과 영광으로 채우시기 위해 그의 어떤 점을 훈련하셔야만 했는가, 베드로의 기초를 무엇으로 세우셔야만 했는가 하는 관점에서 베드로를 그려 내고 있는 것입니다.

예수님이 베드로에게 사명을 맡기시기 전에 그에게서 받아 내고자 하시는 마음가짐이 있습니다. "주여, 은혜가 참으로 백골난망이로소이다"라는 고백입니다. 이 고백을 하게 하려고 예수님은 베드로가 당신을 세 번이나 부인하는 것을 막아 주시지 않은 것은 아닐까 하는 생각이 듭니다.

주님께서 아시나이다

다시 본문 말씀 요한복음 21장에 나온 예수님의 첫 질문을 살펴 봅시다. "요한의 아들 시몬아, 네가 이 사람들보다 나를 더 사랑하느냐." 우리 같으면 뭐라고 대답하겠습니까? 아마 아무 말도 하지 못했을 것입니다. 이런 상황에서 어떻게 대답할 수 있겠습니까? 눈앞에서는 불이 이글거리며 타고 있고 예수님은 아무 말 없이 불 위에 놓인 떡을 자꾸 뒤집고 계십니다. 떡을 자꾸 뒤집는 것은 떡 밑의 불을 보라는 뜻일 것입니다. 베드로가 예수님을 부인한 그날 새벽을 떠오르게 하는 바로 그 불 말입니다. 베드로서는 참 미칠 노릇입니다. 하필 시간도 새벽입니다. 이 새벽에도 닭은 여기저기서 울어 댔을 것입니다. 정말 어쩌면 좋을까요. 그런데 베드로의 대답이 의외입니다. "주님, 그러하나이다. 내가 주님을 사랑하는 줄 주님께서 아시나이다." 베드로의 대답 끝에 붙어 나온 말을 주의해서 보아야 합니다. '주님께서 아시나이다.' 이 말은 무슨 뜻일까요? 뒤에 가서 좀 더 살펴보겠습니다.

예수님과 베드로의 대화에 흥미로운 대목이 있습니다. 예수님의 두 번째 질문은 "요한의 아들 시몬아, 네가 나를 사랑하느냐"이고 세 번째 질문 역시 "요한의 아들 시몬아, 네가 나를 사랑하느냐"입니다. 우리말 성경으로 읽으면 두 질문에 차이가 없어 보이지만, 헬라어 원어를 보면 두 번째 질문의 '사랑'과 세 번째 질문의 '사랑'은 다른 단어라는 것을 알 수 있습니다. 세 번째 질문에 나온 '사랑'은 앞의 두 질문에 사용된 '사랑'과 다른 단어입니다. 예수님이 그렇게 달리 물으신 이유는 무엇일까요?

헬라인에게 '사랑'을 가리키는 단어는 네 개쯤 있습니다. 아가페(Agape), 필리아(Philia), 스토르게(Storge), 에로스(Eros)입니다. 아가페는 하나님의 사랑을, 필리아는 친구 간의 우정을, 스토르게는 부모와 자식 간의 사랑을, 에로스는 쾌락을 추구하는 사랑을 가리킵니다. 앞의 두 질문에는 '아가페'가 쓰였습니다. 그런데 마지막 질문에서는 '필리아'가 쓰였습니다.

반면 베드로는 시종일관 '필리아'로 대답합니다. "요한의 아들 시몬아, 네가 이 사람들보다 나를 더 사랑(아가페)하느냐?" "네. 그렇습니다. 제가 주를 사랑(필리아)하는 줄 주께서 아시나이다." 예수님은 재차 물으십니다. "요한의 아들 시몬아, 네가 나를 사랑(아가페)하느냐?" "네. 그렇습니다. 제가 주를 사랑(필리아)하는 줄 주께서 아시나이다." 예수님은 사랑하느냐고 두 번이나 '아가페'로 물어 오셨지만 베드로가 계속 '필리아'로 대답하자 마지막에는 단계를 낮추어 '필리아'로 물어 오신 것입니다. "좋다. 네가 나를 사랑(필리아)하기는 한다는 말이냐?"

예수님의 질문을 듣자 베드로는 걱정이 밀려옵니다. 예수님이 가장 높은 단계의 사랑을 물어 오시자 자신이 없어진 베드로는 그보다 낮은 단계의 사랑을 고백하며 대답했습니다. 그러자 이번에는 베드로가 대답한 단계의 사랑으로 예수님이 되물어 오십니다. 왜 예수님은 베드로에게 자꾸 물으시고, 마지막에는 베드로의 답에 맞추어서까지 다시 물으시는 것일까요? 예수님은 베드로의 고백을 믿을 수가 없으신 것입니다. 앞서 베드로가 한 고백을 믿어 주실 수 없어 예수님은 되묻고 계신 것입니다.

흥미로운 점은 이것입니다. 예수님은 베드로의 고백을 안 믿어 주시면서도 그에게 '내 양을 먹이라'고 말씀하십니다. 베드로는 과거에도 자기 말을 지키지 못했고, 지금도 예수님의 질문에 부합하는 답을 하지 못합니다. 예수님은 베드로가 고백을 지킬 수 없는 사람임을 알면서도 그에게 당신의 양을 맡기시고 있습니다.

베드로의 인생에서 요한복음 21장의 대화만큼 의미심장한 사건은 아마 없을 것입니다. 자기 열정과 의욕만으로 예수님이 가신 길을 따를 수 있을 것 같던, 자기를 증명하기 바빴던 신앙에서 벗어나 사실 그럴 자격도 능력도 없는 자기 자신을 깨닫는 결정적 계기가 된 만남이기 때문입니다.

예수님은 베드로에게 '네가 나를 사랑하느냐'라고 물으시고 베드로는 '내가 주님을 사랑하는 줄 주님께서 아시나이다'라고 대답합니다. 예수님은 '아가페'로 불으셨는데 베드로가 '필리아'로 대답하자 마지막에는 '필리아'로 물어 오십니다. 베드로는 예수님이 거듭 물어 오시는 것도 마음에 걸렸겠지만 이제 단계를 낮추어 다시 물어 오시자 근심합니다. 17절을 봅시다. '세 번째 이르시되 요한의 아들 시몬아 네가 나를 사랑하느냐 하시니 주께서 세 번째 네가 나를 사랑하느냐 하시므로 베드로가 근심하여 이르되 주님 모든 것을 아시오매 내가 주님을 사랑하는 줄을 주님께서 아시나이다.' 베드로가 근심합니다. 그가 근심하는 이유가 무엇일까요?

내 양을 먹이라

우리는 베드로의 이후 행적을 알고 있어서 요한복음 21장에 나오는 예수님과 베드로의 대화를 별 생각 없이 읽는 경향이 있습니다. 어쨌든 훗날 베드로는 대사도가 되기 때문입니다. 베드로가 설교하면 하루에 수천 명이나 되는 무리가 회개하는 일이 일어났는데, 그렇게 능력 많은 그가 왜 지금 여기서는 우물쭈물하고 있을까 싶습니다. 어디든 빨리 가서 부활하신 예수님을 전하여 감동의 도가니로 만들어야지 왜 여기서 머뭇거리고 있을까 하는 생각이 드는 것입니다.

그런데 요한복음 21장에 나온 베드로의 고뇌를 헤아리지 않은 채 바로 사도행전으로 넘어가 베드로가 이룬 업적만 추켜세워서는 안 됩니다. 우리는 자꾸 이 과정을 건너뛰고 바로 사도행전으로 넘어가 베드로를 부러워하기만 합니다. 예수님의 질문을 듣고 베드로가 왜 근심했을까를 반드시 짚고 넘어가야 합니다. 베드로가 하나님 앞에 꼭 확인하고 넘어가야 할 문제가 여기 있기 때문입니다.

바로 얼마 전 베드로는 '모두 주를 버릴지라도 나는 결코 버리지 않겠나이다'(마 26:33)라고 장담했습니다. 이는 결코 허세가 아니라 그의 진심이었습니다. 베드로는 정말 그런 각오와 충정이 있던 사람입니다. 하지만 그런 진심과 열심에도 불구하고 그는 예수님을 모른다고 부인하였습니다. 예수님을 버리지 않겠다는 그의 결의는 진심이었지만 뜻대로 되지 않았던 것입니다. 예수를 부인하지 않고 실제로 따르는 일은 자신의 결심이나 진심만으로 되지 않는다는 것을 이제 베드로가 깨닫습니다.

이런 연약한 베드로를 가장 잘 아는 이가 실은 예수님이십니다. 그리고 베드로도 예수님과 대화하면서 이 사실을 깨닫습니다. 베드로는 주를 사랑한다고 계속 고백하는데, 예수님이 자꾸 되물으시니 그로서는 당황했을 것입니다. 하지만 거듭되는 질문을 받으면서 자기를 가장 잘 아는 이는 자기 자신이 아니라 예수님인 것을 깨닫게 됩니다. '주님, 모든 것을 아시오매 내가 주님을 사랑하는 줄을 주님께서 아시나이다'(요 21:17). 이제 베드로는 전에 예수님이 '내가 너를 위하여 네 믿음이 떨어지지 않기를 기도하였노니 너는 돌이킨 후에 네 형제를 굳게 하라'라고 하신 말씀의 뜻도 이해하게 됩니다. 베드로서는 정말 근심이 되지 않을 수 없었을 것입니다.

베드로는 자기가 가진 의욕과 결심만으로는 예수님을 따를 수 없다는 것을 예수님을 부인하고서야 깨닫게 됩니다. 이 깨달음은 우리에게도 매우 소중합니다. 왜냐하면 우리는 늘 자신의 열심과 정성으로 무엇을 이루려고 하기 때문입니다. 이번 장에서 베드로를 통해 한 걸음 더 들어가고 싶은 대목이 바로 여기입니다. 이제 우리는 베드로처럼 '내가 나를 아는 것보다 주께서 나를 더 잘 아신다'라고 깨닫는 자리에 이르게 되었습니다. 베드로는 예수님을 세 번 부인한 후에야 '내가 고백하고 확신한 것이 진짜 내 실력은 아니더라' 하는 것을 깨닫습니다. 아무리 확고하고 진실한 신앙고백을 하더라도 이 고백이 우리가 실제로 살아 내야 할 현실을 대신해 주지 않습니다. 실제로 살아 내지 않는 한 고백은 공허합니다. 이런 베드로에게 예수님이 '내 양을 먹이라'고 말씀하신 것입니다. 베드로의 연약함을 알면서도 그에게 양을 맡기신 예수님을 만난 베드로는 이제 자기가 할 일은 최선을 다하는 것밖에는 없다고 생각하기에 이릅니다.

'내가 최선을 다하면 반드시 이루어진다'라는 생각과 '내가 최선을 다하지만 최선을 다한다고 해서 반드시 이루어지는 것은 아니다'라는 생각은 다른 이야기입니다. '내가 최선을 다하면 반드시 이루어진다'라는 생각은 아직 예수를 세 번 부인하기 이전의 베드로, 즉 예수님을 위해서는 목숨까지 버릴 수 있다고 자신만

만하게 장담했던 베드로의 생각입니다. 그러나 '내가 최선을 다 한다고 해서 반드시 이루어지는 것은 아니지만 그래도 최선을 다 하는 수밖에 없다'라는 생각은 예수를 부인하고 나서 자신의 잘 못과 한계를 깨달은 베드로의 생각입니다. 그렇다면 베드로가 할 수 있는 일은 무엇일까요? 이 질문을 베드로에게 던져 본다면, 아 마 베드로는 '그래도 최선을 다하는 수밖에 없다'라고 대답할 것 입니다. 참 재미있습니다.

이런 깨달음으로 베드로는 '내 양을 먹이라'고 부탁하신 예수 님의 명령에 순종합니다. 만일 베드로가 순종하지 않고 '어차피 최선을 다해도 되지 않을 거라면 열심히 할 필요가 뭐가 있나' 하 며 좌절했다면, 그는 하나님이 자기에게 맡기신 사명을 감당하지 못했을 것입니다. 그러나 요한복음 21장에 나온 예수님과의 만 남이 베드로를 변화시킵니다. 베드로의 모든 것, 곧 그의 연약함 마저 알고 계셨던 예수님이 자신을 쓰시려 하는 마음을 알게 된 그는 순종하지 않을 수 없었을 것입니다.

우리는 베드로가 고백한 이 자리에 이르러야 합니다. "주님, 주 님은 모든 것을 아십니다. 제가 주님을 사랑하는 줄 주님은 아십 니다. 제가 주님을 사랑하는 것은 진심입니다. 그러나 제게 진심 이 있다고 해도 저는 선한 결과를 만들어 낼 수 없다는 것을 이 제 압니다." 베드로는 피워 놓은 불 앞에서, 여기저기 닭이 우는 새벽 미명에, 자기 동료들이 보는 가운데 이 고백에 이르고 있

습니다. 예수님의 질문에 담긴 의미를 드디어 깨달은 베드로는
"내가 주님을 사랑하나이다"라고 거듭 고백하면서 이제 변화되
고 힘을 얻습니다.

쫓겨났을지라도 다시 바라보겠나이다

베드로의 고백과 유사한 고백을 구약에서도 만나 볼 수 있습니
다. 요나서 2장 1절입니다.

―――― 요나가 물고기 뱃속에서 그의 하나님 여호와께 기도
하여 이르되 내가 받는 고난으로 말미암아 여호와께 불러 아
뢰었더니 주께서 내게 대답하셨고 내가 스올의 뱃속에서 부
르짖었더니 주께서 내 음성을 들으셨나이다 주께서 나를 깊
음 속 바다 가운데에 던지셨으므로 큰 물이 나를 둘렀고 주의
파도와 큰 물결이 다 내 위에 넘쳤나이다 내가 말하기를 내가
주의 목전에서 쫓겨났을지라도 다시 주의 성전을 바라보겠
다 하였나이다 물이 나를 영혼까지 둘렀사오며 깊음이 나를
에워싸고 바다 풀이 내 머리를 감쌌나이다 내가 산의 뿌리까
지 내려갔사오며 땅이 그 빗장으로 나를 오래도록 막았사오
나 나의 하나님 여호와여 주께서 내 생명을 구덩이에서 건지

셨나이다 내 영혼이 내 속에서 피곤할 때에 내가 여호와를 생각하였더니 내 기도가 주께 이르렀사오며 주의 성전에 미쳤나이다 거짓되고 헛된 것을 숭상하는 모든 자는 자기에게 베푸신 은혜를 버렸사오나 나는 감사하는 목소리로 주께 제사를 드리며 나의 서원을 주께 갚겠나이다 구원은 여호와께 속하였나이다 하니라 (욘 2:1-9)

요나의 기도입니다. 요나는 하나님에게서 니느웨로 가 회개를 촉구하라는 임무를 부여받습니다. 그러나 요나는 니느웨로 가기를 싫어합니다. 왜냐하면 니느웨는 이스라엘의 원수인 앗수르의 수도였기 때문입니다. 이스라엘을 위협해 온 앗수르이기에 이 나라가 회개하여 멸망을 피하는 것을 탐탁지 않게 여겼던 것입니다. 요나는 니느웨에 가지 않으려고 배를 타고 도망치다가 큰 폭풍을 만납니다. 배에 탄 사람들은 두려운 나머지 이 재앙을 야기한 사람을 알아맞히려고 제비뽑기를 하는데, 요나가 걸리게 됩니다. 사람들이 요나를 들어 성난 바다에 던지자 어디선가 큰 물고기가 와서 요나를 삼킵니다. 위 말씀은 요나가 물고기 배 속에서 한 기도입니다. 한 구절이 우리의 눈길을 끕니다. "내가 말하기를 내가 주의 목전에서 쫓겨났을지라도 다시 주의 성전을 바라보겠다 하였나이다." 이 고백은 무슨 뜻일까요?

이를테면, 어느 밤중에 하나님이 나타나셔서 이렇게 말씀하셨다고 해 봅시다. "아무개야, 내가 네게 할 말이 있다. 사실 나는 너를 구원하지 않을 생각이다. 너는 죽으면 이제 지옥으로 가게 될 텐데 너는 아무것도 모른 채 정말 열심히 신앙생활하고 있구나. 이런 너를 보니 미안한 마음이 들어 네게 알려 주려고 왔다. 너는 어차피 지옥에 갈 사람이니 그냥 이 세상에서라도 잘 먹고 잘 살아라. 더 이상 쓸데없는 고생하지 말고 편히 살아라." 물론 이런 일은 없겠지만 만일 이런 꿈을 꾼다면 어떻게 하겠습니까? 그래도 하나님을 믿겠습니까? 그래도 믿겠다는 것이 바로 이 구절에 담긴 요나의 고백입니다. 이 고백을 통해 우리가 신앙의 뿌리를 무엇에 두고 있는가를 점검해 볼 수 있습니다.

제가 아는 선배 중 상당히 신령한 분이 있었습니다. 그에게는 귀신을 쫓아내는 은사가 있어서 여러 곳을 다니며 귀신을 내쫓곤 하였습니다. 그런데 어느 날 그 선배가 누군가의 지적을 받고 궁지에 몰렸습니다. "그동안 네가 귀신 쫓아내는 것을 쭉 보아 왔는데, 너는 성령의 힘이 아니라 사탄의 힘으로 쫓아내는 것처럼 보인다." 이 말에 그 선배는 2년 가까이 고민하며 끙끙댔습니다. '과연 나는 성령을 힘입어 이 일을 하는가, 아니면 사탄을 힘입어 이 일을 하는가?' 고민이 너무 깊어 뼈와 가죽만 남을 정도였습니다.

2년을 고민하던 선배가 어느 날 성경을 읽다가 요나서 2장 4절을 해답으로 삼게 되었습니다. "주여, 만일 사탄이 제 안에 들어와 이 일을 했다고 하더라도 저는 주를 사랑하겠습니다." 베드로의 고백도 바로 이런 것이었습니다. "주님, 제가 진심으로 주님을 사랑합니다. 그러나 제게 진심이 있고 또 최선을 다했지만 제가 이룰 수 있는 것은 없었습니다. 그럼에도 저는 주님을 사랑합니다."

우리는 우리의 진심과 열정으로 이루기 원하는 목표보다 성경이 진정 말하고 싶은 메시지가 무엇인지 생각해 보아야 합니다. 우리는 하나님 앞에 설 때에도 마치 법조문을 적용하듯 '저의 이 행동은 좀 잘못한 것이지만 그래도 저 행동은 옳은 것이지요?'라고 따지며 어리석게 굽니다. 이렇게 하는 것이 잘하는 것일까, 저렇게 하는 것이 잘하는 것일까, 끝없이 저울질하며 고민합니다. 그러나 먼저 생각할 것은 우리가 정말 하나님을 사랑하고 있는가 하는 질문입니다.

우리가 하나님을 사랑하는가 하는 것은 자랑거리의 문제가 아닙니다. 우리의 본분입니다. 한 율법사가 예수님에게 무엇이 제일 큰 계명인지를 물었을 때 예수님은 이렇게 답하셨습니다. '네 마음을 다하고 목숨을 다하고 뜻을 다하여 주 너의 하나님을 사랑하라 하셨으니 이것이 크고 첫째 되는 계명이요 둘째도 그와 같으니 네 이웃을 네 자신 같이 사랑하라 하셨으니 이 두 계명이 온 율법과 선지자의 강령이니라'(마 22:37-40).

사랑은 옳고 그름 그 이상의 이야기입니다. 우리의 신앙생활이 재미가 없고 신자로서 자신감이 없는 것은 우리가 하나님 앞에 사랑받는 자녀로 서 있다는 사실을 놓치고 살기 때문입니다. 우리는 사랑받는 자녀이기에 서로 사랑할 수 있습니다. 사랑하면 옳고 그름은 그다음 문제가 됩니다. 사랑하며 살고 있습니까? 사랑하며 사는 사람만이 하나님의 사랑이 어떤 것인지 압니다. 하나님은 내가 옳게 살았는지 그르게 살았는지 따지는 재판관이 아니라 나를 사랑하시는 내 아버지라는 사실을 알면 하루하루가 감사와 재미가 넘칠 것입니다.

이것이 바로 요나의 고백입니다. "내가 주의 목전에서 쫓겨났을지라도 다시 주의 성전을 바라보겠습니다. 내가 할 수 있는 최선은 바로 하나님을 사랑하는 것뿐입니다." 이것은 주님밖에는 매달릴 곳이 없음을 인정하는 겸손에서 나온 고백입니다. 이 고백이야말로 우리가 서 있어야 하는 신앙의 자리인 것입니다.

내 양을 치라

이제 사도행전에 나타난 베드로의 모습을 살펴봅시다. 여기서 만나는 베드로는 요한복음 21장에서 보던 것과 달리 굉장히 담대한 모습입니다. 베드로가 담대해진 것은 오순절 성령강림 사건 때문일까요? 우리는 대개 베드로가 성령강림 사건 이후에 변화되었다고 생각하지만, 그렇지 않습니다.

사실 오순절 성령강림 사건만큼 오해되는 사건도 드물 것입니다. 물론 초대교회의 부흥과 역사는 성령의 사역입니다. 그러나 그것만이 성령의 사역은 아닙니다. 성령이 오신 가장 큰 목적은 예수가 이루신 사역을 증거하기 위해서입니다. 베드로가 담대해진 것은 오순절 성령강림 사건 때문이 아니라 부활하신 예수님을 만났기 때문입니다. 우리는 요한복음 21장을 통해 부활하신 예수님을 만난 베드로가 예수님이 던지신 세 번의 질문에 대답하는 장면을 살펴보았습니다. 이 자리에서 예수님은 당신의 양을 베드로에게 맡기셨고 베드로는 주님의 명령을 받아들였습니다. 베드로는 예수님과의 이 만남으로 변화된 것입니다.

성령이 오시기 전, 베드로가 예수님과의 만남으로 이미 변화되었다는 사실을 확인하게 해 주는 대목이 있습니다. 사도행전 1장에는 부활하신 예수님이 성령을 기다리라고 분부하신 다음에 승천하신 일이 기록되어 있습니다. 예수님의 승천을 직접 목격한 제자들은 이제 마가의 다락방에 모입니다. 15절부터 봅시다. 이 때는 아직 성령강림 사건이 일어나기 전입니다.

─── 모인 무리의 수가 약 백이십 명이나 되더라 그 때에 베드로가 그 형제들 가운데 일어서서 이르되 형제들아 성령이 다윗의 입을 통하여 예수 잡는 자들의 길잡이가 된 유다를 가리켜 미리 말씀하신 성경이 응하였으니 마땅하도다 이 사

람은 본래 우리 수 가운데 참여하여 이 직무의 한 부분을 맡았던 자라 (이 사람이 불의의 삯으로 밭을 사고 후에 몸이 곤두박질하여 배가 터져 창자가 다 흘러 나온지라 이 일이 예루살렘에 사는 모든 사람에게 알리어져 그들의 말로는 그 밭을 아겔다마라 하니 이는 피밭이라는 뜻이라) 시편에 기록하였으되 그의 거처를 황폐하게 하시며 거기 거하는 자가 없게 하소서 하였고 또 일렀으되 그의 직분을 타인이 취하게 하소서 하였도다 이러하므로 요한의 세례로부터 우리 가운데서 올려져 가신 날까지 주 예수께서 우리 가운데 출입하실 때에 항상 우리와 함께 다니던 사람 중에 하나를 세워 우리와 더불어 예수께서 부활하심을 증언할 사람이 되게 하여야 하리라 하거늘 그들이 두 사람을 내세우니 하나는 바사바라고도 하고 별명은 유스도라고 하는 요셉이요 하나는 맛디아라 그들이 기도하여 이르되 뭇 사람의 마음을 아시는 주여 이 두 사람 중에 누가 주님께 택하신 바 되어 봉사와 및 사도의 직무를 대신할 자인지를 보이시옵소서 유다는 이 직무를 버리고 제 곳으로 갔나이다 하고 제비 뽑아 맛디아를 얻으니 그가 열한 사도의 수에 들어가니라 (행 1:15-26)

예수님이 승천하신 후 오순절 성령강림 사건이 있기 전에 베드로는 이미 어떤 일을 하고 있었는데, 그 일은 바로 제자들의 결원을 보충하는 일이었습니다. 베드로가 새로운 제자를 뽑아 열두 제자의 빈자리를 채우는 이 일을 한 것은 바로 예수님이 분부하신 일을 수행하겠다는 의지의 표현입니다. 베드로는 이 일을 오순절 성령강림 사건 이전에 이미 시작한 것입니다. 우리 중 유다는 제자의 직무를 버리고 제 갈 길을 갔다, 그러나 이제 우리는 주님이 살아 계셨을 적 보이신 일의 증인으로 살자, 우리만이 증인이다, 우리가 이 일을 해야 한다, 이 일을 위해 주님이 처음에 불러 모았던 열둘이 되도록 나머지 한 명을 마저 채우자, 늘 우리와 함께 다니던 사람 가운데 하나를 뽑아서 우리와 더불어 부활의 증인으로 삼자, 라고 힘을 모은 것입니다. 베드로의 말은 죽을 때까지 함께 이 일을 하자는 일종의 결의에 찬 선언입니다. 이 선언을 오순절 성령강림 사건 전에 한 것입니다. 성령이 오시기 전 이미 변화된 베드로의 모습을 이것으로 확인할 수 있습니다.

베드로의 연약함을 알면서도 그에게 양을 맡기신 예수님의 마음을 안 베드로는 예수님과의 만남으로 변화되었습니다. 변화된 베드로는 이제 최선을 다해 주님이 맡기신 일을 해 나갑니다. 하나님이 베드로에게 요구하는 모습은 지금 서 있는 자리에서 최선을 다하라는 것입니다. 너는 너의 최선을 다해라, 내가 최선을 다한다고 해서 그것으로 일의 운명이 결정되지는 않지만 너의 최선을 통하여 내가 일할 것이다, 이런 하나님의 마음을 베드로가 아는 것입니다.

사도행전에 나타난 베드로가 이룬 사역이 중요한 이유는 그가 본래 담대하고 훌륭한 위인이라서 남다른 업적을 이루었다는 데에 있지 않고, 하나님이 흠 많은 베드로를 사용하셔서 당신의 일을 하셨다는 데에 있습니다. 이 일을 위해 하나님은 베드로가 자기 자신이 누구이며, 어떤 존재인지에 대해 철저하게 깨닫는 훈련을 하게 하셨던 것입니다. 이것을 깨닫고 알아 가는 데에 긴 시간이 걸렸습니다. 이것이 베드로의 생애입니다.

우리의 사랑은 참으로 보잘것없습니다. 우리의 진심 역시 마찬가지입니다. 그럼에도 하나님은 우리가 자기 자신의 보잘것없음을 깨닫고 사랑을 꺼내 놓기를 원하십니다. 하나님은 그런 사람을 통하여 마음껏 일하실 것입니다. 자기가 하는 일이 아니라 하나님이 하시는 일인 줄 잘 알기 때문에 하나님이 그를 사용하시는 것입니다. 이것을 깨닫지 못한 사람에게는 하나님이 일을 맡기시지 않습니다. 맡겨진 일을 이루면 그것이 자기가 이룬 성과라고 생각하는 사람에게 그 일은 오히려 저주요 화가 될 것이기 때문입니다.

베드로의 모습을 보면 그래도 우리에게 희망이 있는 것 같습니다. 베드로는 처음부터 훌륭해 보이지 않고 우리처럼 실수도 많고 허물도 많아 보이기 때문입니다. 그랬던 베드로가 나중에는 훌륭한 사도가 됩니다. 베드로가 다다른 자리를 보며 우리도 그 자리까지 이르러야 합니다. 그저 베드로를 마냥 부러워하고 사모하지는 마십시오. 베드로를 철저히 훈련하셔서 마침내 위대한 일에 사용하시는 하나님을 바라보며 그 앞에 담대하게 나아오십시오.

하나님은 우리를 철저하게 훈련하십니다. 말 안 듣고 어디 한번 마음대로 살아 보십시오. 고집 대 고집의 싸움에서는 고집이 더 센 쪽이 이깁니다. 하나님의 고집이 얼마나 센지, 하나님의 별명은 '영원하신 하나님'입니다. 우리가 아무리 고집을 부려 봤자 겨우 팔십 년이지만 하나님은 태초부터 종말까지 고집을 부리실 수 있는 분입니다. 이 하나님의 고집을 안다면, 우리의 진심과 연약함을 알면서도 우리에게 당신의 양을 맡기시는 하나님의 마음을 안다면, 이제 주저하지 말고 하나님 앞에 담대히 나아갑시다. "주님, 모든 것을 아시오매 내가 주님을 사랑하는 줄을 주님께서 아시나이다." 이 고백을 기억하며 각자 맡겨진 자리에서 최선을 다해 주님을 사랑하는 성도가 되기 바랍니다.

+ 베드로 +

베드로는 십자가가 하나님의 지혜요 능력이라는 사실을 알 길이 없는 모든 인류의 대표요 증인으로 서 있습니다. 주께서 죄와 사망의 권세를 깨뜨려 우리를 구원하셨다는 사실을 모르면 종교란

초월적 방법에 불과하고 신앙은 현실과 동떨어진 고백에 불과하게 됩니다. 자기가 한 다짐이나 고백이 진정한 자기 것이 되기까지 긴 시간이 필요하다는 사실을, 이 일에 전 생애가 걸린다는 사실을 베드로는 알지 못했습니다. 진심과 열정만으로 되지 않음을 알게 된 베드로에게 부활하신 예수님이 찾아와 양을 맡기십니다. 자기 자신에 기초를 두었던 신앙에서 예수에 기초를 두는 신앙으로 베드로가 도약합니다. 베드로는 그 이름의 의미처럼 비로소 진정한 반석에 자신을 의지하게 됩니다.

그러나 내가
긍휼을 입은 까닭은

16

12 나를 능하게 하신 그리스도 예수 우리 주께 내가 감사함은 나를 충성되이 여겨 내게 직분을 맡기심이니 **13** 내가 전에는 비방자요 박해자요 폭행자였으나 도리어 긍휼을 입은 것은 내가 믿지 아니할 때에 알지 못하고 행하였음이라 **14** 우리 주의 은혜가 그리스도 예수 안에 있는 믿음과 사랑과 함께 넘치도록 풍성하였도다 **15** 미쁘다 모든 사람이 받을 만한 이 말이여 그리스도 예수께서 죄인을 구원하시려고 세상에 임하셨다 하였도다 죄인 중에 내가 괴수니라 **16** 그러나 내가 긍휼을 입은 까닭은 예수 그리스도께서 내게 먼저 일체 오래 참으심을 보이사 후에 주를 믿어 영생 얻는 자들에게 본이 되게 하려 하심이라 (딤전 1:12-16)

◆ ◆ ◆   이번 장에서는 바울에 대해 살펴보고자 합니다. 바울을 제대로 알지 못하면 신약을 이해하기가 어렵습니다. 사도행전의 많은 부분이 바울에 대한 이야기이고 신약성경에 나온 서신서 대부분을 바울이 썼기 때문입니다.

성경을 살펴볼 때는 그것이 사실에 대한 기록이라는 것을 기억하는 것 못지않게 그것을 기록한 사람을 염두에 두는 것이 중요합니다. 이를테면 복음서는 마태, 마가, 누가, 그리고 요한이 기록하였는데, 이들은 어떤 마음으로 예수님의 행적을 기록하였을까요? 물론 감격이나 희열 같은 것이 동기로 작용했을 수 있습니다. 그런데 그보다 더 중요한 동기는 '그때는 몰랐다' 하는 깨달음이었을 것입니다. '그때는 몰랐다.' 그렇습니다. 그때 제자들은 몰랐습니다. 그러니 예수님이 잡히실 때에 다 도망가 버렸던 것입니다. 복음서의 마지막 대목에 가면 제자들이 도망간 내용이 나옵니다. 예수님의 공생애 동안 그분과 늘 함께 다녔던 제자들이 말입니다. 그들은 예수님을 잘 알고 있다고 생각했겠지만, 예수님이 가시는 길이 자기들이 기대했던 것과 너무도 다르다는 것을 알게 되자 전부 예수님을 버리고 도망칩니다. 이건 아니다, 하고 도망갔던 것인데 나중에 부활하신 주님을 만나 뒤집어집니다. 부활하신 예수님을 만난 다음에야 비로소 그분이 하신 말씀의 의미를 깨닫게 됩니다. '아, 그때 그래서 그렇게 말씀하신 거였구나.' 바울의 경우도 마찬가지라고 할 수 있습니다. 아니, 이들보다 더한 경우라고 말해야 맞을 것입니다.

내가 전에는 박해자요 폭행자였으나

사도행전 9장을 봅시다.

> 사울이 주의 제자들에 대하여 여전히 위협과 살기가 등등하여 대제사장에게 가서 다메섹 여러 회당에 가져갈 공문을 청하니 이는 만일 그 도를 따르는 사람을 만나면 남녀를 막론하고 결박하여 예루살렘으로 잡아오려 함이라 사울이 길을 가다가 다메섹에 가까이 이르더니 홀연히 하늘로부터 빛이 그를 둘러 비추는지라 땅에 엎드러져 들으매 소리가 있어 이르시되 사울아 사울아 네가 어찌하여 나를 박해하느냐 하시거늘 대답하되 주여 누구시니이까 이르시되 나는 네가 박해하는 예수라 너는 일어나 시내로 들어가라 네가 행할 것을 네게 이를 자가 있느니라 하시니 같이 가던 사람들은 소리만 듣고 아무도 보지 못하여 말을 못하고 서 있더라 사울이 땅에서 일어나 눈은 떴으나 아무 것도 보지 못하고 사람의 손에 끌려 다메섹으로 들어가서 사흘 동안 보지 못하고 먹지도 마시지도 아니하니라 (행 9:1-9)

'바울의 회심' 이야기로 잘 알려진 말씀입니다. 하지만 주의 깊게 살펴보면, 이 말씀은 바울의 회심을 다루고 있지 않습니다. 바울이 뉘우치는 것이 아니기 때문입니다. 그런데도 이 말씀의 주제를 '바울의 회심'으로 많이들 이해하는 것은, 이 사건 이후 그가 사도가 되니 그러는 것 같습니다. 하지만 본문을 보면 바울은 회개하지 않습니다. 뼈저린 통회의 모습도 자복하는 모습도 보이지 않습니다.

바울은 예수 믿는 사람들을 닥치는 대로 잡아 끌어오기 위해 다메섹으로 가던 길이었습니다. 그것도 스데반을 죽음으로 내몬 다음에 이어서 말입니다. 바울은 내내 예수님의 반대편에 있었습니다. 예수님이 당신을 메시아라고 가르치시고 기적을 일으키시는 자리에 바울도 한 번쯤 와서 구경해 본 적이 있었을지도 모릅니다. 예수의 행적을 전하는 제자들의 이야기를 들으며 이건 사기다, 하고 고개를 젓다가 나중에는 예수 믿는 사람들을 이대로 둘 수 없다는 생각이 더욱 강해졌습니다. 바울은 스데반이 돌에 맞는 장면을 목격하며 이를 마땅하게 여깁니다. 아니, 스데반의 죽음이 바울의 열심을 더욱 자극했던 것일까요. 그는 예수 믿는 자들을 잡으러 맹렬한 기세로 다메섹을 향해 돌진합니다. 그런데 바로 그 길에서 예수님이 바울에게 나타나십니다.

바울은 예수님과 정반대 편, 곧 예수님을 가장 대적하는 자리에 있었는데, 그런 그가 후에는 예수를 전하는 사도가 됩니다. 이런 급격한 변화는 무슨 일로 말미암은 것일까요? 흔히 이야기하듯 바울의 회심일까요? 그렇지 않습니다. 바울은 회심하지 않았습니다. 어느 날 갑자기 예수님이 바울에게 나타나 그를 뒤집어 놓으신 것입니다.

'회심'이라고 하면 우리는 잘못을 뉘우치는 회개가 가장 먼저 떠오릅니다. "하나님, 그동안 잘못했습니다. 이 죄인을 구원해 주십시오"라고 뉘우치는 것입니다. 그리고 이런 회심이 먼저 있어야 구원을 얻는다고 생각합니다. 그러나 순서가 그렇지 않습니다. 회개해야 구원을 얻는 것이 아니라 구원을 받았기에 회개가 나오는 것입니다. 이것이 바울에게서 가장 극적으로 드러납니다.

바울은 살기가 등등하여 예수 믿는 자들을 잡으러 가다가 어느 날 갑자기 예수로 말미암아 뒤집어졌습니다. 그가 회개해서가 아니라 예수님이 돌연히 바울에게 나타나신 것입니다. 바울에게는 "주님, 여태껏 제가 잘못했습니다"와 같은 뉘우침이 없었습니다. 예수님이 바울 앞에 나타나 그를 뒤집어 버렸습니다.

앞서 언급한 사도행전 9장을 머릿속에 떠올려 보면 이런 장면이 그려집니다. 예수님에게 힘껏 박치기한 바울은 정반대 쪽으로 세게 튕겨 나갑니다. 이제까지 바울은 예수님에게 돌진해 왔습니다. 여기서 마침내 예수님을 한껏 치받으며 반항합니다. 이것이 다메섹 도상의 바울이었습니다.

그런데 여기서 역사가 일어납니다. 그릇된 방향으로 치달은 열심과 그렇게 잘못 간 모든 길의 결국은 죽음이어야 마땅할 것 같은데, 여기서 역전(逆轉)이 일어납니다. 바울이 이제껏 예수에 대항하여 정반대 방향으로 달려간 모든 길을 하나님은 뒤집으셔서 마치 바울이 처음부터 예수를 위해 달려온 것과 같은 열매를 맺게 하십니다. 이것이 바울의 인생에 나타난 하나님의 일하심입니다.

하나님은 바울을 사도행전의 주인공으로 세우셔서 '이 꼴통도 이만큼 했다. 예수를 믿지 않은 것도 모자라 예수 믿는 자들을 박해하기까지 한 바울을 들어서 이만큼 일했다. 준비는커녕 정반대 편에서 대적하던 자를 들어 한 일이다. 그런데 너희는 아직도 무엇이 겁나느냐'라고 말씀하고 계시는 것입니다. 사도행전은 바로 하나님의 이런 일하심을 기록하고 있습니다.

그러니 바울을 추켜세워 본받으려 하지 마십시오. 아직도 바울을 위대한 사도로만 알고 있습니까? 바울의 자기 증언을 한 번 읽어 보십시오. 바울은 자신이 죄인 중에 괴수라고 말합니다.

―――― 나를 능하게 하신 그리스도 예수 우리 주께 내가 감사함은 나를 충성되이 여겨 내게 직분을 맡기심이니 내가 전에는 비방자요 박해자요 폭행자였으나 도리어 긍휼을 입은 것은 내가 믿지 아니할 때에 알지 못하고 행하였음이라 우리 주의 은혜가 그리스도 예수 안에 있는 믿음과 사랑과 함께 넘

치도록 풍성하였도다 미쁘다 모든 사람이 받을 만한 이 말이여 그리스도 예수께서 죄인을 구원하시려고 세상에 임하셨다 하였도다 죄인 중에 내가 괴수니라 그러나 내가 긍휼을 입은 까닭은 예수 그리스도께서 내게 먼저 일체 오래 참으심을 보이사 후에 주를 믿어 영생 얻는 자들에게 본이 되게 하려 하심이라 (딤전 1:12-16)

이 고백은 바울이 애써 겸양의 태도로 자신을 낮추며 하는 말이 아닙니다. 예수를 만난 후 깨달은 적나라한 자기 이해를 담고 있는 고백인 것입니다. 나는 전에 비방자요 박해자요 폭행자였다, 그런데 이런 나를 하나님이 긍휼히 여겨 주셨다, 죄인의 우두머리인 나를 불러 하나님이 당신의 은혜를 담으셨다, 아무것도 모르는 나를 들어 이만큼 일하셨다, 하나님이 나 같은 사람을 세워 일하신 것은 예수가 죄인을 구원하러 오셨음을 알게 하려고 하신 것이다, 나를 들어 구원의 본으로 삼고자 하신 것이다, 하는 고백입니다.

이 고백처럼 바울은 하나님의 긍휼을 입어 사도가 됩니다. 그의 의지나 이해와는 무관하게 절저히 하나님 편에서 시작된 일입니다. 바울은 예수를 반대하는 일에 저돌적으로 뛰어들었을 뿐인데, 하나님이 홀로 당신의 은혜를 바울에게 담아내신 것입니다. 비유하자면, 사람들을 해치려고 트럭에 폭탄을 가득 싣고 갔는데, 도착해서 열어 보니 맛있는 음식이 잔뜩 실려 있는 셈입니다. 하나님의 열심이 그렇게 만들었습니다. 바울은 '하나님의 일 하심은 인간의 동의, 헌신, 작정이나 이해보다 크다' 하는 사실을 드러내기 위해 하나님이 택하신 사람입니다.

이런 이야기를 듣고 나서도 여전히 바울은 위대해 보이고 우리는 작게만 여겨집니까? 하나님은 내가 바울하고 이만큼 일했으니 너희하고는 더 크게 일할 것이다, 하고 말씀하고 계십니다. 바울만을 독보적 존재로 따로 세워 온 세계를 복음화한 인물이라고 띄워 놓을 필요 없습니다. 바울에게도 하셨으니 하나님은 우리에게도 찾아오셔서 당신의 일을 이루실 것입니다.

그러니 바울 하나만 붙들지 마십시오. 바울은 이 일의 시작이며 본보기일 뿐입니다. 베드로, 요한, 스데반, 바울, 이렇게 나열한 다음 자기 이름을 그 뒤에 써넣으십시오. 이것이 사도행전입니다. 바울은 이 일의 모범이자 본보기로 세워졌습니다. 하나님은 바울을 세워 구원의 커트라인, 은혜의 커트라인을 보이고 계십니다. 그 누구도 바울보다 더 바닥일 수는 없다, 바울의 사역은 최악의 조건 속에서 내가 이룬 일이다, 그러니 당연히 너희는 바울보다 더 위대한 일을 할 수 있다, 하고 말씀하시는 것입니다. '내가 긍휼을 입은 까닭은 주를 믿어 영생 얻는 자들에게 본이 되게 하려 하심이라'라는 고백은 자신의 참 모습을 직시한 바울의 적나라한 자기 이해입니다.

내 자신이 그리스도에게서 끊어질지라도

그의 생애를 보면 이런 의문이 듭니다. 하나님이 만세 전에 사도로 택정하셨으면, 왜 처음부터 바로 부르시지 않고 바울이 예수 믿는 자들을 박해하기까지 그 긴 시간을 놓아두셨을까. 먼저 사도행전 22장으로 가 봅시다. 바울이 예루살렘에 잡혀갈 때 천부장의 허락을 받아 백성 앞에서 변론하는 대목입니다.

> ──── 부형들아 내가 지금 여러분 앞에서 변명하는 말을 들으라 그들이 그가 히브리 말로 말함을 듣고 더욱 조용한지라 이어 이르되 나는 유대인으로 길리기아 다소에서 났고 이 성에서 자라 가말리엘의 문하에서 우리 조상들의 율법의 엄한 교훈을 받았고 오늘 너희 모든 사람처럼 하나님께 대하여 열심이 있는 자라 (행 22:1-3)

바울은 동족들 앞에서 자기가 살아온 인생에 대해 말하고 있습니다. 나는 너희와 동족이다, 나는 너희와 조금도 다르지 않다, 나는 너희가 걸어온 그 길을 먼저 걸어 본 사람이다, 나도 너희 모든 사람처럼 하나님에 대해 열심이 있는 자였다, 그런 나에게 어느 날 하나님이 나타나셨고 나를 뒤집으셨다, 그리하여 예수를 알게 하셨다, 너희와 똑같은, 너희보다 결코 낫지 않은 나를 불러 복음을 담으셨다, 너희 동족 중 하나인 나에게 은혜를 베풀어 증인으로 삼으셨다. 이런 하나님의 일하심을 경험한 바울은 어디에 이릅니까? 그의 과거가 무엇을 만들어 냅니까? 로마서 9장으로 가 봅시다.

> ——— 내가 그리스도 안에서 참말을 하고 거짓말을 아니하노라 나에게 큰 근심이 있는 것과 마음에 그치지 않는 고통이 있는 것을 내 양심이 성령 안에서 나와 더불어 증언하노니 나의 형제 곧 골육의 친척을 위하여 내 자신이 저주를 받아 그리스도에게서 끊어질지라도 원하는 바로라 (롬 9:1-3)

최고의 사도라 불리는 바울이 자신의 형제와 동포가 구원을 얻을 수만 있다면 자기는 저주를 받아 그리스도에게서 끊어져도 좋다고 감히 말합니다. 그냥 안 믿겠다, 그런 정도가 아닙니다. 내가 받은 은혜가 내 형제, 골육의 친척과 동포에게 다 가도 좋다, 그런 뜻입니다. 굉장한 선언이자 고백입니다.

바울은 어떻게 이런 고백을 할 수 있었을까요? 이스라엘은 예수를 믿지 않았습니다. 그들은 여전히 예수를 메시아로 받아들이지 않습니다. 그런데 이들에 대한 연민, 동정, 애끓는 마음이 바울에게 있는 것입니다. 왜 그럴까요? 바울도 원래 그들과 다를 바 없는 사람이었기 때문입니다. 바울 자신도 그들이 저지른 바로 그 실수를 이미 해 본 사람이었습니다. 다메섹 도상에서 예수가 나타나 그를 뒤집어 놓지 않았더라면, 바울도 그들과 마찬가지로 여전히 예수를 받아들이지 않고 있었을 것입니다. 그래서 바울은 자기 동족의 강퍅함과 불신앙을 뼈저리게 이해할 수 있었습니다. 그리고 자신을 구원하신 하나님이 자기 동족도 구원하실 것이라는 소망을 가질 수 있었던 것입니다.

예수님을 대항하여 정반대로 달려간 바울의 과거를 헛되게 하시지 않은 하나님이십니다. 그런 하나님을 만났기에 바울은 이렇게 고백하는 것입니다. '나를 구원하기 위해 예수가 십자가를 졌다면, 내 동포를 위해 내가 버림받아도 좋다.' 이쯤 오는 게 기독교 신앙입니다. 하나님이 자기를 품으신 것을 깨닫게 되자 바울도 자기 동족을 애끓는 연민과 사랑으로 품을 수 있게 된 것입니다. 그의 동족은 그를 죽이려고까지 한 원수인데 말입니다.

내 이름을 위하여 고난받아야 할 것을

바울은 유대인으로 태어나 가말리엘의 문하에서 율법의 엄한 교훈을 받았습니다. 그런데 그의 사역은 의외의 방향으로 펼쳐집니다. 갈라디아서 1장 11절을 봅시다.

───── 형제들아 내가 너희에게 알게 하노니 내가 전한 복음은 사람의 뜻을 따라 된 것이 아니니라 이는 내가 사람에게서 받은 것도 아니요 배운 것도 아니요 오직 예수 그리스도의 계시로 말미암은 것이라 내가 이전에 유대교에 있을 때에 행한 일을 너희가 들었거니와 하나님의 교회를 심히 박해하여 멸하고 내가 내 동족 중 여러 연갑자보다 유대교를 지나치게 믿어 내 조상의 전통에 대하여 더욱 열심이 있었으나 그러나 내 어머니의 태로부터 나를 택정하시고 그의 은혜로 나를 부르신 이가 그의 아들을 이방에 전하기 위하여 그를 내 속에 나타내시기를 기뻐하셨을 때에 내가 곧 혈육과 의논하지 아니하고 또 나보다 먼저 사도 된 자들을 만나려고 예루살렘으로 가지 아니하고 아라비아로 갔다가 다시 다메섹으로 돌아갔노라 (갈 1:11-17)

바울이 태어나기도 전에 이미 그를 이방의 사도로 삼으려고 미리 작정하신 하나님의 택정이 있었다고 합니다. 하나님이 이방에 복음을 전할 사도로 만세 전에 바울을 택하셨다면, 그를 어느 나라 사람으로 태어나게 하는 것이 제일 나았을까요? 아마 로마 고관으로 태어났다면 제일 좋았을 것입니다. 그런데 바울은 유대인으로 태어납니다. 하나님은 하필 유대교에 정통한 바울을 택하여 이방의 사도로 삼으십니다. 그가 받은 교훈이나 가진 지식이 전혀 힘을 발휘할 수 없는 곳으로 부름받게 됩니다. 가장 아닌 자, 유대교 전통에 충실한 바울을 이방의 사도로 부르시다니 하나님의 일하심은 참으로 헤아리기 어렵습니다. 이전에 바울이 구비했던 그 모든 지식이 전혀 힘을 발휘할 수 없는 곳으로 보냄을 받기 때문입니다. 그리고 그 속에서 반대를 겪으며 일합니다. 이것이 하나님의 일하심의 신비입니다.

바울은 다메섹 도상에서 예수를 만난 후 자원해서 이방의 사도가 된 것일까요? 그렇지 않습니다. 사도행전을 보면, 다메섹 사건 이후 바울이 자기 형제들을 열심히 찾아다니며 전도하는 모습을 만나게 됩니다. 그러나 유대인들은 바울에게 적대적입니다. 그래서 그는 이방인들에게로 나아가게 됩니다. 바울이 회당의 유대인들에게 이렇게 말합니다. "봐라. 성경의 예언이 이루어졌다. 우리가 죽인 예수가 바로 약속된 메시아였다. 그런데 너희가 믿지 않고 돌을 던지는 바람에 이 사명이 할 수 없이 내게까지 이르렀다. 나를 이방의 사도로 부르셨다는 말을 내가 이제야 알아듣겠다." 이처럼 바울은 떠밀려서 이방의 사도가 된 것입니다. 바울의 경험은 초대교회가 어떤 일을 감수해야 했는지 보여 주고 있습니다.

그런데 우리는 사도행전과 초대교회를 마냥 부러워하는 경향이 있습니다. 그때는 하나님이 당신의 권능을 직접 드러내셔서 모든 성도가 그것을 목도하고 누리고 있는 것처럼 보입니다. 그러나 그런 시각으로 사도행전을 읽으면 의아스럽게 보이는 대목이 발견됩니다. 우리가 그렇게 부러워 마지않던 초대교회는 성령 강림 사건까지 더해져 큰 권능과 기적이 일어나는데도 계속 박해 속에서 떠밀리고 있습니다. 교회가 가진 힘은 미약하고 세상은 더 큰 권력을 가지고 있어서 본디오 빌라도, 헤롯, 그리고 제사장들이 앞장서서 예수 믿는 자들을 잡아넣고 때리며 협박합니다. 때로 믿는 자들이 옥에 갇히면 천사가 와서 옥문을 열어 주어 풀려나기도 합니다. 그런데 이런 대목에서도 우리는 좀 의아스럽습니다. 왜 천사를 보내 옥문을 여는 방법을 쓰실까, 믿는 자들을 옥에 가둔 윗사람들을 그냥 다 죽여 없애면 손쉬울 것 같은데 하고 말입니다.

하나님이 어떤 방식으로 일하시는지 혼동하지 말아야 합니다. 바울은 밀리고 밀려 이방의 사도로 일하게 됩니다. 그는 여전히 사탄이 최고 권력을 휘두르며 지배하는 세상에서 성령과의 동행을, 부활을 살아 내야 했습니다. 바울의 사역은 순탄하지 않았습니다. 곳곳에서 험난한 일이 그를 기다리고 있었습니다. 하나님의 일을 하고자 하는데 왜 평탄한 길이 펼쳐지지 않는 것일까요? 바울이 잘못하고 있는 것일까요? 그렇지 않습니다. 하나님은 처음부터 이렇게 일하시기로 작정하셨던 것입니다. 사도행전 9장을 봅시다.

─────── 그 때에 다메섹에 아나니아라 하는 제자가 있더니 주께서 환상 중에 불러 이르시되 아나니아야 하시거늘 대답하되 주여 내가 여기 있나이다 하니 주께서 이르시되 일어나 직가라 하는 거리로 가서 유다의 집에서 다소 사람 사울이라 하는 사람을 찾으라 그가 기도하는 중이니라 그가 아나니아라 하는 사람이 들어와서 자기에게 안수하여 다시 보게 하는 것을 보았느니라 하시거늘 아나니아가 대답하되 주여 이 사람에 대하여 내가 여러 사람에게 듣사온즉 그가 예루살렘에서 주의 성도에게 적지 않은 해를 끼쳤다 하더니 여기서도 주의 이름을 부르는 모든 사람을 결박할 권한을 대제사장들에게서 받았나이다 하거늘 주께서 이르시되 가라 이 사람은 내 이름을 이방인과 임금들과 이스라엘 자손들에게 전하기 위하여 택한 나의 그릇이라 그가 내 이름을 위하여 얼마나 고난을 받아야 할 것을 내가 그에게 보이리라 하시니 (행 9:10-16)

하나님은 바울을 가리켜 그는 내가 택한 사람이다, 내 이름을 이방인과 임금들과 이스라엘 자손들에게 전하기 위하여 내가 택한 나의 그릇이다, 그가 내 이름을 위하여 얼마나 고난을 받아야 할지 내가 그에게 보이리라, 라고 말씀하십니다. 바울은 마음먹은 대로 행하지 못합니다. 바울에게 고난이 예정되어 있었다는 것이 그런 뜻입니다. 바울은 여전히 사탄이 권세를 잡고 있는 세상 속에서 일하도록 부름받았습니다. 바울은 예수의 이름을 이방인과 임금들과 이스라엘 자손들에게 전하기 위해 하나님이 택하신 사도이지만, 그를 기다리고 있는 것은 고난이었습니다.

우리는 하나님의 일하심이 이 세상의 권력을 이기고 누르는 권능으로 드러나기를 꿈꿉니다. 또한 결실 역시 흔쾌하고 분명한 것으로 나타나기를 기대합니다. 그러나 주께서 다시 오시는 날까지는 모든 것이 미루어져 있습니다. 그러기에 사탄이 예수에게 와서 "만일 내게 엎드려 경배하면 이 모든 것을 네게 주리라"라면서 감히 예수를 시험했고, 우리에게는 절하라는 말도 없이 "와서 꿇어"라고 명령하는 것입니다. 이 도전과 시험, 곧 우리가 간절히 부르는 성령은 오시지 않는 것 같고 사탄은 부르지 않아도 매일 찾아오는 이 미칠 것 같은 현실이 사도 바울과 오늘 우리가 몸담고 사는 세상입니다. 여기서 하나님이 우리를 통해 일하고 계십니다.

그런데도 우리는 교회가 당당히 큰소리치기를 원하고 있습니다. 이는 오늘날 교회의 시험거리입니다. 순교 시대를 조명할 때에도 순교자를 영웅으로 그려 내는 데에만 치중할 뿐입니다. 순교자들은 물론 훌륭한 분들이지만 그들은 자기 시대를 충실히 살아 낸 사람들에 불과합니다. 더 이상 그들을 영웅으로 떠받들지 말고 우리는 우리 시대를 살아 내야 합니다. 어찌 보면 장렬한 순교로 최후를 맞이하는 것보다 매일 살아서 남루한 일상을 감내해야 하는 편이 더 힘들 수 있습니다. 죽으면 하늘나라에서 하나님과 영원히 살아가니 얼마나 좋겠습니까. 그러나 살아 있으면 날마다 책임을 감당해야 합니다. 매일 밤 잠자리에 들 때마다 하나님, 내일 아침은 천국에서 눈을 뜨게 해 주십시오, 라고 기도하지만 아침이면 어김없는 기상나팔 소리에 잠이 깹니다. "기상! 너 빨리 일어나라. 침대 옆에 정렬! 동작 그만! 눈알 굴리는 소리가 들린다" 하는 소리를 들어야 합니다. 그리고 눈을 비비며 이런 별 볼 일 없는 하루하루를 살아 내야 합니다. 사소하지만 위대한 생애입니다. 우리 안팎에서는 우리를 유혹하고 속이는 소리가 끊임없이 들립니다. 너희에게 있는 고난은 너희 잘못 때문이라고, 그래서 이 모양 이 꼴이라고 마음을 흔들어 놓습니다. 이 시험을 이겨 내야 합니다.

고운 모양도 없고 풍채도 없은즉

만일 '사도행전후서'가 있다면 어떤 내용일지 상상해 본 적 있습니까? 바울의 최후는 우리 기대와 사뭇 다릅니다. 그는 잡혀가서 고생하다 죽습니다. 위대한 사도라는 이름에 걸맞은 위대한 업적이 기다리고 있을 것 같은데 실상은 그렇지 않습니다.

바울의 사역과 관련하여 섀클턴의 이야기를 함께 나누고자 합니다. 어니스트 섀클턴(Ernest Henry Shackleton, 1874-1922)이라는 탐험가의 이름을 들어 본 적 있을 것입니다. 영국인 탐험가인 그는 '남극 대륙 최초 횡단'이라는 국가적 사명을 받아 스물여덟 명의 대원을 이끌고 남극으로 향합니다. 이 탐험은 당시 국제 정세 속에서 영국의 자존심이 달린 과제였습니다. 세계 최고 제국의 명성을 자부하던 영국이 북극점과 남극점을 최초로 등반하는 일에는 실패했기 때문입니다. 북극점은 미국에, 남극점은 노르웨이에 빼앗기는 바람에 신경이 곤두선 영국은 '남극대륙 최초 횡단'의 사명을 섀클턴에게 맡깁니다.

섀클턴이 대원들을 이끌고 남쪽을 향해 가는데, 때마침 1차 세계대전이 발발합니다. 섀클턴은 영국 정부에 귀환 의사를 타진해 보지만, "당신들의 임무는 전투에서의 승리 그 이상의 가치가 있으니 임무를 완수하고 돌아오라"라는 답을 듣게 되어 탐험을 계속 진행합니다. 이들은 남극 대륙 앞에 자리한 마지막 항구인 사우스조지아 섬에 도착합니다. 이 섬에는 항구만 달랑 하나 있고 그 항구 주위에 사람들이 모여 살고 있었습니다. 섀클턴과 그 대원들은 거기서 남극 탐험에 필요한 것들을 마지막으로 재정비한 후 드디어 남극을 향해 출발합니다.

그러나 남극 대륙에 가까워지자 유빙이 너무 많아집니다. 그래서 마음먹은 대로 나아가지 못하고 오히려 유빙에 갇혀 표류합니다. 유빙이라고 하면 빙수에 떠다니는 얼음을 떠올릴지 모내해야 하는 편이 더 힘들 수 있습니다. 죽으면 하늘나라에서 하나님과 영원히 살아가니 얼마나 좋겠습니까. 그러나 살아 있으면 날마다 책임을 감당해야 합니다. 매일 밤 잠자리에 들 때마다 하나님, 내일 아침은 천국에서 눈을 뜨게 해 주십시오, 라고 기도하지만 아침이면 어김없는 기상나팔 소리에 잠이 깹니다. "기상! 너 빨리 일어나라. 침대 옆에 정렬! 동작 그만! 눈알 굴리는 소리가 들린다" 하는 소리를 들어야 합니다. 그리고 눈을 비비며 이런 별 볼 일 없는 하루하루를 살아 내야 합니다. 사소하지만 위대한 생애입니다. 우리 안팎에서는 우리를 유혹하고 속이는 소리가 끊임없이 들립니다. 너희에게 있는 고난은 너희 잘못 때문이라고, 그래서 이 모양 이 꼴이라고 마음을 흔들어 놓습니다. 이 시험을 이겨 내야 합니다.

고운 모양도 없고 풍채도 없은즉

만일 '사도행전후서'가 있다면 어떤 내용일지 상상해 본 적 있습니까? 바울의 최후는 우리 기대와 사뭇 다릅니다. 그는 잡혀가서 고생하다 죽습니다. 위대한 사도라는 이름에 걸맞은 위대한 업적이 기다리고 있을 것 같은데 실상은 그렇지 않습니다.

바울의 사역과 관련하여 섀클턴의 이야기를 함께 나누고자 합니다. 어니스트 섀클턴(Ernest Henry Shackleton, 1874-1922)이라는 탐험가의 이름을 들어 본 적 있을 것입니다. 영국인 탐험가인 그는 '남극 대륙 최초 횡단'이라는 국가적 사명을 받아 스물여덟 명의 대원을 이끌고 남극으로 향합니다. 이 탐험은 당시 국제 정세 속에서 영국의 자존심이 달린 과제였습니다. 세계 최고 제국의 명성을 자부하던 영국이 북극점과 남극점을 최초로 등반하는 일에는 실패했기 때문입니다. 북극점은 미국에, 남극점은 노르웨이에 빼앗기는 바람에 신경이 곤두선 영국은 '남극대륙 최초 횡단'의 사명을 섀클턴에게 맡깁니다.

섀클턴이 대원들을 이끌고 남쪽을 향해 가는데, 때마침 1차 세계대전이 발발합니다. 섀클턴은 영국 정부에 귀환 의사를 타진해 보지만, "당신들의 임무는 전투에서의 승리 그 이상의 가치가 있으니 임무를 완수하고 돌아오라"라는 답을 듣게 되어 탐험을 계속 진행합니다. 이들은 남극 대륙 앞에 자리한 마지막 항구인 사우스조지아 섬에 도착합니다. 이 섬에는 항구만 달랑 하나 있고 그 항구 주위에 사람들이 모여 살고 있었습니다. 섀클턴과 그 대원들은 거기서 남극 탐험에 필요한 것들을 마지막으로 재정비한 후 드디어 남극을 향해 출발합니다.

그러나 남극 대륙에 가까워지자 유빙이 너무 많아집니다. 그래서 마음먹은 대로 나아가지 못하고 오히려 유빙에 갇혀 표류합니다. 유빙이라고 하면 빙수에 떠다니는 얼음을 떠올릴지 모르겠지만, 거기에 있는 유빙은 어마어마한 크기와 무게를 지닌 얼음입니다. 섀클턴의 배는 유빙들을 뚫을 수 없었습니다. 그래서 조류를 따라 표류하다 결국 유빙에 갇히게 되고 배는 얼음 조각들과 같이 얼어서 기울어 버립니다. 도저히 배 안에서는 살 수 없게 되자 모두 밖으로 나와 얼음 위에서 살게 됩니다. 어찌할 방도가 없어 텐트를 치고 그 속에서 추위를 견디며 상황이 바뀌기를 기다립니다. 이렇게 유빙 위에서 지내는 것이 몇 달에 이릅니다. 그런데 이번에는 유빙이 녹기 시작합니다. 배에 달라붙은 얼음이 난류를 만나서 녹으니 배는 결국 압력을 견디지 못해 부서지고 맙니다. 가만히 있으면 얼음판이 다 녹게 생겼습니다. 그래서 6m짜리 구조선 여러 개를 꺼내어 전 대원이 나눠 타고 앞에 보이는 섬으로 옮겨 갑니다.

그 섬에 도달해서 보니 거기는 무인도였습니다. 그나마 물개와 펭귄이 많아서 매일 몽둥이 들고 나가 그것들을 잡아먹으며 근근이 살아갑니다. 그런데 자세히 살펴보니 그 섬은 항로에서 너무 멀리 떨어져 있어서 배가 지나갈 일이 거의 없는 곳입니다. 이대로 있다가는 다 죽게 생겼다고 판단한 섀클턴은 다섯 명의 대원을 선발하여 6m짜리 구조선에 돛대 하나를 세운 채 바람을 의지해서 다시 사우스조지아섬으로 향합니다. 사우스조지아섬까지는 1,200km가 넘는데, 거칠고 사나운 바다를 헤치고 그 섬에 겨우 도착합니다. 도착해서 보니 섬의 최남단입니다. 가야 할 항구는 최북단에 있고 그 사이에는 3,000m 높이의 큰 산이 가로막혀 있습니다. 섀클턴은 일행 중 셋을 거기 남겨 둔 채 36시간 동안 먹지도 자지도 않고 얼음산을 넘어 기를 쓰고 항구까지 가서 마침내 조난 소식을 알립니다.

결국 탐험을 시작하여 조난 소식을 알릴 때까지 18개월이라는 시간이 걸렸습니다. 드디어 구조선을 요청했으나 당시는 전쟁 중이라 쓸 만한 배는 모두 동원되어 구조선으로 뺄 선박이 없다는 기별을 받습니다. 할 수 없이 4개월을 애타게 기다리며 백방으로 노력한 끝에 겨우 배를 얻어 전 대원들을 구해 옵니다. 전원을 모두 구조하기까지 총 22개월이 걸렸습니다. 섀클턴은 사명감과 책임감으로 이 일에 뛰어들었으나 결국 이룬 것은 아무것도 없었습니다. 아무런 업적도 아무런 자랑거리도 남지 않았습니다. 간신히 살아 돌아와 목숨만 겨우 건졌습니다. 그가 얼마나 낙심했으며 허탈했을지 생각해 보십시오.

그런데 이후 사람들이 역사상 위대한 탐험가 10인을 선정할 때 섀클턴은 4위에 오릅니다. 왜 아무것도 이룬 것이 없는 그가 4위에 올랐을까요. 결국 탐험이란 모험입니다. 모험에서 가장 중요한 요소는 두려움과 이에 맞서는 용기, 끈기와 의리입니다.

섀클턴의 탐험은 내세울 업적이 별로 없었을 것입니다. 영국의 자존심이 걸린 국가적 과업을 사명으로 맡아 수행했지만 가시적 성과는 하나도 없었습니다. 괜히 애만 쓰고 고생만 했습니다.

그러나 이것이야말로 진정한 탐험입니다. 섀클턴의 탐험에는 탐험의 모든 요소가 다 있었습니다. 꿈이 있고 고통이 있고 두려움이 있고 용기가 있었습니다. 그는 고통과 절망과 불안에 직면하여 도전하고 밀고 나가는 진정한 탐험을 했던 것입니다.

사도행전 역시 그렇게 끝납니다. 이미 충분히 위대합니다. 얼마나 큰 기적이 또 일어났는지, 사도들의 최후는 어떠했는지, 바울은 또 얼마나 큰 업적을 이루었는지 새삼스레 알 필요가 없습니다. 그런데도 우리는 오해합니다. 성경이 분명하게 말씀하고 있는데도, 성경이 결단코 아니라고 하는데도, 우리가 존경해 마지않는 위대한 사도의 최후가 우리 기대와 다르면 덜컥 겁이 납니다.

〈벤허〉라는 영화를 떠올려 보십시오. 〈벤허〉에서 중요한 점은 악역인 멧살라가 죽는 것으로 영화가 끝나지 않는다는 사실입니다. 멧살라를 죽여 없애면 문제가 해결되는 것이 아니라 진정한 답은 예수 안에만 있다는 사실을 이 영화는 보여 줍니다. 벤허의 이 대사를 기억하십니까? "아버지여, 저들을 사하소서. 저들은 자기가 하는 일을 알지 못하나이다, 라는 예수의 말이 내 가슴 속에 있는 칼을 내려놓게 했다." 벤허가 멧살라보다 더 큰 권력을 쟁취한 다음 그를 죽여야 답이 나오는 것이 아니었습니다. 답은 예수에게 있었던 것입니다.

예수 안에서 답을 찾고 싶습니까? 그렇다면 억울한 자리를 감수하십시오. 벤허처럼 억울한 자리에 처해야 비로소 예수 안에 있는 답을 발견할 수 있을 것입니다. 이 메시지는 벤허 스스로 만들어 낸 것이 아닙니다. 그러니 벤허의 역할을 맡은 이는 잘생길 필요가 없습니다. 오히려 못생긴 사람이 이 배역을 맡아야 그에게 담긴 메시지가 더 잘 드러날 것입니다. 못생긴 사람의 반열에 바울이 앞장서 있습니다. 성경은 바울을 '그가 몸으로 대할 때는 약하고 그 말도 시원하지 않다'(고후 10:10)라고 묘사하고 있습니다. 바울의 뒤를 아브라함 링컨이 잇고 있습니다. 링컨 스스로도 종종 자기가 못생겼다고 말했으니 제가 이렇게 말하는 것이 그의 명예를 훼손하는 것은 아닐 것입니다. 그다음은 벤허 역할을 맡았던 찰턴 헤스턴, 그 다음은 박영선, 그리고 여러분 각자입니다.

매일 아침 거울을 볼 때마다 못생긴 가문, 아무도 눈여겨보지 않는 가문, 그러나 위대하고 거룩한 가문에 속해 있음을 확인하십시오. 이것이 하나님의 일하심의 신비입니다. 이 신비를 경험하십시오. 바울, 아브라함 링컨, 찰턴 헤스턴, 박영선, 그리고 여러분의 이름을 거기 써넣으십시오. 바울의 볼품없는 외모는 사람들의 입방아에 자주 오르내렸습니다. 신의 사자라는 사람이 왜 저 모양 저 꼴이냐, 말은 또 왜 그렇게 어눌하냐, 정말 신의 사자 맞냐. 하지만 바로 이런 면모야말로 이사야 53장이 증언하는 삶이었습니다.

―――― 우리가 전한 것을 누가 믿었느냐 여호와의 팔이 누구에게 나타났느냐 그는 주 앞에서 자라나기를 연한 순 같고 마른 땅에서 나온 뿌리 같아서 고운 모양도 없고 풍채도 없은즉 우리가 보기에 흠모할 만한 아름다운 것이 없도다 (사 53:1-2)

아멘입니다. 성경이 이처럼 분명하게 이야기하는데도 우리는 왜 못 알아들을까요? 하나님은 여전히 일하고 계시는데, 우리는 왜 깨닫지 못할까요? 그래서 우리를 부르셨나 봅니다. 이 족속에게, 이 못 알아듣는 족속에게 가서 증언하라고 말입니다. 이 귀한 인생으로 부름받았음을 깨달아 복된 인생을 살아가는 명예로운 신자가 되기 바랍니다.

+ 바울 +

바울의 존재와 생애는 인간의 소원이 하나님의 섭리와 얼마나 다른가를 보여 줍니다. 그는 사도로 예정된 자이나 예수를 맹렬하게 반대하는 편에 서 있었습니다. 다메섹 도상에서 겪은 일도 그의 뉘우침이나 깨달음이 아니라 뒤집으시는 예수로 말미암아 겪게 된 사건이었습니다. 이후 그는 주의 뜻을 따라 복음을 전하며 살게 됩니다. 평생을 순종하며 걸어간 바울의 사역은 주의 뒤를 따르는 십자가의 길이 무엇인지를 보여 줍니다. 그리고 그가 이룬 업적 이상으로 그의 존재는 그 자체로 예수의 성육신의 연장이며, 그에 따르는 영광스러운 고난을 증거하고 있습니다.